Ullstein Sachbuch

DAS BUCH:

Meditation zielt auf Selbstfindung als Voraussetzung zur Selbstverwirklichung. Sie hilft, den Mangel an Konzentrationsfähigkeit, an Orientierung, Leiden unter Niedergeschlagenheit und an Erfolgszwängen zu überwinden und zu einer positiven Lebenseinstellung zu gelangen. In seinem neuen Buch gibt Prof. Rupert Lay, der sich seit über 30 Jahren theoretisch und praktisch mit Meditation beschäftigt, seine Erfahrungen und die daraus entwickelten Techniken an Menschen weiter, die, in ihrem Beruf besonderen Beanspruchungen und hohem Verantwortungsbewußtsein ausgesetzt, gefährdet sind, sich im »Machen« zu verlieren, deren Kontakt zu ihrem Selbst abgerissen ist. Der Autor gibt einen Überblick über Herkunft und Ziel der Meditation. Er beschreibt präzise, für wen Meditation überhaupt sinnvoll ist und macht durch ausführliche Anleitungen die Übungen nachvollziehbar.
Rupert Lays profunde Kenntnis der Materie schafft Vertrauen; sein Verantwortungsbewußtsein ist aus jeder Zeile zu spüren. So macht die Kombination aus praktischen Anleitungen und theoretischen Überlegungen dieses Werk zu einem unerläßlichen Gebrauchsbuch.

DER AUTOR:

Rupert Lay, Jahrgang 1929, promovierte nach dem Studium der Philosophie, Psychologie, theoretischen Physik und Theologie zum Dr. phil. habil. und Lic. theol. Seit 1965 lehrt er an der Philosophisch-Theologischen Hochschule St. Georgen, Frankfurt/M., seit 1967 ist er ordentlicher Professor für Wissenschaftstheorie. Neben einer ausgedehnten Vortragstätigkeit ist er bereits mit zahlreichen wissenschaftlichen Veröffentlichungen hervorgetreten. Seit 1952 ist Lay Mitglied des Jesuitenordens.
Veröffentlichungen (u. a.): *Das Bild des Menschen; Credo. Wege zum Christentum in der modernen Gesellschaft; Dialektik für Manager; Ethik für Wissenschaft und Politik; Führen durch das Wort; Die Ketzer; Krisen und Konflikte; Manipulation durch die Sprache; Texte zum naturwissenschaftlichen Weltbild* und *Vom Sinn des Lebens.*

Rupert Lay

Meditationstechniken für Manager

Methoden zur Persönlichkeitsentfaltung

Ullstein Sachbuch

Ullstein Sachbuch
Ullstein Buch Nr. 34547
im Verlag Ullstein GmbH,
Frankfurt/M – Berlin

Korrigierte und veränderte Ausgabe

Umschlagentwurf:
Hansbernd Lindemann

Mit freundlicher Genehmigung
des Wirtschaftsverlags
Langen-Müller/Herbig, München

Printed in Germany 1988
Druck und Verarbeitung:
Ebner Ulm
ISBN 3 548 34547 6

Januar 1989

Vom selben Autor
in der Reihe der
Ullstein Bücher:

Führen durch das Wort (34424)
Dialektik für Manager (34469)

CIP-Titelaufnahme
der Deutschen Bibliothek

Lay, Rupert:
Meditationstechniken für Manager:
Methoden zur Persönlichkeitsentfaltung /
Rupert Lay. – Korrigierte u. veränd. Ausg. –
Frankfurt/M; Berlin: Ullstein, 1989
(Ullstein-Buch; Nr. 34547:
Ullstein-Sachbuch)
ISBN 3-548-34547-6
NE: GT

Inhaltsverzeichnis

Vorwort

Meditieren kann man lehren und lernen. So will dieses Buch meditieren lehren und zum Lernen anleiten. Es ist bestimmt für alle, die Meditieren lernen oder lehren. Es ist eine Lehr- und Lernhilfe. Mehr kann es nicht sein.

1. Das Ziel aller Meditation ist Selbstfindung als Voraussetzung zur Selbstverwirklichung. Selbstfindung und Selbstverwirklichung sind aber Grundlage und Ziel jeder Persönlichkeitsentfaltung.

2. Meditieren kann, sieht man einmal von Übungen im Vorfeld ab, kaum erfolgreich ohne Lehrer erlernt werden. Das Buch kann also nur eine Trainingsvorgabe bieten, die das Lernen mit einem Lehrer fruchtbarer werden läßt. Da es an guten Meditationslehrern mangelt und die Sehnsucht nach meditativen Vollzügen in einer Gesellschaft, die zunehmend mehr nach außen lebt und Außenleben einfordert, wächst, muß unser Buch einen Lehrer über weite Strecken ersetzen helfen.

3. Das Leben nach innen und aus dem Innen muß gelernt werden, will man sich nicht an die Zufälligkeiten und Unerheblichkeiten des Alltags verlieren. Das »Gefühl« für das Wesentliche nimmt erschreckend ab. Auf die Dauer wird die menschliche Psyche den damit verbundenen »Verlust der Mitte« nicht unbeschadet hinnehmen. Das Leben an der Peripherie ist zwar zur Gewohnheit geworden – doch zu einer schlechten. Die Sehnsucht nach einer Mitte, aus der heraus sich leben läßt, kann nicht ungestraft durch lange Jahre ohne Erfüllung bleiben. Selbst wenn solche Sehnsucht schon lange erloschen ist, wird einmal für jeden Menschen der Tag kommen, an dem er sich vor die Fragen geworfen weiß: »Wer bin ich eigentlich?«, »Was ist der Sinn meines Lebens?«

4. Nicht alle Menschen sind für die Meditation geeignet. Hierher gehören zunächst einmal alle psychisch Kranken, die nur unter Fremdanleitung meditieren dürfen. Hierzu zählen aber auch die vielen, deren Sehnsucht nach Mitte, nach einem Leben aus der Mitte erloschen ist. Sie sind eher Hülsen von Menschen als menschliche Menschen. In der Neubesinnung unserer Zeit wird der Weg der Meditation eine erhebliche Rolle spielen, oder die vielen werden, getrieben von fremdinduzierten Forderungen, Hoffnungen, Ansprüchen, ein ihnen fremdes Leben leben – ein Leben, das manipuliert, sich selbst nicht mehr führt, sondern geführt wird.

5. Ich habe selbst fast 25 Jahre hindurch täglich betrachtet – und später

meditiert. Ich gebe seit mehr als 10 Jahren meine Meditationserfahrungen lehrend weiter. Dieses Buch ist ein Resümee dieser Erfahrungen. Alles, was Sie in ihm dargestellt finden, ist in der Praxis erprobt.

6. Sie werden bemerken, daß dieses Buch den meditativen Prozeß durch psychologische Reflexionen begleitet. Die Praxis einer eigenen Lehranalyse mit begleitenden psychologischen Reflexionen und späteres psychologisches Bemühen haben zwar nicht zu einer konsistenten und abgeschlossenen psychologischen Theorie geführt, doch scheinen mir die psychologischen Deutungen und Weitungen durch die Praxis gerechtfertigt. Elemente der Metapsychologien S. Freuds und C. G. Jungs werden ebenso verarbeitet wie theoretische Überlegungen aus der eigenen seelsorglich-therapeutischen Praxis. So werden einige Begriffe der klassischen Metapsychologien anders gefüllt (z. B. der Begriff »Ich«). Psychologisch geschulte Leser werden sich eher daran stoßen als psychologisch erfahrene Leser mit therapeutischer Praxis.

7. Da mein seelsorglich-therapeutischer Horizont begrenzt ist (ich habe mich bis vor wenigen Jahren ausschließlich religiös orientierten jungen Menschen, die zumeist noch mitten in der Adoleszenz und ihren Integrationsproblemen steckten, gewidmet), mag manches etwas einseitig gesehen sein. Die spezifischen Schwierigkeiten der Adoleszenz sind zwar nicht ohne weiteres auf die Erwachsener übertragbar, doch dürften die notwendigen Modifikationen nicht so erheblich sein, wie es eine oberflächliche Entwicklungspsychologie anzunehmen scheint. Ferner ist anzumerken, daß es eine zureichende Entwicklungspsychologie des Erwachsenenalters kaum gibt.

Da durch den Meditationsprozeß eine Entwicklung in Gang gesetzt wird, müßte die begründende und begleitende metapsychologische Theorie der meditativen Entwicklung neu geschaffen werden. Das soll in diesem Buch nicht versucht werden. Sie ist zwar angedeutet, nicht aber ausgeführt.

8. Bei der Niederschrift dieses Buches begegnete ich einer Schwierigkeit, die nicht leicht aufzuheben war: Ich habe stets selbst vor einem christlich-religiös orientierten und ausgestalteten Hintergrund betrachtet und meditiert. Die Ablösung von den religiösen Vorhaben habe ich praktisch wie theoretisch zuerst in den letzten Jahren im seelsorglich-therapeutischen Gespräch mit Nicht-Glaubenden gelernt. Der in diesem Buch versuchte Verzicht auf religiöse Theorie der Meditation zugunsten einer fast ausschließlich psychologischen stellt sicher eine Verkürzung dar. Doch ist er bis zu einem gewissen Grad notwendig, da das vorliegende Buch sich keineswegs primär an religiös orientierte Menschen richtet. Dennoch darf der religiöse Aspekt der meditativen

Praxis nicht übersehen werden. Er ist jedoch recht unspezifisch und gänzlich undogmatisch und kann somit auch von Nicht-Gläubigen akzeptiert werden.

9. Das Buch wendet sich vor allem an erwachsene und reife Leser mit einiger intellektueller Bildung oder doch der Fähigkeit zu selbstkritischen Vollzügen. Sein Anspruchsniveau setzt zumindest einiges psychologisches Interesse voraus, doch nicht so dringlich, daß daran das Lernen und Sich-Selbst-Lehren vormeditativer und meditativer Techniken scheitern sollte.

10. Es mag befremdlich erscheinen, daß der Verlag von »Meditations*techniken*« spricht und das im Buchtitel artikuliert. Ich muß gestehen, daß mich das zunächst abgestoßen hat, denn Meditieren verträgt sich wenig gut mit Technik, mit Machen. Dennoch aber besteht die Kunst des Meditierens zum guten Teil in der Beherrschung von Techniken (wobei das Wort »Technik« einen etwas anderen Sinn hat als in der Umgangssprache). Dennoch lassen sich Techniken und Inhalte nicht sauber voneinander trennen: Technik ohne Inhalt ist und bleibt leer, aber Inhalte ohne Technik können kaum entwickelt werden, bleiben stumm und ohmächtig. So werden Sie also auch mit bestimmten Inhalten zur Meditation vertraut gemacht werden, obschon der Inhaltsaspekt, insofern er sich überhaupt von dem der Technik säuberlich trennen läßt, nicht überwiegt und so gehalten ist, daß sich niemand durch inhaltliche Darstellungen und Vorlagen bedrängt fühlen sollte. Im Verlauf Ihrer Übungen im Vorhof der Meditation werden Sie bemerken, daß der Inhalt zudem immer unerheblicher und der technische Aspekt immer bedeutsamer wird. Erst jenseits der hier vorgestellten Einleitung in die Kunst der Meditation werden auch die Techniken unerheblich – Sie werden dann unabhängig von bestimmten Regeln und Verhaltensvorschriften immer dann meditieren können, wenn Sie es wollen. Technik ist also kein Selbstzweck, sondern ist zunächst ausgerichtet auf den meditativen Vollzug, um endlich sich selbst überflüssig zu machen. Dieser Ablösungsprozeß von Techniken dauert jedoch in der Regel viele Jahre. Und auch dann werden Sie gelegentlich zur Meditation im Rahmen einer bestimmten Technik zurückfinden.

11. Es gibt keine für alle Menschen in gleicher Weise geeignete Technik der Meditation oder der Vorübung zur Meditation. Sie müssen also aus dem Angebot der ausgeführten Techniken die wählen, die Ihnen am meisten zusagen. Aber auch eine Technik kann sich erschöpfen. Wählen Sie dann eine andere. Die Technik ist also niemals Herr der meditativen Praxis und darf es nicht werden. Techniken sind Gewinnstrategien, und diese müssen sich der jeweiligen Situation beugen. Ein

Methodenapriori ist nicht nur für die Wissenschaft tödlich, es kann es auch für die Meditation sein. Dennoch sollten Sie nicht von einer Methode zur anderen springen. Oft entwickelt eine Methode erst nach längerem Üben ihre Möglichkeiten.

12. In einem Meditationslehrbuch dürfen Hinweise nicht fehlen, für wen welche Technik besonders geeignet ist. Das hängt von der psychischen und somatischen Situation eines Menschen ab. Die Meditation ist ein ernsthafter und erheblicher Eingriff in psychische Prozesse. Daher kann es Menschen geben, die solche Eingriffe nur unter Anleitung eines Therapeuten vornehmen dürfen. Der erste Teil dieses Buches wird ausführlich darlegen, für wen Meditation ein geeignetes Mittel der Persönlichkeitsbildung und -entfaltung ist und für wen nicht. Lesen Sie also diese Kapitel recht sorgsam durch. Sie vermitteln Erfahrungen, die im allgemeinen nur in einer persönlichen Führung durch einen Meditationsleiter gewonnen werden. Sie können bei psychisch Gesunden teils die Funktionen des kontrollierenden und verbietenden Leiters übernehmen.

Meditieren ist ein bedeutsames prophylaktisches und therapeutisches Instrument. Ich habe aus diesen Gründen lange gezögert, dieses Buch zu schreiben, denn dieses Instrument gehört nicht eigentlich in die Hand des »Patienten«, sondern in die des Therapeuten. Ich hoffe, daß der etwas eigentümliche Titel solche Menschen vom Kauf des Buches abhalten wird, die eine »Selbstanalyse« – und ein guter Teil der Meditation ist Selbstanalyse – nicht ohne Schaden wagen können. Doch schon der Verdacht auf eine erheblichere habituelle psychische Störung sollte Sie vom Buch weg zum Therapeuten führen.

13. Im Verlauf der meditativen Praxis wird bei vielen Menschen der Wunsch laut, ihre meditativen Erfahrungen in einem Gespräch mit einem meditationsgeschulten Therapeuten oder Seelsorger zu objektivieren. Bemerken Sie bei sich den Wunsch zu einer solchen objektivierenden Kontrolle, sollten Sie sich unbedingt einen geeigneten Gesprächspartner suchen. Das ist leichter gesagt als getan. Gute Therapeuten und Seelsorger sind überlaufen. Und auch nur wenige von ihnen verstehen sich auf die Praktiken und Möglichkeiten wie Gefahren der Meditation. Doch suchen sollten sie allemal. Mitunter wird Ihnen auch die Teilnahme an einem Meditationskurs helfen können. Die damit verbundene Objektivation verhindert ein Fehllaufen der meditativen Praxis oder einen meditativen Leerlauf.

14. Nachdrücklich möchte ich Sie jedoch warnen vor Meditationsangeboten, die von (oft religiösen) Schwarmgeistern feilgeboten werden. Es treiben sich auf diesem »Markt« so manche Scharlatane herum. Be-

sonders skeptisch stehe ich einigen Richtungen der sogenannten »Pfingstbewegung« gegenüber. Sicher gibt es auch hier viel Seriöses, doch man kann das zumeist nicht a priori wissen. Die hier angebotenen Übungen können zwar einem psychisch Gesunden nicht ernstlich schaden. Doch ist auch der Nutzen gering – oft nur ein Strohfeuer, das bald erlischt. Größer noch ist die Gefahr, daß das meditative Bemühen bei solchen Praktiken in Bahnen gelenkt wird, die zu keinem oder nur zu einem (oft pseudoreligiösen) Scheinerfolg führen. Der Versuch der Selbstfindung, des Begründens der eigenen Mitte, wird dabei nicht selten nicht nur gestoppt, sondern auf das Finden einer sozialen »Außenmitte« verlagert. Gefährlich sind aber diese Praktiken immer, wenn sich ihnen ein psychisch labiler Mensch ausliefert.

15. Meditation ist kein verspieltes Spiel, das man beginnen und wieder enden kann, wenn es »keinen Spaß mehr macht«. Meditation ist ernste, oft jahrelange Arbeit an sich selbst. Der Wille, sich selbst zu erkennen, um sich selbst realisieren zu können, ist wichtigste Voraussetzung für den Erfolg allen meditativen Bemühens.

16. Wenn ich Sie jetzt immer noch nicht abgeschreckt habe, das Wagnis einer jahrelangen meditativen Arbeit an sich selbst zu übernehmen, können Sie getrost die folgenden Seiten lesen und nach ein paar Tagen mit den ersten Übungen im Vorraum der Meditation beginnen.

Teil I
Vorüberlegungen

1. Was heißt »Meditieren«?

Etymologie

Dem aus dem Lateinischen hergeleiteten »Meditieren« liegt ein alter indoeuropäischer Stamm zugrunde. Im Altindischen meint »samâdhi« das Aufsteigen zu höheren Bewußtseinsformen. Im Altgriechischen erhielt das Wort »médomai« die Bedeutung »ich ersinne« oft mit einem leicht pejorativen Akzent (»ich ersinne eine List«), in einer jonischen Kurzform »médomai« meint es »ich bin auf etwas bedacht«. Das Lateinische »meditari« meint »nachdenken«, »überdenken«, »sinnen«, »sich vorbereiten«, »sich einüben«. Das Althochdeutsche kennt das Wort »mezzōn« = »ermessen«. Es ist möglich, daß in allen diesen Worten eine Stammverwandtschaft mit »Mitte« vorhanden ist, so daß die ursprüngliche Bedeutung des Wortes wäre: »in die Mitte gehen« oder »aus der Mitte kommen«. Alle diese Bedeutungen schwingen mit, wenn wir heute von »Meditieren« sprechen.

Meditieren

Meditieren wollen wir verstehen als ein »in die Mitte Gehen und aus der Mitte Kommen«. »Mitte« meint nicht das Außen, sondern das »Innen« des Menschen (ja der Menschheit). Diese Mitte ist nicht asozial oder akosmisch zu verstehen, denn der Mensch ist auch in seiner Mitte ein soziales und weltliches Wesen. Der Weg in die Mitte ist nicht leicht. Vielleicht haben wir gar unsere Mitte verloren (vgl. Seite 29 f.), dann müssen wir sie zuerst wiederfinden, wiederentdecken. Das ist nun nicht eine Sache des Verstandes, sondern des ganzen Menschen mit allen seinen Fähigkeiten: Verstand, Wille, Emotion. Da vor allem unsere technisierte Welt mit ihren Ansprüchen eine einseitige Ausbildung des Verstandes (und allenfalls des Willens) favorisiert, kommt es darauf an, die emotionalen Kräfte zu wecken und zu schulen, um wieder in die Mitte gehen zu können. Dennoch soll Meditation nicht eine Sache des Gefühls sein: im Gegenteil. Das Ziel der Meditation ist vielmehr die optimale Koordination aller drei psychischen Vermögen, ja von Bewußtem und Unbewußtem (vgl. Seite 44 f.).

In diesem Zusammenhang kann man geeignet unterscheiden eine *intentionale Meditation*, bei der gedacht wird und die zumeist Gefühl, Verstand und Willen hintereinander anspricht (»Betrachtung«), und *Tiefenmeditation*, die zunächst unter möglichster Ausschaltung des diskursiven Denkens und oft ohne gezielte Willensanstrengung, sowie ohne emotionale Abläufe zunächst in die Mitte geht, um dann in der Koordination der drei Vermögen aus der Mitte zu kommen. Wir werden in die Tiefenmeditation einzuführen versuchen, da nur sie auf die Dauer die eigentlichen Meditationsziele zu erreichen erlaubt.

Die Herkunft der Meditation

Die Meditation hat ihre ursprüngliche Heimat im Religiösen. Das ist nicht weiter verwunderlich, wenn man bedenkt, daß bis zum 19. Jahrhundert auch in Europa alle, die Mitte, Selbst suchten, auf religiöse Vollzüge nicht verzichten konnten. Die Religionen waren der einzige Hort des »Absoluten«, des »Urgrundes«, des alles Sinnliche übersteigenden Sinns. Heute ist das nicht mehr ganz so, so daß auch der nichtreligiös orientierte Mensch meditieren kann (und soll), insofern er nur bereit ist, sich unter die ihm eventuell begegnenden Ansprüche einer Realität zu stellen, die sich nicht in der Vordergründigkeit des Zuhandenen erschöpft, und er bereit ist, anzuerkennen, daß etwas vorhanden sein *kann*, ohne uns rational oder emotional ganz zuhanden zu werden. Meditieren kann also jeder Mensch, der nicht allein dem Vordergrund leben will, sondern bereit ist, eventuell auftauchende Hinter- und Urgründe rational und emotional zu akzeptieren.

Sicher kennt auch das Christentum die eigentliche Meditation (Tiefenmeditation), doch seit der Renaissance wurde hier vor allem die »Betrachtung«, die intentionale Meditation, gelehrt und gepflegt. Erst die Begegnung mit den Religionen des Ostens (und hier vor allem mit dem Buddhismus) führte in der Zeit nach 1950 zu einer Wende.

Die Ursprünge der Tiefenmeditation gehen vor allem auf die Religiosität der *Upanischaden* zurück. Diese im Sanskrit nach 800 v. Chr. verfaßten Schriften sprechen vom ewigen âtman (»Selbst«) im Menschen und dem göttlichen brahman (»Selbst«) in der Welt, die zur Vereinigung kommen müssen, wenn der Mensch frei werden will.

Man sieht es [das âtman] nicht, denn es ist nur teilweise zur Stelle. Wenn es atmet, nennt man es Atmen; wenn es spricht, nennt man es Stimme; wenn es sieht, nennt man es Auge; wenn es hört, nennt man es Ohr; wenn es denkt, nennt man es Gedanke. Alle diese Bezeichnungen sind nur Namen für seine Funktionen. Derjenige, der nur das eine oder andere von ihnen verehrt, weiß nicht Bescheid, denn es ist nur teilweise in jedem einzelnen von ihnen anwesend. Allein das âtman soll man verehren, denn in ihm sind alle diese eins. (Brihadâranyaka-Upanishad 1.4.7) – âtman ist derjenige der Lebensgeister, der aus Erkenntnis besteht, das Wesen, das inneres Licht des Herzens ist. – Du kannst den Seher des Sehens nicht sehen; du kannst den Hörer des Hörens nicht hören; du kannst den Denker des Denkens nicht denken; du kannst den Erkenner der Erkenntnis nicht erkennen. Es ist dein eigenes âtman, das zuinnerst in allem ist; was anders ist als es, ist leidvoll. (ebd. 3.4.2) Am Anfang war nur dieses âtman dieser Welt, es war überhaupt nichts anderes da. Es schuf diese Welten: das Wasser, das Licht, den Tod und die Gewässer ... Es dachte, das sind nun die Welten, jetzt werde ich Weltbehüter schaffen. Und es holte sich ein Wesen aus den Gewässern und gab ihm Körperformen. (Aitareya-Upanshad 1.1)

Das meditierende Mühen, das von nun an die Geistigkeit des Ostens beherrschte, zielte darauf, âtman zu erkennen (»Selbsterkenntnis«) und mit dem Welt-Selbst (brahman) zu vereinigen. Dabei wurde das brahman, das Absolute, das letzte Prinzip, der Urgrund keineswegs personal verstanden (nicht also als »Gott«).

Hinduismus

Der Hinduismus ist keine Stifterreligion, sondern hat sich im Laufe der Jahrhunderte in zahlreichen Sekten entwickelt. Ausgangspunkt war der indogermanische Brahmanismus, wie er sich etwa in den Upanischaden formulierte. Die endgültige Befreiung kann in der Vereinigung mit dem persönlichen (Gott) oder einem unpersönlich verstandenen Absoluten (brahman) verstanden werden. Auf dem Wege zur Befreiung helfen vor allem Gottesliebe (bhakti), Askese und Yoga.

Der Yoga wird zuerst in den mittleren Upanischaden erwähnt (Yoga = Joch, in welches der Körper gleichsam eingespannt wird). Yoga meint eine Methode, religiöse Einsichten zu erlangen durch Konzentration und Meditation. Der klassische Yoga wurde im 5. Jahrhundert nach Chr. von Pantañjali entwickelt. Er ist theistisch, sah aber »Gott« (Iśvara) nicht als Weltschöpfer, sondern als Idealseele, die im Besitz der rechten Erkenntnis, nicht dem Werden und Vergehn unterworfen ist. Pantañjali nannte acht Stadien des Weges zur Befreiung:

- Einhaltung der Gebote: nicht töten, nicht lügen, nicht stehlen, keusch sein, arm sein (nichts besitzen wollen).

- Einhaltung der Tugenden: Reinheit, Genügsamkeit, Askese, Studium, Gottergebenheit.
- Benutzen verschiedener Körpertechniken (asana = Sitz) zur Konzentration.
- Regulierung des Atmens (pranayama).
- Zurückziehen der Sinnesorgane von ihren Gegenständen (pratyahara).
- Konzentration auf einen bestimmten Gegenstand (einen Punkt des Körpers), ein äußeres Objekt oder Gott (dharana).
- Meditation (= den Gedanken ununterbrochen auf diesen Gegenstand richten) (dhayana).
- Tiefenmeditation (= sein ganzes Bewußtsein von dem Gegenstand erfüllen lassen) (samadhi). Im Samadhi ist man seiner selbst nicht mehr bewußt, die eigene Persönlichkeit erscheint ausgelöscht. Man erlebt das »Wesen« des Gegenstandes, seine Mitte.

Es wurde schon früh zu einer Streitfrage, ob dem Menschen zur Emanzipation oder zur Anpassung verholfen werden solle. Der Maharishi Mahesh Yogi entschied sich für letzteres. In enger Anlehnung an diesen Yogi wurde im Westen die Methode der »Transzendentalen Meditation« entwickelt. Sie versucht eine theoretische und praktische Einheit von religiöser und biologischer Anthropologie (Diätetik, Hygiene, Körperhaltung, Atmen). Damit wurde sie zu einer Weltanschauung. Nun hat aber im Westen gerade das Auseinanderfallen beider anthropologischer Strömungen die schöpferische Intelligenz evoziert, und so scheint es fraglich, daß diese Einheitsanthropologie, die »ganz andere Voraussetzungen hat und noch dazu in so verallgemeinerter Form gehandelt wird, daß sie schließlich nur noch international austauschbare Naivität begründet« (C. Colpe), für westliche Menschen irgendeinen erheblichen Nutzen stiften kann.

Buddhismus

Der Buddhismus ist aus dem Denkraum des Hinduismus entstanden. Buddha (Siddharta) wurde vermutlich 488 v. Chr. in den nepalesischen Vorgebirgen des Himalaja geboren. Sein erstes öffentliches Auftreten vor fünf Asketen im »Gazellenhain bei Benares« markiert den Anfang des Buddhismus. Er brach mit der esoterischen Weitergabe der Gehalte des Brahmanismus (etwa der Upanischaden). Obschon Siddhartha etwas ganz Neues zu lehren vorgab, wurzelt seine Lehre doch tief in der Religiosität der Upanischaden. Er lehrt (neu) das Nirwana [= Verwehen (des Leidens)].

Geburt ist Leiden. Alter ist Leiden. Tod ist Leiden. Kummer, Wehklage, Schmerz, Herzleid, Verzweiflung sind Leiden. Etwas wünschen und nicht erlangen ist Leiden. Die menschliche Existenz ist Leiden (Digha-Nikaya 22,18). Die Ursache des Leidens ist der Lebensdurst. Nur wenn er aufhört, kann das Leiden enden, dann hat man das vollkommene Nirwana erreicht (Sanyutta-Nikaya 22,22).

Diese »vier edlen Wahrheiten« gilt es zu erkennen und zu realisieren. Die Faktoren, die in einem handelnden, wollenden, fühlenden, denkenden Individuum zusammenwirken, können auf eine Reihe unbeständiger, wechselnder Elemente zurückgeführt werden. Es gibt kein Selbst (âtman), das menschlicher Aktivität zugrunde liegt. Es gilt, sich von dem Selbstgefühl zu befreien. Auch die Upanischaden lehren, daß alles, was von dem Selbst verschieden ist, als leidvoll empfunden wird, doch setzen sie ein reales Selbst voraus. Buddha dagegen lehrt die Befreiung vom Leiden nicht in der Selbstfindung, sondern im Eingehen ins Nirwana (= Aufgabe des Begehrens, der Leidenschaft, des Zorns, der Verblendung und Täuschung). Der wichtigste Schritt ins Nirwana ist jedoch die Einkehr bei sich selbst, die am ehesten durch Meditation erreicht wird. Um Befreiung zu finden, muß man sich von der Welt (des Scheins) lossagen. Der Buddhismus kennt keinen allmächtigen Gott als Schöpfer und Herrn der Welt. Wir wollen nun einige buddhistische Schulen kurz vorstellen:

Die Theravadaschule

Dieser Schule liegt der orthodoxe Buddhismus des Hinayana, der heute noch auf Ceylon und in Südostasien weiterlebt, zugrunde. Im Mittelpunkt des Interesses steht die individuelle Befreiung, die nur durch Meditationsübungen möglich ist. Die Meditation führt zum Aufstieg durch die Region der Sinneslust (Menschen, Tiere), die der »Stofflichkeit«, in der es kein Begehren gibt, zur höchsten Region der unstofflichen Gestalt. Ziel ist es, ein Arhat zu werden.

Die Vajrayanaschule

Dieser Schule liegt ein reformierter Buddhismus des Mahayana, der verbreitetsten Form des Buddhismus (vor allem in Indien), zugrunde. Buddha wurde vergöttlicht, das Ziel, ein Arhat zu werden, mit sozialen Komponenten ausgestattet. Zwischen allen Wesen und Dingen der Welt, die Aspekte des Absoluten (sunyata = das Leere) sind, herrscht eine universelle Identität. Um zur Befreiung zu kommen, muß ein Mensch diese Wahrheit erkennen und ganz davon erfüllt sein. In der Meditation identifiziert sich der Mensch (zunächst seinen Körper) mit dem Universum oder höheren Wesen (Buddhas), um Anteil an ihren universellen Fähigkeiten zu erhalten. Dazu ist nicht erforderlich – wie von der Theravadaschule zumeist verlangt –, ein klösterliches Leben zu führen. Es ist möglich, daß ein Mensch, der die höchsten Stufen der Erkenntnis erreicht hat, von Mitleid ergriffen, freiwillig davon absieht, ins Nirwana einzutreten, um dadurch der leidenden Menschheit zu helfen. So können auch Laien zur Freiheit gelangen.

Die Ch'an-Schule

Der Buddhismus erreichte China in der Han-Zeit (206 v. Chr.–220 n. Chr.) in der Form des Mahayana. Hier legierte er sich mehr oder weniger mit spättaoistischen Gedanken. Schon im Taoismus glaubte man durch die »gleichgerichtete Meditation« (shou i), den Kontakt mit der Welt der Geister aufnehmen zu können, die den Weg zur Insel der Unsterblichen zeigen können.

Die Ch'an-Schule verwirft alles rationale Wissen und jede intellektuelle Analyse. Wenn der Mensch die unmittelbare Verbindung mit dem Absoluten in der Meditation erreicht, offenbart sich ihm die höchste Wahrheit und der Sinn des Daseins. Mit dem Taoismus behauptet auch diese Schule, daß der Gegenstand der intuitiven Erkenntnis jenseits von Wort und Gedanken liege.*

Es ist also nicht möglich, das Verhältnis des Menschen zu seinem Ziel und zum Absoluten zu beschreiben. Dabei soll sich jedoch der Mensch nicht aus der Welt zurückziehen, sondern sein Leben in unmittelbarer Harmonie mit der Natur gestalten. Handeln ja, bewußtes Streben nein. Wenn der Mensch in seine Mitte sieht, kann er darin das Absolute (die Buddha-Natur) finden. Die Erfahrung der eigenen Mitte bedeutet ein qualitativ neues Selbstverständnis: die innere und äußere Wirklichkeit verschmelzen zu einer unauflösbaren Einheit. Um die Schüler der Meditation dahin zu führen, verwendet der Meister klug ersonnene Mittel. Durch irrationale und paradoxe Antworten versucht er seinen Schüler zur Einsicht zu bringen, daß die Konzentration auf rationales Wissen und Begründung nur in einer Sackgasse endet. Aus diesen Dialogen entstand Kung-an (japanisch: kôan), widersprüchliche Sätze oder Fragen, die das rationale Denken in der Meditation blockieren sollen. Ein bekanntes kôan lautet so: »In einem tiefen, glasklaren

* Chuang Chou, einer der wichtigsten Lehrer im Taoismus, meinte: Die Reuse gibt es nur der Fische wegen; wenn man den Fisch gefangen hat, kann man die Reuse vergessen. Die Wörter gibt es nur ihres Sinnes wegen; wenn man den Sinn erfaßt hat, kann man die Wörter vergessen. Wo finde ich einen Mann, der seine Wörter vergessen hat, so daß ich Wörter mit ihm austauschen kann?

See liegt ein Schatz. Kannst du ihn heben, ohne die Hände naß zu machen?« (vgl. Seite 264 f.).

Die Grundzüge der Ch'an-Schule werden auf Bodhidharma, einen indischen Missionar, zurückgeführt, der um 520 nach China kam. Ritual, Liturgie, Dogmen des traditionellen Buddhismus, selbst die fundamentalen Wahrheiten der Lehre Buddhas gelten ihm als unwesentliches Zubehör. Die Meditation begann sich von aller Ideologie abzulösen.

Vor allem die reformierte Ch'an-Schule (Begründer: Hui-neng) betonte, daß die wahre Erleuchtung eine intuitive Erkenntnis sei, die über den Menschen hereinbreche. Diese Erkenntnis wird mit dem Bild von einem Faß erläutert, dessen Boden plötzlich herausbricht, und das auf einmal ganz leer ist. So werde im Nu der Erkenntnis alles entfernt, was bislang dem wahren Wissen im Wege stand, ohne daß sich sinnlich etwas verändert habe. Doch stellt sich alles in neuem Licht vor. Die Farben werden intensiver, das Lebendige wird erfahren . . . und große Gelassenheit gegenüber dem Unwesentlichen stellt sich ein.

Als in Japan 552 der Buddhismus offiziell eingeführt wurde, durchlief er mancherlei Ausformungen. Die für uns wichtigste ist das Zen, das in manchem an die Theorie und Praxis der Ch'an-Schule erinnert.

Zen

Eine bedeutende buddhistische Richtung war *kegon*, das auf eine Lehre zurückgeht, die in China im 6. Jahrhundert entstand (durch Tushun). Es wurde im gleichen Jahrhundert nach Japan getragen. Es lehrt, daß nichts isoliert oder individuell sei. Alles stehe miteinander in Verbindung – letztlich mit der kosmischen Seele, dem Absoluten, Buddha. Damit hat alles an der Buddhanatur teil.

Saicho, ein Nachkomme chinesischer Einwanderer, studierte in China von 805 bis 806. Was er hier lernte, ist in der von ihm begründeten *Tendai-Schule* bewahrt. Die Welt ist ein geordnetes, vom karma (der Begriff entstammt den älteren Upanischaden und bezeichnet hier die Tatsache, daß die Taten des Menschen über seinen Tod hinaus weiterwirken) reguliertes Dasein. Wahrheit gilt ewig und universal, deshalb kann auch Buddha nicht nur eine Manifestation der Wahrheit in menschlicher Gestalt sein. Aus der universellen Wahrheit geht die Buddhanatur hervor – sie ist das Absolute. So werden das Einzelne-Alltäglich-Reale und das Zeitlos-Transzendentale eins. Hier begegnen sich Buddhismus und Shintoismus, der in Japan langsam vom Buddhismus aufgehoben wurde (man könnte auch sagen, der Shintoismus integrierte sich den Buddhismus).

Das Shinto nahm an, alle Dinge seien eins, und entwickelte von hierher eine reiche Form künstlerischer Ausdrucksformen: Literatur, Musik, Tanz ...

Die *Jodo-Sekten* popularisierten den Buddhismus. Im 13. Jahrhundert von Honen shonin gegründet, waren sie recht undogmatisch und statt dessen sehr pragmatisch. Das Glauben an Buddha trat an die Stelle ausgedehnter philosophischer Diskussionen. Der Glaube trat an die Stelle der Lehre. Buddhas Liebe und Barmherzigkeit ist ohne Grenzen. Honen schreibt:

Es soll kein Unterschied gemacht werden zwischen Frau und Mann, gut und böse, hoch und niedrig, niemand soll fehlen in seinem [des Buddhas des unendlichen Lichts und Lebens i. e. Amida Buddha] Lande der Reinheit, wenn er voller Hingabe Amidas Namen angerufen hat. Wie ein Wackerstein über den See geführt werden kann, wenn man ihn auf ein Schiff lädt, und zahllose Meilen zurücklegen kann, ohne zu sinken, so werden wir, und sei unsere Sünde auch so schwer wie Stein, auf dem Schiff getragen, das Amidas Versprechen von Urzeit ist, und werden ans andere Ufer gebracht, ohne im Meer der Wiedergeburt und des Todes zu versinken.

Heute sind die Jodosekten in Japan noch sehr einflußreich. Auch das *Zen* ist recht undogmatisch. Anders als Jodo betont Zen innere Einkehr und Selbstvertrauen. Zen geht weitgehend auf Ch'an zurück, das wiederum in einer Interpretation der Upanischaden wurzelt (durch buddhistische und taoistische Elemente angereichert, modifiziert). Es nennt Dogen (1200 bis 1253) seinen Gründer.

Für Zen ist die kosmische Seele, deren Widerspiegelung die individuelle ist, die eigentliche Realität. Nur durch Meditation und intuitives Erfassen (nicht aber durch rationale Weisheit oder Institutionen) kann diese absolute Realität erlebt werden. Wer dahin gelangt, gewinnt große innere Ruhe. Er kann sich über die mannigfaltigen Ereignisse des Alltags erheben. Er kann, ohne sich durch Glück oder Unglück beeindrucken zu lassen, ganz er selbst sein: in der Tat mutig, im Handeln einfach, im Denken überlegen. Er ist wie ein Fels in der Brandung, aber nicht passiv. Er kann sich in die Wirbel werfen, ohne unterzugehen. Dieses mentale Gleichgewicht und die Entschlossenheit zu handeln stehen in erheblichem Gegensatz zu der vom Jodo geförderten sentimentalen Unterwürfigkeit.

Zen betont stark das Individuelle in der Entwicklung, das zur Selbsteinsicht (satori) führt. Er steht also dem Ideal der Upanischaden und des frühen Hinduismus nahe. Wegen der Affinität der Menschenseele mit der Natur in ihrer vollendeten Ruhe und ihrer Gleichgewichtigkeit, ist auch das Menschenleben im Spiegel der Natur zu sehen. So liebt es Zen, in Bildern (wie vom Schein des Mondes in der stillen klaren Nacht) zu sprechen. Die Freiheit der Seele wird mit dem Flug der Wolken oder mit dem Wasser verglichen, das in einem Bach dahinrieselt oder in einem tosenden Wasserfall zu Tal stürzt. Der Sinn für die Schönheit in der Natur ist im Zen weit entwickelt. Ihre Harmonie sollte in allem zum Ausdruck kommen. Hierher gehört etwa die berühmte Teezeremonie, das Bogenschießen, das Blumenstecken – doch auch die Meditation. Zen konnte der Malerei, der Poesie und Schauspielkunst sein Siegel aufdrücken. Da Zen – im Gegensatz zu manchen Formen des Yoga – weitgehend vom Lebensgefühl und dem Tatwillen des Westens akzeptiert werden kann, hat es sich in den letzten Jahrzehnten auch in Europa und Amerika eingerichtet. Heute ist keine Reflexion über Meditation mehr möglich, ohne daß nicht einige Gedanken des Zen darin wieder aufgegriffen würden.

Christentum

Im Christentum entwickelte sich die Tiefenmeditation im Raum des frühen Mönchtums. Es wurde jedoch keine einheitliche »Technik« hervorgebracht, die denen der buddhistischen Richtungen vergleichbar wäre. Wir können hier also oft nur die Selbstzeugnisse einiger Christen vorstellen, in deren Leben die Erfahrung des Absoluten eine wichtige Rolle spielte.

Paulus von Tarsos

Die Mystik* des Apostels Paulus war richtungweisend für die christliche meditative Erkenntnis. Sie läßt sich in drei Schritten vorstellen:

1. Das, was wir mit den Sinnen erkennen, ist nur Stückwerk und Schatten (1 Kor. 13,9). Alles, was vor Christus war, ist nur Schatten, Christus brachte die Wirklichkeit (Kol. 2,17). Es gibt eine Welt, die wirklicher ist als die unserer Sinne. So kann Paulus schreiben: »Was

* »Mystik« bezeichnet eine Grundform religiösen Lebens, die durch versenkende Meditation die (scheinbare) Trennwand zwischen menschlichem Ich und dem absoluten Selbst (Gott) transparent macht und so zu einer Art Gotteserfahrung führt. Mystik ist uns aus allen monotheistischen Religionen bekannt (im nicht-monotheistischen Denkraum sollte man wohl diesen Begriff nicht verwenden, obschon auch hier das absolute Selbst, wenn auch unpersönlich, erfahren wird, oder doch erfahren werden kann). »mystikós« meint »geheimnisvoll« und stammt nach umstrittener Etymologie von »mýo« (ich schließe [die Augen, den Mund]) her. Vgl.: »Man sieht nur mit dem Herzen gut« (A. de Saint-Exupéry).

ich tue, verstehe ich nicht, denn ich tue nicht, was ich will, sondern was ich hasse, das tue ich.« (Röm. 7,15)

2. Gott ist alles in allem, »denn in ihm leben wir, bewegen wir uns und sind wir«. (Apg. 17,28) Gott ist also in allen Dingen und kann nur da gefunden werden, wo er ist: in allem.

3. Menschliches Leben ist Hineinsterben in das Absolute: »Ihr seid ja in Christus gestorben und euer Leben ist mit Christus verborgen in Gott.« (Kol. 3,3) »Ich lebe, doch nicht mehr als Ich, sondern Christus lebt in mir.« (Gal. 2,20)

Doch diese Einsichten stammen nicht aus bloß menschlichem Bemühen: »Nicht, als ob wir von uns aus fähig wären, etwas zu ersinnen wie aus eigener Kraft, sondern unsere Befähigung stammt von Gott.« (Kor. 3,5) Die Gnadenhaftigkeit der Erfahrung der absoluten Realität (Gottes) wird in den monotheistischen Religionen immer behauptet.

Gregor von Nyssa

Gregor von Nyssa († 394) faßt seine religiöse Erfahrung so zusammen: »Was nach meiner Ansicht der große Moses in jener Vision (vom brennenden Dornbusch; vgl. Ex. 3) durch Gottes Belehrung erkannt hat, ist dies: Daß nichts von alldem, was die sinnliche Wahrnehmung erfaßt oder der Intellekt anschaut, wahrhaft Sein hat als das überseiende Wesen, das des Universums Grund ist und von dem alles abhängt. Denn was auch sonst der Mensch vom Seienden anschaut, in nichts schaut er das Selbstgenügen: daß es Dasein haben könnte ohne Teilhabe am Sein.« (PG 44, 333B) – »Das Schauen Gottes vollzieht sich weder nach des Auges noch des Ohres sinnlichem Eindruck, ist nicht in dem gewöhnlichen Gedankenwerk beschlossen . . ., sondern wer in der Erkenntnis des Hohen fortschreiten will, muß sich vor aller sinnlichen und ungeistigen Bewegung reinigen und jegliche Vorstellung, die er von etwas Äußerem mitgebracht hat, aus seinem Geist verbannen.« (ebd. 373 BC)

Pseudodionysius

Pseudodionysius (6. Jh.) schreibt: »Im überlichten Dunkel möchten wir sein und möchten wir schauen in Blindheit und wissen in Unwissen, was jenseits von Schauen und Wissen ist – gerade durch Nicht-Schauen und Nicht-Wissen. Denn das heißt wahrhaftig schauen und wissen, und das ist überwesentlicher Preis des Überwesentlichen: abzustreifen alles, was Sein ist.« (PG 3, 1025) Der absolute Grund »ist weder Finsternis noch Licht, weder Irrtum noch Wahrheit, es gibt bei ihm weder Ja noch Nein. In dem, was unter ihm ist, da setzen wir Ja und

Nein, in ihm aber setzen wir damit nichts ... Denn erhaben über alles Ja ist der vollkommene einige Grund von allem – und erhaben über alles Nein.« (vgl. ebd. 1047)

Augustinus

Augustinus (354–430) meint in seiner Autobiographie: »Als ich von daher (gemeint sind die Schriften einiger Neuplatoniker) die Mahnung erhielt, zu mir selbst zurückzukehren, kehrte ich in mein Inneres ein ... und sah, wie dumm auch noch das Auge meiner Seele war. Dann bemerkte ich über meinem Geist ein unveränderliches Licht ... Es war nicht so über meinem Geist, wie Öl, das auf dem Wasser schwimmt oder wie der Himmel sich über der Erde spannt, es war höher, denn es ist ja das, was mich schuf – ich aber war tiefer, weil ich von ihm geschaffen ward.« (PL 32,742)

Richard von St. Viktor

Richard von St. Viktor († 1173) versucht deutlich zu machen, worin sich Denken, Betrachtung und meditative Anschauung unterscheiden: »Damit wir aber das, was über das Anschauen zu sagen ist, leichter erfassen und recht beurteilen, müssen wir zuvor bestimmen, was es sei ... Man muß wissen, daß wir einen Gegenstand anders durch Denken begreifen, anders durch Betrachten erforschen, anders durch Anschauen erfassen ... Das Denken geht über manche Umwege, langsam, abschweifend voran, die Betrachtung versucht gradlinig das Ziel zu erreichen, die Anschauung kreist im freien Flug, wohin sie getragen wird – wundersam beweglich. Sie umkreist alles im Fluge, wird ohne Mühen fruchtbar, richtet sich mit einem Blick auf unzählige Dinge. Durch die mit ihr gewonnene Einsicht wird die Mitte des Geistes unermeßlich gedehnt.« (PL 196,66 f) Die Anschauung kennt vier Stufen: »Die erste Stufe ist in der (sinnlichen) Vorstellung ... In der Vorstellung befindet sich unser Schauen dann, wenn die Gestalt und das Abbild der sichtbaren Dinge ins Blickfeld treten und wir staunend bemerken, wie zahlreich, groß, verschieden diese körperlichen Dinge sind ... Wir suchen nicht nach Beweisen und arbeiten nicht mit der Vernunft, sondern unser Geist zieht frei hier- oder dorthin, wohin ihn das Schauen zieht. Auf der ersten Stufe schauen wir die Dinge selbst, auf der zweiten ihren Grund, ihren Plan, ihren Zweck ... (Auf der dritten Stufe sieht der Mensch die eigentliche Bedeutung der Dinge,) er hört auf, Körperwesen (für sich) zu sein, beginnt geistig zu werden ... Große Arbeit ist es (jetzt), Gewohntes hinter sich zu lassen, tief verwurzelte Ideen aufzugeben ... Hier beginnt etwas den Menschen zu lehren, was das Wesen der Dinge ist . . . (Auf der vierten Stufe wird jede Vorstellung ausgeschaltet.) So schauen wir, wenn wir das Unsichtbare, das wir (zuvor) erkannt haben, in die Anschauung hineinnehmen. Der menschliche Geist schaut, ohne Hilfe der Vorstellung, *sich selbst durch sich selbst.* Der Geist, der nicht in der Selbsterkenntnis lange geübt ist, wird nicht zur Erkenntnis Gottes kommen.« (PL 196, 83 f; 51 f) Diese Stufen sind auch ohne Kenntnis und Anerkenntnis der Offenbarung erreichbar. Richard kennt noch weitere, die jedoch die Anerkenntnis der christlichen Offenbarung voraussetzen. Fassen wir zusammen:

1. Diskursives Denken
2. Intentionales Betrachten
3. Anschauen
   a) sinnliches
   b) von Gründen
   c) von Bedeutungen
   d) des Selbst

Die Stufen des Anschauens müssen wohl nacheinander erlernt werden. Die vorhergehenden sind die Basis für die folgenden.

Die Wolke des Nichtwissens

Dieses Buch* wurde vermutlich in England im 14. Jahrhundert verfaßt und gibt konkrete Meditationshinweise (die übrigens denen des Zen ähnlich sind):

1. Man soll alle Gedanken und Gefühle ausschalten. »Bei diesem Werke hat man wenig oder gar keinen Nutzen davon, wenn man an die Güte und Erhabenheit Gottes . . . denkt. So ist es viel besser, an sein nacktes Sein zu denken.« (30)

»Deshalb rotte alle Erkenntnis und alles Gefühl aus, das du von irgendeinem Geschöpf hast, und besonders, das du von dir selbst hast, denn davon, was du von dir weißt und über dich fühlst, hängt alle Erkenntnis und alles Gefühl ab, das du für alle Geschöpfe hast.« (73)

2. Man konzentriere sich auf *ein* Wort. »Wenn dein Begehren danach steht, dieses Streben . . . in ein Wort einzuschließen, damit du es besser finden kannst, nimmt ein kurzes Wort, mit einer Silbe . . . So ein Wort ist das Wort ›Gottes‹ oder das Wort ›Lob‹. Wähle, welches du willst . . . Kette dieses Wort an dein Herz, so daß es nie von dort weg kann, was immer geschehe.« (33) »Mit diesem Wort sollst du in die Wolke und die Dunkelheit über dir stoßen. Mit Hilfe dieses Wor-

* Einsiedeln 1958; die Zahlen in Klammern sind Seitenverweise.

tes sollst du alle Arten von Gedanken so sehr unter die Wolke des Vergessens hinabschleudern, daß du einem Gedanken, der sich herandrängt und dich fragt, was du willst, mit keinem Wort als diesem einen antwortest. Und wenn er dir sein großes Wissen anbietet, um dir das Wort auseinanderzusetzen und dir zu schildern, was es alles enthält, sag ihm, daß du es lieber als Ganzes hast, nicht zerlegt oder gar zerstört. Hältst du an diesem Vorsatz fest, dann kannst du sicher sein, daß er (der Gedanke) nicht lange bei dir verweilen wird.« (33).

3. Die Orientierung am Nichts. »Sei in keiner Weise darauf aus, in deinem Inneren zu weilen, oder, kurz gesagt, ich will auch nicht, daß du außer dir, über dir, hinter dir, noch auf dieser oder jener Seite von dir weilst. ›Wo soll ich denn sein?‹ [magst du fragen]. ›Nirgends‹, nach dem, was du sagst. Jetzt wahrlich hast du recht gesprochen, denn dort will ich dich haben. Denn leiblich Nirgends ist geistig Überall. Sieh eifrig zu, daß dein geistliches Werk leiblich nirgends sei, dann wirst du sicherlich im Geiste dort sein, wo das Ding ist, an dem du mit deinem Willen in der Substanz deines Geistes wirkst ... Kümmere dich nicht darum, wenn deine Sinne dieses Nichts nicht begreifen ... Es ist nämlich so erhaben, daß sie nichts davon begreifen können. Dieses Nichts kann besser gefühlt, denn gesehen werden, denn es ist ganz blind und ganz dunkel für jene, die erst darauf geschaut haben. Jedoch, um es der Wahrheit gemäß zu sagen, wird eine Seele, die es fühlt, mehr geblendet von dem Überfluß an geistlichem Licht, als sie blind sein könnte von irgendeiner Finsternis oder Mangel an leiblichem Licht.« (84) »Wundersam wandelt sich der Seelenzustand eines Menschen, wenn er dieses Nichts geistlich fühlt und es in dem Nirgends gewirkt wird ... So weit hinein kommen viele; aber weil die Pein, die sie fühlten, so groß ist, und weil ihnen der Trost mangelt, kehren sie zur Betrachtung von leiblichen Dingen zurück.« (85) »Deshalb mühe dich eifrig in diesem Nichts und Nirgends und laß ab von deinen äußeren Sinnen.« (86)

Für den Verfasser ist dieses Nichts zugleich Alles, der Urgrund von allem: Gott.

Hier wollen wir unsere Darstellung der Weisen und Folgen christlicher Tiefenmeditation abbrechen. Sicher wären noch viele Namen zu nennen, die man in einer ausführlicheren Darstellung der Geschichte christlicher Meditation nicht vergessen dürfte: Meister Eckhart und Johannes Tauler, Theresia von Avila und Johannes vom Kreuz, Ignatius von Loyola müßten unbedingt genannt werden, doch glauben wir, daß unser Abriß deutlich macht, daß auch das Christentum die Meditation und ihre Techniken kennt. Es wäre also ganz falsch, der Tiefenmeditation (im Gegensatz zur Betrachtung) allein in Formen östlicher Religiosität zu begegnen. Andererseits ist jedoch, vor allem in den großen christlichen Kirchen des Westens, besonders die Betrachtung geübt worden.

Im nächsten Kapitel möchte ich Ihnen einige Fehlorientierungen vieler Menschen heute vorstellen, die so verbreitet sind, daß man von »Situationen« sprechen kann, in denen sich heute viele, vor allem auch denkende und suchende Menschen, befinden. Diese Situationen sind zugleich auch Ausdruck der fehlenden Fähigkeit zur Meditation. Der »Verlust der Mitte« ist sowohl die Unfähigkeit als die Folge der Unfähigkeit, in die Mitte zu gehen und aus der Mitte zu kommen. Andererseits kann die Mitte nur meditativ wiedergefunden werden (sieht man einmal vom therapeutischen Instrumentar einer fremdgeleiteten »Behandlung« ab).

2. Die Situation des Menschen

Ich will also zunächst eine Situationsbeschreibung versuchen, in der sich mancher wiederfinden wird. Dabei kommt es mir nicht auf Vollständigkeit an, auch nicht darauf, die positiven Situationen darzustellen, sondern ich möchte auf einige Zustände, Befindlichkeiten, Schwierigkeiten verweisen, in denen sich viele Menschen heute finden.

Der Verlust der Mitte

Nicht wenige Menschen erfahren sich als unter dem Anspruch einander widersprechender Forderungen stehend. Sie werden von diesen (inneren oder äußeren) Forderungen hin- und hergerissen. Solche Spannungsfelder können entstehen zwischen den Ansprüchen des Berufs und der Familie, zwischen Norm und Wirklichkeit, zwischen Wollen und Müssen, zwischen Sollen und Können. Da keine Orientierung aus »der Mitte der Persönlichkeit« erfolgt, tun sie einmal das eine, ein anderes Mal das andere, ohne daß hinter alldem eine zureichende Begründung steht. Sie leben an der Peripherie und nicht aus der Mitte. Es fehlt ein Zentrum, um das sich verantwortete Aktion lagern könnte. Die *Reaktion* auf Handlungsanforderungen bestimmt das Tun und nicht die *Aktion* aus der Mitte. Diesen Menschen fehlt die Gradlinigkeit, die mit einer inneren Orientierung gegeben ist. Oft scheinen sie zerfahren, zerrissen, unbeständig. Sie haben sich selbst nicht mehr. Sie leben nach außen (und nur nach außen), weil sie sich selbst verloren haben. Der *Pragmatismus* (die Ideologie, nach der es genügt, die anstehenden Probleme zu lösen – und gut zu lösen, ohne daß eine Kompaßnadel den Weg in die Zukunft wiese) wird zur Weltanschauung, um ohne Mitte leben zu können. Alle reflektierten und verantworteten Orientierungen werden als »Ideologie« abgetan. Die Frage nach dem Wohin begreift allenfalls die nächste Zukunft, nicht aber die ferne. Das Träumen ist tot. Die Phantasie hat keinen Raum mehr. Utopia wird zum Refugium lebensuntüchtiger Tagträumer oder zur Heimat unverbesserlicher Weltverbesserer.

Aktion als Flucht oder Kompensation

Wir alle kennen Menschen, die unter erheblichen Erfolgszwängen stehen. Sie glauben, daß man nur im Erfolg sein Selbst realisieren und bewahren könne. Und etwas davon ist in uns allen. Die Erfolgsverwiesenheit, das Erfolg-haben-*Müssen*, um vor sich selbst (und vor den anderen) bestehen zu können, wird zu einer fixen Idee.

Auch kann die Aktion zum Selbstzweck werden. Die Aktivität um der Aktivität willen wird jedoch selten als solche zugegeben. Zumeist wird eine Überaktivität mit recht hochherzigen Idealen und gegebenen Notwendigkeiten entschuldigt. Dabei hat jedoch der Aktivismus nur den Zweck, über die innere Leere fortzutäuschen. Ideale und Notwendigkeiten sind bloße Rationalisierungen, um vor sich selbst bestehen – und mit der inneren Leere leben zu können.

Wieder andere suchen im Erfolg, in der Leistung, in der Aktivität jene Befriedigung, die die ursprünglichen Formen elementarer Verwirklichung in Sexualität, Aggressivität ... geben sollten, die aber auf Grund von inneren und äußeren Verboten nicht möglich zu sein scheinen. Die Triebbefriedigung geschieht in Kanälen, die die Gesellschaft erlaubt oder fördert, ohne daß es zu einer »echten Sublimation«* (mit der notwendigen Integration der Triebwünsche) gekommen wäre. Es handelt sich vielmehr um uneigentliche Sublimationen, um *Kompensationen*** . Das Getriebenwerden, das Suchen nach Ersatz in der Aktion charakterisiert das Verhalten allzu vieler. *Die Aktivität wird extensiv* (statt intensiv).

Verwundbarkeit

Wir alle sind verwundbar. Doch bei vielen ist der Grund der Verwundbarkeit keine (wünschenswerte) Sensibilität, sondern ein kaum mehr an Wirklichkeit orientiertes Ideal vom eigenen Ich. Dieses Ich-Ideal, das idealisierte Bild, das wir von uns selbst haben, wird um so leichter gekränkt und verletzt, je weiter es sich von der Ich-Wirklichkeit entfernt hat, je mehr darin Idealisierung fixiert wurde. Am ärgsten verwunden Erfahrungen, die das Ideal kränken, aber der Realität entsprechen. Auslöser für solche Verwundungen sind vor allem Kritik und Mißer-

* *Sublimation* meint einen unbewußten Prozeß, in dessen Verlauf Triebimpulse (der Sexualität oder Aggressivität) oder ihre »Energie« so geändert werden, daß sie zu Handlungen führen, die sozial akzeptiert werden. Bei einer »echten Sublimation« sind die Triebimpulse und deren »Energie« zuvor in die Persönlichkeitsstruktur integriert worden (vgl. folgendes Kapitel).

** *Kompensation* meint einen Mechanismus, der individuelle Schwächen, Defekte oder Unfähigkeiten verdeckt, in dem verhältnismäßig defektlose oder aber sozial wünschenswerte Verhaltensweisen in besonderer Stärke und Häufigkeit auftreten.

folg. Sind sie objektiv begründet, widersprechen aber unserem Idealbild von uns selbst, kann es zu länger dauernden Krisen kommen, die sich in Unruhe, Unsicherheit, Niedergeschlagenheit, Schlaflosigkeit äußern können, selbst wenn wir das Gefühl des Verwundetseins längst überwunden haben. Solche Verwundungen führen selten zu einer Korrektur des Ideals, sondern meist zu seiner Verhärtung. Geschehen solche Verwundungen häufiger, wird sich der verwundete Mensch immer mehr auf sich selbst zurückziehen und Sozialkontakte meiden, die das Ideal verletzen oder gefährden können. Die psychische Fehlorientierung kann hin bis zur Erkrankung (Neurose) gesteigert werden. Die Fähigkeit, die Gründe der Verwundbarkeit zu akzeptieren, ist schwach und wird immer schwächer. Unangenehmes wird, wenn möglich, aus dem Gedächtnis getilgt, wird verdrängt ins Unbewußte und kann hier sein fatales Spiel treiben. Destrudoenergien* können übermächtig werden und richten sich, wenn sie auf Grund von inneren oder äußeren Verboten nicht nach außen (in die soziale Umwelt) abfließen können, gegen das verwundete Individuum selbst. Es beginnt ein Prozeß der psychischen, physischen, sozialen Selbstzerstörung.

Alexithymie

Die Alexithymie ist eine erst in den letzten Jahren beschriebene psychische Fehlorientierung. Sie liegt vor, wenn es nicht mehr möglich ist, gegenwärtige oder vergangene Trauer, Hoffnungslosigkeit, Erschütterung . . . zu verbalisieren (d. h. darüber zu sprechen). Psychische oder soziale Belastungen können nicht mehr im Vorstellungsbereich aufgearbeitet werden – sie werden ins Unbewußte abgedrängt. Damit verbunden ist die Unfähigkeit, Gefühle spontan zu äußern. Das Spielen mit Phantasiebildern ist entweder ganz unmöglich oder wird auf wenige, stereotyp ablaufende Vorstellungen reduziert. Die Kreativität nimmt ab. Statt dessen finden wir übertriebene Aktivität und starke Bindungen an die Realität. Es bestehen begründete Vermutungen, daß eine Reihe von psychisch mitverursachten Erkrankungen (vegetative Dystonie, Magengeschwüre . . .) gehäuft bei Alexithymie auftreten.

* Destrudo meint hier einen Urtrieb, der gegen die Selbstverwirklichung gerichtet ist. Er ist antagonistisch zur Libido orientiert (dem Trieb, sich selbst zu verwirklichen).

Emotionale Schwäche

Die Unfähigkeit, Gefühle zu zeigen, ist eine der häufigsten psychischen Störungen geworden. Allenfalls bleibt ein Rest von emotionalen Ausdrucksmöglichkeiten übrig, der dann bei jeder Gelegenheit realisiert wird. Diese Verstopfung des emotionalen Ausgangs kann mannigfache Ursachen haben: Es beginnt mitunter damit, daß ein Kind in einer (oft kleinbürgerlichen) Familie aufwächst, in der es verpönt ist, Emotionen (Trauer, Begeisterung, Schmerz ...) zu zeigen. Maximen wie »Ein Junge weint nicht« können solche Tendenzen verstärken. Zudem erfährt man, daß das Zeigen von Gefühlen von anderen ausgenutzt oder belächelt wird. Ein Mensch, der Gefühle zeigt, scheint verwundbar zu sein. Endlich kommt es dazu, daß man es sich abgewöhnt, Gefühle (außer einigen stereotypen der Zustimmung oder Ablehnung – wie Freude und Ärger –) zu zeigen. Die Endstufe dieser Entwicklung ist erreicht, wenn gar keine Emotionen gezeigt werden können. Das wiederum führt zu einer erheblichen Einengung der emotionalen Erlebniswelt.

Dabei ist es nicht so, daß diese Menschen gefühllos, kalt wären. Sie können emotional angesprochen werden bis zur Sentimentalität. Das kann ein Anzeichen dafür sein, daß die emotionale Entwicklung in der Phase der Adoleszenz (zwischen Pubertät und Erwachsenenalter) abgebrochen wurde oder auf sie regredierte. Ich bezeichne diese Störung als »Werther-Syndrom« (nach Goethes Briefroman »Die Leiden des jungen Werther«). Die Emotionalität erscheint stark, eruptiv und ungeordnet ohne gekonnten Ausgang. Auch das ist eine Form emotionaler Schwäche.

Desintegration von Inhalt und Ausdruck

Wir unterscheiden zwei Formen des Ausdrucks: den verbalen und den somatischen. Ausdruck meint hier das Wie der sozialen Kommunikation und Interaktion. Hierher gehören Modulation der Stimme, Mimik und Gestik. Oft erleben wir, daß Menschen nicht in der Lage sind, soziale Interaktion (etwa Sprechen) mit den »richtigen« Ausdrucksmitteln zu verbinden. Sie sprechen *zu* Menschen, aber nicht *mit* Menschen. Das Ausdrucksrepertoire ist auf wenige Formen der Modulation und Gestik beschränkt, vor allem in ungewohnten Situationen. Die Stimme wirkt monoton, der mimische und gestische Ausdruck ist blokkiert. Die sprachliche Interaktion wirkt unglaubwürdig und wenig überzeugend. (In diesem Zusammenhang ist zu bedenken, daß in normaler Interaktion meist mehr als 50 % der Information über den interagierenden Menschen vom Ausdruck [oder Nicht-Ausdruck] abgenommen werden.) Das, *was* gesagt wird, paßt nicht zu dem, *wie* es gesagt wird. Solche Menschen wirken gehemmt, unsicher, blockiert – eher wie ein »hölzernes Bengele« (oder ein sprechender Computer) denn als Mensch. Das Schwinden der Ausdrucksfähigkeit kann eine psychische Störung anzeigen: die spontane Begegnung mit der (sozialen) Mitwelt ist erschwert.

Sicherlich gibt es Menschen, die »von Natur« oder durch Erziehung ärmer sind im Ausdruck als andere. Doch ist bei starker Einschränkung des Ausdrucks immer die Möglichkeit einer Antriebsschwäche zu erwägen. Ist sie krankhaft (Abulie), kommt es zu einer Einschränkung von Willenshandlungen. Solche Menschen wirken apathisch, sozial desinteressiert, unfähig, Neues zu planen oder zu integrieren.

Auf der anderen Seite kann die Desintegration von Inhalt und Ausdruck sich aber auch in überstarkem unangemessenem Ausdruck (Modulation der Stimme, Gestik, Mimik) zeigen. Doch sind solche Mängel bei der Personengruppe, an die sich dieses Buch wendet, ziemlich selten zu beobachten.

Resignation

Es gibt eine Resignation, die man nicht auf den ersten Blick spürt. Sie ist überlagert von Aktivität, Verantwortungsgefühl, Treue. Und dennoch hat der Resignierende das Handtuch geworfen im Kampf um sich selbst. Oft ist eine emotionale Trägheit oder Schwerfälligkeit das deutlichste Zeichen einer solchen resignierenden Selbstaufgabe. Immer aber scheint damit verbunden eine erhebliche Unlust, sich neuen Situationen zu stellen, Neues zu suchen, zu wagen. »Ich mache halt so weiter« wird zur Lebensdevise. Der Kampfgeist ist allein noch auf die Bewahrung oder auf Verteidigung aus. Ein »so what?« (»was soll's«, »na und«) zeigt das Fehlen jedes Referenzrahmens an, in dem der Mensch sich und seine Welt wiederfinden könnte. Ich bin vor allem in Schweden manchen Gebildeten begegnet, deren Leben von solcher Resignation bestimmt wurde – doch auch in Mitteleuropa scheint mir diese resignierende Melancholie nicht selten zu sein. Fehlt ein Ziel, eine Sinnbegabung, ist die Versuchung zu resignieren groß. Und manche erliegen ihr. Charakteristisch für eine solche Basisstimmung mag sein, daß Gefühle nur noch eruptiv hervorbrechen, daß man Vergessen sucht. Nicht selten wird der Alkoholismus seine Ursprünge in einer von

Melancholie überlagerten Resignation haben. Der Resignierende sagt meist nicht, das Leben habe keinen Sinn (das wäre schon eine Entscheidung, zu der er aber meist nicht mehr fähig ist), sondern die Frage nach dem Sinn sei sinnlos. Er lebt sein Leben in der Absurdität des Sisyphos.

Das Gehabtwerden

Der *»gehabte Mensch«* hat sich nicht selbst, sondern er wird gehabt, besessen von irgend etwas (etwa dem materiellen Eigentum oder dem geistigen Besitz). Er hat sich selbst verloren ins Haben, verloren, weil er vom Haben gehabt und vom Besitz besessen wird. Sicher wird hier mitunter das materielle Haben eine Rolle spielen – doch noch häufiger ist es das »geistige«. Man ist besessen von Ideen, Idealen, Vorstellungen, Meinungen, Vorurteilen. Die innere Freiheit (auf die allein alle äußere nur abzweckt) ist gestorben. Die Zwänge haben überhand genommen. Das Gehabtwerden von geistigen Inhalten ist der gefährlichste Feind der Freiheit. Der Mensch, der hat (oder zu haben meint), und sei es eine (oder gar die) endgültige Wahrheit, ist kaum mehr ein Mensch. Menschsein heißt Immer-auf-dem-Wege-sein. Der Gehabte aber ist am Ziel. Vorzeitig. Das Arge ist, daß sich ein solcher Mensch zumeist noch für vollkommener hält als den, der nicht (von Wahrheit oder sonst irgendeinem Ideal) gehabt wird. Er sucht nicht mehr, er hofft nicht mehr – er ist am Ende. Hierher gehört aber auch das Gehabtwerden vom materiellen Haben*wollen.* Das Habenwollen beginnt einen unmenschlichen Terror. Es ist niemals am Ende (nur der vom Geist des Habenwollens besessene Mensch ist es). Das Habenwollen wächst nur mit der Zunahme des Besitzes. Zufriedenheit ist für diesen Menschen ein nur kurzer Zustand – dann greift er gierig aus nach Neuem, das gehabt werden soll. Die Jagd nach dem Haben erschöpft. Zugleich aber erscheint es als die einzig mögliche »Selbstverwirklichung«. Man hat einmal diesen Zustand (seiner objektiven Seite nach) als Konsumterror bezeichnet. Die Valenzen, die den Menschen auswerfen auf Gesellschaft, sind gebunden durch das nie endende Habenwollen.

Die individuelle Angst

Angst ist ein unlustbetonter, mit Beklemmung, Bedrückung, Erregung oder auch Verzweiflung verbundener Gefühlszustand (Affekt) der reaktiv auf jede erlebte oder auch nur vorgestellte, mitunter nicht voll bewußte Lebensbeeinträchtigung oder -bedrohung entsteht. Dasjenige, wovor der sich Ängstigende Angst hat, erscheint irgendwie unbestimmt, weitet sich aber total aus (während die Furcht auf etwas Bestimmtes, Gegenständliches gerichtet ist). Folgerichtig ist die durch Angst bestimmte Handlung prinzipiell ungerichtet und kann nicht als ein sinnvolles Mittel verstanden werden, ein bestimmtes Ziel zu erreichen (während Furcht Ausweichen oder Abwehrhandlungen evoziert).

Willensmäßige oder verstandesmäßige Kontrollen werden im Zustand der Angst teilweise ausgeschaltet. Im Gegensatz zur »Reifungsangst« von Kindern und Jugendlichen, deren Psyche noch nicht starken seelischen Belastungen gewachsen ist, und die daher als Abwehr- und Schutzfunktion verstanden werden kann, ist die Angst, von der wir hier sprechen, kein Schutzmechanismus der Psyche.

Die typischste Form der individuellen Angst dürfte die Trennungsangst sein, mit dem Sonderfall der *Todesangst*. Todesangst, ohne daß ein unmittelbarer Anlaß als Auslöser bestünde, ist ein Zeichen von nicht vollintegriertem Leben. Das Sterben ist ein Teil des Lebens, nicht nur sein Ende. Die mangelnde Vertrautheit mit dem eigenen Sterben führt dazu, daß das Sterben allgemein, weil es ans eigene erinnert, aus dem Leben verdrängt wird. Es wird in die Anonymität der Krankenhäuser verbannt. Man spricht möglichst wenig davon, obschon es neben der Geburt das wohl wichtigste, sicher aber das einschneidendste Ereignis auch des eigenen Lebens ist. Trennungsangst führt zu den sonderbarsten Reaktionen: Flucht in die finanzielle Sicherheit, Flucht in die Aktion, um sich die Entfernung vom Sterben selbst zu beweisen, Flucht in die Masse, da sie niemals sterben wird, Flucht in den Kult der Jugend, da in ihr Sterben noch nicht sichtbar wird, Flucht in den Besitz, der unvergänglich zu sein scheint und uns von seiner Unvergänglichkeit einiges abgeben möchte ... Aber alles dieses ist nicht die gesunde Fluchtreaktion, wie sie die Furcht hervorruft, sondern bare Ausflucht. Der so aus dem Wissen um das Sterbenmüssen Flüchtende weiß mitunter gar nichts davon, da viele seiner Aktionen angstinduzierte Fluchtreaktionen sind.

Doch auch das Gegenteil ist nicht selten: die psychische Flucht in das Sterben, den Untergang. Die auf das Individuum selbst gerichtete Destrudo (der Trieb, sich selbst nicht zu verwirklichen) kann, wenn sie nicht zureichend mit Libido gemischt ist, zu Handlungen führen, bei denen sich das Individuum selbst sozial, psychisch, physisch schaden will (unbewußt). Das mag so weit gehen, daß sich der Sterbenswunsch, die Sehnsucht nach Untergang, in Suizidträumen manifestiert. Doch ist nicht die Angst vor dem Sterben aufgehoben, sondern es wurde nur vor ihr kapituliert.

S. Freud war der (begründeten) Ansicht, daß der Angstkonflikt Auslöser für viele psychische Störungen sei. Die Angst vor dem Ungehorsam gegenüber den Überichimperativen (der »Gewissensangst« – hier hat »Gewissen« als sich in anonymen Anforderungen des »Man«-Typs [das tut man, das tut man nicht] vorstellend nichts mit der ethischen Instanz »Gewissen« zu tun, die nicht im Überich, sondern im Ich siedelt –) oder vor der Realisierung der eigenen Triebhaftigkeit (Sexualität, Aggressivität) (der »Es-Angst«) hielt Freud für stets krankhaft bedingt. Um mit solchen Ängsten fertig zu werden und mit ihnen leben zu können, sucht sich das Individuum Halt an stereotypen Verhaltensmustern, die als zwanghafte Handlungen ablaufen. Ein Dem-Zwang-Folgen mindert die Angst. Doch sind solche angstmindernden Stereotype alles andere als ein begründeter Halt, sind vielmehr nur die Illusion davon. Es gibt eine Menge solcher Stereotype, zu denen sich das ängstigende Individuum flüchten kann (vom simplen Wasch- bis zu komplexen Sühnezwängen), doch allen gemeinsam ist die psychische Entlastung vor dem Anspruch der Angst.

Die soziale Angst

Es gibt verschiedene Ängste des Menschen, die nicht auf Trennungsängste zurückgeführt werden müssen:

- die Angst vor dem Alleinsein,
- die Angst vor der Isolierung,
- die Angst vor dem Außenseitertum,
- die Angst vor der Veröffentlichung des Privaten, die Angst vor der Selbstpreisgabe,
- die Angst vor der Überlegenheit des anderen,
- die Angst vor einem Kommunikations- oder Informationsdefizit.

Solche Ängste zeigen eine gestörte Sozialisation an. Etwas einseitig schrieb E. Richter:

> Die Neurosen sind die chiffrierten Signale der Unfähigkeit einer wachsenden Zahl von Individuen, mit den Zumutungen schädlicher sozialer Bedingungen fertig zu werden.

Sicherlich gibt es solche Neurosen, die destruktive Sozialkonflikte anzeigen. Die Verbreitung sozialer Ängste nimmt zu mit der Unfähigkeit, sich in sozialen Gruppen sicher zu orientieren. Grund dürfte sicherlich oft ein gestörtes Verhältnis zum eigenen Selbst, zur eigenen Mitte sein.

Die Desorientierung

Unter »Desorientierung« verstehen wir die Unfähigkeit, sich in seiner Umwelt zurechtzufinden und den eigenen Standpunkt darin sinnvoll zu erfassen. Es handelt sich hier nicht um die physische Desorientierung in der raum-zeitlichen Umwelt, sondern um die psychische vor allem in der sozialen Umwelt. Grund dieser Desorientierung ist zumeist eine falschorientierte Sinnantwort oder eine Orientierung an falsch strukturierten Leitwerten des Lebens. Solche Desorientierung führt zu destruktiven Individual- und/oder Sozialkonflikten.

Im Vorfeld der Desorientierung liegt die Orientierungslosigkeit, die aus einer Ichschwäche resultiert: Das Individuum hat die Sinnantwort (bzw. die Leitwerte) nicht gefunden, oder sie orientiert nicht zureichend. Orientierungslosigkeit und Desorientierung sind die verbreitesten psychischen Störungen heute: Man findet sich in der konkreten sozialen Welt nicht mehr zurecht oder interpretiert die sozialen Bezüge radikal falsch. Mangelndes Vertrauen, fehlende Selbstsicherheit, Niedergeschlagenheit, übertriebene Skepsis, soziale Passivität, ständiges Sich-Selbst-Bestätigen-Müssen ... können Symptome eines solchen Orientierungsschadens sein. Das Fehlen eines an sozialer und eigenpsychischer Wirklichkeit orientierten Referenzrahmens ist sicherlich auch oft einer der Gründe der schon erwähnten psychischen Fehlhaltungen.

Desorientierungen haben nicht selten ihren Grund in subjektivistischen oder objektivistischen Sinnantworten, d. h. in Sinnantworten, die nicht ausreichend die psychische und soziale Eigenwelt berücksichtigen. Subjektivistisch ist eine Sinnantwort, wenn sie unter Vernachlässigung der Eigenwelt willkürlich gegeben wurde (»Ich will möglichst viel Geld verdienen«, »Ich will anerkannt werden« ... als oberste Leitwerte); objektivistisch ist sie, wenn sie unkritisch fixierte Formeln übernimmt, die zumeist dem Weltanschauungsbereich entnommen sind (vgl. Seite 47 f.).

Das gestörte Verhältnis zur eigenen Leiblichkeit

Eine einseitige Orientierung an geistigem Vermögen (Intellekt und Wille) oder an der Triebstruktur (Sexualität) kann zu erheblichen Störungen des Verhältnisses zur eigenen Leiblichkeit beitragen. Der Leib wird zum reinen Mittel (zum Zweck) degradiert. Bei Pubertenten wird mitunter die Geschlechtlichkeit zum »Mittelpunkt« der Leiborientierung (der Phallus wird zum Zentrum). Eine ähnliche Abstraktion von der Gesamtleiblichkeit finden wir bei manchen Intellektuellen: Der Kopf wird zum Zentrum gemacht, um seine Funktionen dreht sich alles. Der Leib wird zu einer Instanz degradiert, die die Aufgabe hat, den Kopf zu transportieren und zu ernähren (um es etwas kraß bildlich zu sagen). Eine solche Fixierung ist genauso einseitig wie die Phallusorientierung. Während jedoch die pubertäre Phallusfixierung ein normales Durchgangsstadium sein kann, zeigt die Kopffixierung zumeist ein ziemlich endgültiges Fehlverhalten zur eigenen Leiblichkeit an. Wenn Sport, Ernährung, Körperpflege allein dazu dienen, die intellektuelle und volitive Leistungsfähigkeit zu erhalten, ist die Fehlorientierung perfekt und manifest. Die Freude an der körperlichen Funktion in Spiel, Sport und Arbeit sind verlorengegangen.

Es gibt jedoch auch einseitige Körperfixierungen. Der Körper wird zum alleinigen Selbstzweck gemacht. Das wäre genauso falsch und einseitig wie eine Fixierung auf einen Körperteil. Darüber muß hier aber nicht gehandelt werden, denn solch einseitige Körperfixierung (»Körperkult«) wird bei Lesern dieses Buches kaum vorkommen.

Die Einsamkeit

»Einsamkeit« meint zunächst den Zustand des Alleinseins, wenn die Bedingungen zum Sozialkontakt fehlen. Es können dies innere (soziale Hemmungen, Sozialängste, »social disengagement«) oder äußere Bedingungen (unbeteiligte Mitgesellschaft) sein. Im letzten Fall, der uns hier weniger interessiert, spricht man auch von *Vereinsamung*. Man kann unter der Einsamkeit leiden oder nicht, in jedem Fall ist sie für die gesunde psychische Entwicklung schädlich, denn der Mensch ist wesentlich ein gesellschaftliches Lebewesen (»ens sociale«), das nur im positiven Sozialkontakt zur Selbstentfaltung und Selbstverwirklichung kommen kann. Er ist stets Mitglied von Gesellschaften (sozialen Sekundärgruppen) und Glied von Gemeinschaften (sozialen Primärgruppen), wenn er sich optimal entfalten soll. Der Rückzug aus Gemeinschaften (über positive emotionale Bindungen wie Freundschaft, Liebe, Solidarität gebildet) oder/und aus Gesellschaft (über gemeinsame Zielsetzungen begründet) ist immer ein Alarmsignal. Wenn die soziale Kontaktfähigkeit oder der Kontaktwille extensiv (bezogen auf die Zahl der Menschen, mit denen man etwas »anfangen kann«) oder intensiv (bezogen auf die Intensität der sozialen Bindungen) abnimmt, kann am Ende ein Mensch stehen, der seine Sozialbindungen auf sich selbst zurückbezieht (Triebautismen wie Autosexualität und Autoaggressivität oder übersteigerte Selbstbezogenheit im Narzißmus können die Folge sein). Schließlich ist bloß noch das eigene Selbst Gegenstand libidinöser Handlungen, soziale Interaktion bereitet Unlust, Unzufriedenheit, Angst.

»Autismus« (Selbstbezogenheit) meint eine Denk- und Verhaltensweise eines Menschen, der sich von seiner sozialen Umwelt absondert und sich in die Welt seiner eigenen Gedanken, Interessen, Emotionen, Vorstellungen, Phantasien flüchtet, weil allein sie ihm noch Freude machen. Bei Charakteren, die zur Ungeselligkeit, Steifheit, Humorlosigkeit neigen, führen solche Autismen stets zu sozialen Anpassungsschwierigkeiten. (Autismen können auch ein Symptom für krankhafte Persönlichkeitsstörungen, z. B. schizoide Psychopathien, sein.) Im sexuellen Autismus wird die höchste sexuelle Befriedigung in der Ipsation gefunden, die bei Pubertierenden durchaus (psychologisch gesehen) normal sein kann (und meist auch ist). Im aggressiven Autismus wird die Befriedigung in Triebhandlungen gefunden, die dem Handelnden sozial, psychisch oder physisch schaden. Da Triebautismen (vor allem wenn sexuelle mit aggressiven legiert sind) gesellschaftlich verpönt sind (vor allem in masochistischen Ausdrucksformen), werden sie oft verborgen oder verdrängt. Die Nötigung zu physischer oder psychischer Selbstquälerei und Selbstbestrafung, die durchaus nicht bewußt sein muß, ist Indikator für eine zwangsneurotische Fehlorientierung.

Die Einsamkeit, die als Alleinsein von der Meditation gefordert und gefördert wird und deutlich von menschlicher Einsamkeit abzuheben ist, kann vor allem introvertierten Menschen schaden. (Gemeint ist mit unserm Verdikt über die Einsamkeit nicht die Fähigkeit, mit sich allein sein zu können.)

Im Klassifikationsmodell C. G. Jungs ist der introvertierte Mensch subjektbezogen (das Subjekt hat höchste Bedeutung und nicht das Objekt), während der Extravertierte objektbezogen ist. Dabei ist unter »Objekt« alles das zusammenzufassen, was die »äußeren Verhältnisse« ausmacht (sinnlich wahrnehmbare

Tatsachen, Ansichten, die durch Tradition, Erziehung ... vermittelt werden). »Subjekt« meint dagegen »innere Verhältnisse« (Gedanken, Gefühle, Ansichten, Regungen, Wünsche ... wohl aber auch den eigenen Leib).

Introvertierte Menschen suchen zumeist ein wenigstens vorübergehendes Alleinsein. Es darf nicht zur Einsamkeit werden.

Das Tragen von Masken

Unter »Rollenerwartung« verstehen wir Erwartungen und Normen, die sich in einer Gruppe in bezug auf eine einen bestimmten Status oder eine Position innehabende Persönlichkeit oder deren Handlungen in bestimmten Situationen herausbilden oder herausgebildet haben. Der Rolle kann eine echte (nicht gespielte) oder unechte Verhaltensweise entsprechen. Jedermann übernimmt im konkreten Leben eine Mehrzahl von Rollen. Insofern sie ihm entsprechen, nicht nur gespielt sind, einander nicht widersprechen, ist das gut und richtig. Ausdrücke wie »Vater« und »Sohn«, »Mutter« und »Tochter« ... haben nicht nur genealogische Bedeutung, sondern auch die von Rollen im Familienverband. Viele universelle Rollen (wie »Mann« und »Frau«) können gesellschafts- oder kulturspezifisch beschrieben werden, sind also weitgehend kulturell normiert und unterliegen einem möglichen Wandel. Das gilt auch für viele Berufsrollen (»Beamter«, »Lehrer«, »Pfarrer«, »Vorgesetzter«). In die Rolle wächst der Mensch hinein, ohne daß er sich dessen bewußt wäre. Konflikte wird es nur bei »unechten«, bloß gespielten oder bei Rollen geben, deren Verhaltensmuster und Normen einander widersprechen (so spielt der »Radfahrer« eine widerspruchsvolle Doppelrolle, wenn er nach »oben« buckelt und nach »unten« tritt). Die Übernahme von Rollenverhaltensmustern und das sichere Bewegen in einer Rolle entlasten das menschliche Zusammensein ganz erheblich, weil bestimmte patterns schon erwartet werden und sich diese Erwartung selten täuscht. Das »Aus-der-Rolle-Fallen« gilt als erheblicher Verstoß gegen die sozialen Spielregeln. Dennoch ist darauf zu achten, daß man sich nicht an die Rollen verliert (d. h. nicht mehr über der Rolle steht, sondern sich ganz und gar in der Rolle wiederfindet). Auch sollte man die Verhaltensmuster einer Rolle nicht zu ideal und vollständig übernehmen, denn eine gewisse Spannung zwischen Erwartung und Begegnung ist dem sozialen Beisammensein keineswegs abträglich. Noch gefährlicher ist es, *eine* Rolle als die eigene zu betrachten und sie auch da zu realisieren, wo es nicht angebracht ist.

Mit C. G. Jung unterscheiden wir Rolle von *Maske.* Die Maske führt stets zu unechten Verhaltensweisen, also zu Verhaltensweisen, die bloß gespielt sind. Identifiziert sich ein Mensch mit seiner Maske, so schauspielert er, ohne es zu wissen. Er spielt Theater, ohne es zu merken. Er identifiziert sich mit seiner »Persona«*, eine Fehlentwicklung, die vor allem in der zweiten Lebenshälfte häufiger vorkommt. Die Persona steht im Konflikt mit dem wahren Selbst des Menschen. Die Wesenszüge des Menschen, die nicht in der Persona realisiert werden (können), bilden im Unbewußten eine Gegeninstanz und können zu erheblichen Individualkonflikten führen. Gegen die Herrschaft der Persona gilt es also, die Herrschaft des »Selbst« durchzusetzen. Dazu ist zunächst einmal »Selbsterkenntnis« vonnöten.

Das Tragen von Masken wird also zum erheblichen Hindernis auf dem Wege zum »Selbst« und zur »Selbstverwirklichung«. Es ist gar nicht selten, daß Menschen ihre Persona meinen, wenn sie von »Selbst« sprechen, und etwas verwirklichen wollen, das sie nur spielen (ohne zu bemerken, daß sie es spielen).

Wir haben in diesem Kapitel einige Situationen herausgegriffen, in denen sich heute viele Menschen befinden und wohl auch wiederfinden. Sie sollten dieses Kapitel sorgfältig durchlesen, um festzustellen, ob eine oder mehrere der beschriebenen Situationen auch auf Sie zutreffen. Sollte das der Fall sein, könnte die Meditation von erheblichem Nutzen für Sie sein, vor allem, wenn Sie psychisch (noch) nicht in den pathologischen Grenzräumen der beschriebenen Situation siedeln.

Die Darstellung verwendet zum Teil die Sprache der Psychologie, ohne jedoch im wissenschaftlichen Sinn psychologisch sein zu wollen. Der Fachpsychologe wird sich mitunter an der verwendeten Terminologie stoßen. Sie ist weder in einem psychologischen Theorienrahmen konsistent, noch strebt sie die Präzision einer wissenschaftlichen Darstellung an. Es kommt vielmehr darauf an, bei gedrängter Darstellung verständlich zu bleiben.

* Nach einer umstrittenen etymologischen Herleitung entstammt das lateinische »persona« der Theatersprache und meint ein »Tönen durch die Maske« (vgl. personare = durchtönen).

3. Ziele der Meditation

Hier unterscheiden wir Nah- und Fernziele. Die Nahziele sind bei regelmäßiger Übung bald zu erreichen – die Fernziele fordern oft jahrelanges Mühen. Doch stellen sich die Nahwirkungen sicherer und meist auch schneller ein, wenn man meditiert, um die Fernziele zu erreichen.

Die wichtigsten Nahziele sind:

- positivere Lebenseinstellung,
- innere Ausgeglichenheit,
- größere Sicherheit in Aktion und Reaktion,
- wachsende Konzentrationsfähigkeit,
- sichere Beherrschung von negativen Emotionen (Niedergeschlagenheit, Ärger, Neid, Haß, Unterlegenheitsgefühlen, Unluststimmungen ...),
- soziale Aktivität (ohne Aktivismus),
- zunehmendes Einfühlungsvermögen in Personen und Situationen,
- vegetative Stabilisierung,
- Fähigkeit, das Wichtigere aus der Fülle des Unwichtigen zu erkennen,
- steigende Plastizität des somatischen und verbalen Ausdrucks,
- größere Wachheit (Senken der Ermüdungsschwelle),
- Sehen und Hören lernen.

Sicherlich werden die verschiedenen Meditationsmethoden nicht in gleicher Weise geeignet sein, alle Ziele gleich schnell zu erreichen. Manche sind orientiert an spezifischen Nahzielen. Vieles kann hier auch im Vorraum der eigentlichen Meditation erlangt werden.

Die wichtigsten Fernziele sind:

- Selbsterkenntnis, Selbstfindung, Selbstverwirklichung,
- Integration von Intellektualität, Strebevermögen und Emotionalität, von Persönlichkeit und Triebstruktur, von Arbeit und Leben, von Individualität und Sozialität.

Über diese Fernziele muß des näheren gehandelt werden (die Nahziele sind zumeist aus sich selbst verständlich).

»Selbst«

Mit »Selbst« bezeichnen wir in gewisser Anlehnung an die Psychologie C. G. Jungs das integrierte Individuum, das seine bewußten und unbewußten Inhalte optimal zur Deckung gebracht hat.

Exkurs: Das »Selbst« nach C. G. Jung

Das altindische »âtman« übersetzt man häufig und zutreffend mit »Selbst«. âtman ist das innere Wesen des Menschen, der unwandelbare Kern des Individuums, seine »Mitte«. Jung selbst behauptet, den Begriff »Selbst« theoretisch – unabhängig von aller theologischen Spekulation – erschlossen zu haben: »Die Idee eines Selbst ist an und für sich bereits ein transzendentales Postulat, das sich zwar psychologisch rechtfertigen, aber wissenschaftlich nicht beweisen läßt ... Ohne dieses Postulat wüßte ich die empirisch stattfindenden Prozesse nicht genügend zu formulieren. Das Selbst beansprucht daher zum mindesten den Wert einer Hypothese.« (7, 263) Wir würden heute eher von einem theoretischen Begriff sprechen (vergleichbar den theoretischen Begriffen »unbewußt«, »Inflation«, »Freiheit« ...).

Jung verwendet den Begriff »Selbst« nun nicht immer ganz eindeutig. Offenbar deckt das Begriffsfeld einen so weiten Gegenstandsbereich ab, daß er nicht exakt bestimmt werden kann. Doch sein »Kern« ist immerhin faßbar.

1. Das »Selbst« bezeichnet die gesamte persönliche Disposition, bewußt oder unbewußt. Wenn das Unbewußte kompensatorisch aktiv wird (etwa, weil seiner Dynamik im Bewußten nicht Rechnung getragen wird), setzt das eine »Mitte«, eine grundsätzliche Orientierung, voraus: das Selbst. Das Selbst ist nicht bewußt (das Ich ist das Subjekt meines Bewußtseins, das Selbst ist Subjekt meiner gesamten, also auch unbewußten Psyche) (11, 105). Es ist die »Mitte« der Persönlichkeit (7, 243), sicherlich nur eine »unzulängliche Visualisierung«.

2. Das »Selbst« bezeichnet aber auch etwas, das als Vereinigung von Bewußtsein und Unbewußtem charakterisiert werden kann. Es ist etwas, das zu integrieren, zu realisieren, zu verwirklichen ist. Jung spricht hier von Individuation (sowohl als Vorgang wie als dessen Ergebnis). »Individuation« meint also Selbstverwirklichung. Damit kann gemeint sein:

- die Differenzierung der individuellen aus der Kollektivpsyche,
- ein Wandlungsprozeß, der die Verhaftung an das Unbewußte löst,
- die zur Legierung von Bewußtsein und Unbewußtem,
- führt zu einer Bewußtseinserweiterung,
- ein Werden dessen, der man ist,
- eine Entwicklung des Zentrums der Persönlichkeit,
- Integration des »moralischen Selbst« mit dem »Schatten« (der ersten »Personifikation« des Unbewußten).

Die Einigung zwischen den Forderungen von außen, die sich in der Persona manifestieren, und die der Forderungen von innen ist »das fundamentalste Hauptstück innerer Erfahrung« (7, 225). Mit dieser Einigung ist die Mitte der Persönlichkeit realisiert.

3. Gipfelpunkt des Individuationsprozesses ist die Begegnung mit dem Selbst und seinen Symbolen. Das »Selbst« bezeichnet jetzt einen psychischen Faktor. Von ihm leiten sich alle Ganzheits- und Einheitsvorstellungen her (Gott, »Christus in uns«, geometrische Figuren mit einem Kreis oder einem Quadrat als Grundform, aber auch Bilder wie »Fürst«, »Held«, »Priester«, »Burg«, »Berg« ...). Die Symbole des Selbst sind also sehr verschiedenartig. Mitunter begegnen sie uns in Träumen oder Traumhintergründen.

4. Das Selbst läßt sich nicht mit rationalen Begriffen fassen. Es ist eine numinose Erfahrung, eine Erfahrung des Absoluten, des Grundes, des Göttlichen. Die Individuation (das Selbst) schließt die Welt nicht aus, sondern ein. Sie ist ein »Einswerden mit sich selbst und zugleich mit der Menschheit, die man ja auch ist«.

Individuation und Selbst werden in der psychoanalytischen Theorie Jungs zum Weg und Ziel der Therapie. Neurosen können nach Jung erklärt werden aus einem mißglückten Versuch, das eigene Selbst zu erkennen, um es endlich zu sein.

Offensichtlich begegnet hier Jung den Zielen östlicher und westlicher Meditation, die man als eine Art »Selbstanalyse« zum Zweck, das Selbst zu erkennen, um es endlich zu sein, bestimmen kann.

Das Unbewußte

Wenn wir von »Unbewußtem« sprechen, ist damit ein funktionaler theoretischer Begriff bezeichnet, nicht aber ein irgendwie gearteter Gegenstand. Wenn wir von »das Unbewußte« sprechen, wird damit eine strukturierte Summe unbewußter Inhalte bezeichnet (nicht aber ein Gegenstand benannt).

»Bewußt« ist eine Eigenschaft von Vorstellungen, die deutlich und intensiv genug sind, um von uns selbst wahrgenommen zu werden (aktuell bewußt) oder wahrgenommen werden zu können (potentiell bewußt). Unbewußte Vorstellungen können an sich entweder bewußtseinsfähig (wir richten aber unsere Aufmerksamkeit nicht auf sie, weil sie zu dunkel, zu schwach sind, um unsere Aufmerksamkeit zu wecken) oder bewußtseinsunfähig sein (sie sind dann aus dem freien assoziativen Denkverkehr ausgeschlossen). Unbewußte Inhalte (vor allem die bewußtseinsunfähigen) können jedoch unsere Stimmungen, Entscheidungen, unser Verhalten sehr intensiv beeinflussen. Sie bleiben in der bewußten Orientierung wirksam, ohne bewußt zu werden. Um unbewußt gesteuertes oder ausgelöstes Verhalten (Stimmung, Entscheidung ...) erklären zu können, versuchen die meisten Menschen, rationale Gründe für sie anzugeben – und finden sie auch (»Rationalisieren«).

Unbewußt sind alle die Inhalte, die vom Bewußtsein ausgeschlossen werden, sei es, daß man sie als peinlich, unangenehm, unwichtig, existenzbedrohend empfindet oder empfand, sei es, daß es sich um bei allen Menschen oder bei allen Menschen eines Kulturkreises vorkommende nicht bewußte Inhalte (Archetypen) handelt. Im ersten Fall vor allem wirken die unbewußten Inhalte kompensatorisch (»kompensatorisches Unbewußtes«), d. h., sie korrigieren, regulieren, gleichen aus, ergänzen die bewußten Inhalte. Solchen kompensatorischen Funktionen der nicht bewußten Inhalte begegnen wir wohl bei allen Menschen. Die Impulse, die von unbewußten Inhalten ausgehen, sollte man nicht – mit J. Breuer – als krankhaft bezeichnen.

Da es kaum möglich ist, Fehlleistungen (Versprecher ...), Träume ... anders zu erklären als durch die Existenz unbewußter Inhalte, scheint unser theoretischer Begriff »unbewußt« recht brauchbar zu sein.

Oft werden dem Bewußtmachen von unbewußten Inhalten (in der Analyse, in der Meditation) erhebliche Widerstände entgegengesetzt. Bekannt sind *Behandlungswiderstände* (rationalisierte Bedenken gegen Methode der Behandlung, Zweifel an der Zuständigkeit und Kompetenz des Behandelnden, Ausweichen in Krankheiten, um sich der Behandlung zu entziehen), *Assoziationswiderstände* (Widerstand, die auftauchenden Einfälle zu verbalisieren und sich ihnen zu stellen), *Übertragungswiderstände* (der Therapeut wird nicht als Mitarbeiter im Heilungsprozeß gesehen, sondern in emotionale Konflikte einbezogen – so können etwa frühere Konflikte mit dem eigenen Vater übertragen werden) ... S. Freud hat auf den Zusammenhang zwischen Widerstand und Verdrängung (ins Unbewußte) verwiesen:

> Dieselben Kräfte, die sich heute als Widerstand dem Bewußtmachen des Vergessenen widersetzen, mußten seinerzeit dieses Vergessen bewirkt und die betreffenden pathogenen Ereignisse aus dem Bewußtsein gedrängt haben. (8,20)

Auch solche Widerstände (aber auch andere wie Leidensbedürfnis als Ausdruck eines unbewußten Schuldgefühls, Tendenz zur sozialen, psychischen, physischen Selbstschädigung) sind kaum anders zu erklären als mit der Annahme unbewußter Inhalte.

Neben dem kompensatorischen Unbewußten »gibt« es vielleicht Archetypen, die im Unbewußten regulierende Funktionen übernehmen. Sie beziehen sich nicht unmittelbar (kompensierend) auf eine einseitig bewußte Orientierung. Jung ging soweit, von einer »unbewußten Persönlichkeit« zu sprechen, die weitgehend archetypisch geprägt ist (so hat sie etwa ein gegengeschlechtliches Vorzeichen – bei Männern die »anima«). Wir wollen i. a. von der Behandlung von Archetypen absehen, nicht weil wir begründet an ihrer »Existenz« (die jedoch funktional und nicht primär bildhaft-gegenständlich zu verstehen wäre) zweifelten, sondern weil ihre Theorie uns nicht zureichend gesichert zu sein scheint. Vor allem bei Erkrankungen mit schizophrenen Symptomen ist mitunter zu beobachten, daß der »vorübergehende Sieg des Unbewußten über das Bewußte« recht gleichartige Bilder produziert, die einen primitiven, arachisch-mythologischen Charakter zu haben scheinen.

Für uns ist die Tatsache unbewußter Inhalte, die sich in Stimmungen, Strebungen, Orientierungen, Entscheidungen . . . ausdrücken, die nicht auf bewußter Ebene primär zu rechtfertigen sind (und nicht gerechtfertigt wurden), dann aber oft – sekundär – rationalisiert werden, weil wir es uns angewöhnt haben, alles, was wir empfinden, wollen, tun . . . zu erklären, wichtig, weil sie in der Tiefenmeditation mit dem Zweck der Selbstfindung (Selbsterkenntnis) eine wesentliche Rolle spielen. Für die Praxis der Tiefenmeditation ist eine elementare Kenntnis psychologischer Theorie recht nützlich.

Selbsterkenntnis

Da zum Selbst auch die (integrierten) Inhalte des eigenen Unbewußten gehören, ist es nötig, die wesentlichen Inhalte des eigenen Unbewußten zu realisieren. Handelt es sich um bewußtseinsfähige Vorstellungen, sollten wir versuchen, sie bewußt zu machen. Handelt es sich um bewußtseinsunfähige, sollten wir uns bemühen, sie mittelbar zu erschließen (aus Stimmungen, Entscheidungen, Verhalten, Orientierungen . . ., die nicht bewußt gesteuert sind), indem wir uns über Rationalisierungen klarzuwerden versuchen (d. h. sie zunächst einmal als solche erkennen). Die konkreten Inhalte des eigenen Unbewußten werden damit zwar nicht bewußt, doch kann man sie mitunter aus ihren Folgen inhaltlich »erahnen«. Das genügt für den gesunden Menschen durchaus, um durch die Meditation zur Selbsterkenntnis zu gelangen. Das Unbewußte soll sich möglichst unverstellt und ungehemmt selbst »leben« können, denn das ist die Voraussetzung alles integrativen Bemühens.

Die mehr oder weniger volle Realisation von unbewußten Inhalten dürfte nur in einer großen Heil- (oder Lehr-)Analyse mitunter zureichend möglich sein. Dazu ist i. a. die Hilfe eines Analytikers notwendig, denn es geht nicht bloß darum, die materialen Inhalte des Unbewußten rational (und damit bewußt) zu machen – das geschieht in der Heilanalyse zumeist auch nur beschränkt in den Bereichen, in denen unbewußte Orientierungen zu neurotischen Fehlverhaltensmustern führen –, sondern auch darum, Konflikte zu bewältigen. Da soziale Konflikte auf soziale Konfliktsituationen zurückgehen können, die nicht mehr bewußt sind, müssen diese Situationen reproduziert werden, um sie bewußt zu machen. Dazu aber ist ein Partner notwendig (oder eine Gruppe). Sind jedoch keine störenden Impulse aus dem Unbewußten zu erwarten (sie werden manifest in destruktiven Individual- und Sozialkonflikten), kann man die nichtbewußtseinsfähigen Inhalte zunächst auf sich beruhen lassen. Diese drängen zum Teil im Verlauf der Tiefenmeditation selbst ins Bewußte, auch wenn ihre unbewußte Herkunft zumeist nicht erkannt wird, und können sich dann mit bewußten Inhalten legieren. Um Konflikte zu vermeiden, sollte zunächst das Bewußtsein auf bewußte Inhalte orientiert werden, denn das ist leichter als eine recht langsam ablaufende Orientierung im Bereich des Unbewußten. Das aber setzt voraus, daß das Bewußte durch richtige Ich-Bildung optimal an sozialer und individueller Wirklichkeit (zu der auch das Unbewußte gehört) orientiert wird. Die optimale Orientierung, zumindest das Fehlen erheblicher Desorientierung, ist empirisch am Ausbleiben destruktiver Individual- und Sozialkonflikte auszumachen. Das Bewußte zentriert sich um das Ich. Das Ich ist die bewußte Grundorientierung des Menschen. Wir haben dazu im vorhergehenden Kapitel schon einiges unter der Überschrift »Desorientierung« berichtet.

Exkurs: Ich-Bildung

Wie schon erwähnt, ist die das Ich begründende Sinnantwort (oder die obersten handlungsleitenden Werte) nicht in die Beliebigkeit des Menschen gestellt. Mit der Sinnantwort wird ein Koordinatennetz aufgespannt, das es erlaubt, Ereignisse zu interpretieren (etwa nach Werthaftigkeit und Betroffenheit). Mag diese Interpretation auch unwichtig scheinen, sie wird wichtig, wenn es zu Reaktionen auf das Ereignis kommt, denn nur *eine* Reaktion ist für einen Menschen die optimale, das aber setzt voraus, daß das Ereignis objektiv an individueller und sozialer Wirklichkeit orientiert interpretiert wird.

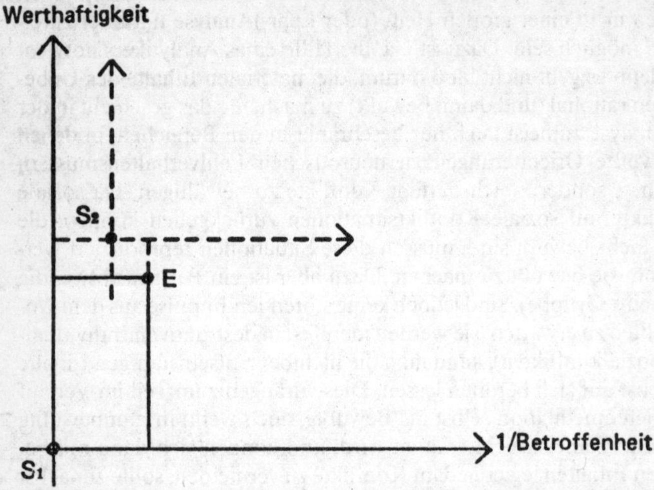

Die obenstehende Skizze mag das verdeutlichen. S_1 und S_2 entsprechen verschiedenen Sinnantworten. In beiden Systemen wird die Werthaftigkeit und die subjektive Betroffenheit durch E sehr verschieden interpretiert. Also wird auch recht verschieden auf E reagiert werden. Die Reaktion aber ist optimal, die der eigenpsychischen und sozialen Situation am besten gerecht wird.

Zur eigenpsychischen Situation gehören u. a. auch Überichorientierung sowie Esantriebe, doch auch allgemeiner: der Bereich des Unbewußten. Offensichtlich muß also die Sinnantwort an diesen Vorgaben orientiert werden. Geschieht das nicht, wird die Reaktion auf E nicht optimal sein, kann es zu Vergebniserfahrungen (Frustrationserlebnissen) kommen. Häufen sich solche Erfahrungen, wird nicht nur zusätzlich Destrudo-Energie angeliefert, sondern die Persönlichkeit wird zunehmend ihrer Welt desorientiert und entfremdet.

Offensichtlich ist also eine objektiv richtige (d. h. an den objektiven Situationen des Individuums orientierte) Sinnantwort Voraussetzung für eine effiziente Selbsterkenntnis, ja sie setzt ein gewisses Maß an Selbsterkenntnis voraus. Im Verlauf des meditativen Bemühens wird mit zunehmender Selbsterkenntnis auch eine bessere und intensivere Ichorientierung möglich werden. Sie müssen sich also davor hüten, eine einmal gefundene und gegebene Sinnantwort dogmatisch festhalten zu wollen – das könnte die Selbsterkenntnis erheblich stören, wenn nicht gar unmöglich machen. Jedoch ist es richtig, in den Prozeß der Tiefenmeditation mit einer vorläufigen Ichantwort einzutreten, die intensiv genug ist, auch tatsächlich Handlungen und Entscheidungen zu regulieren.

Sittliches und religiöses Handeln ist nicht etwa überich-geleitet, sondern ichgesteuert. Überich-geleitetes Handeln kann weder eigentlich religiös noch sittlich sein. Religiosität und Sittlichkeit werden zuerst grundgelegt durch die Sinnantwort. Religiös ist (nur) der Mensch, der die Sinnantwort religiös gegeben hat (d. h. das Absolute oder der Bezug zum Absoluten spielt eine wichtige Rolle in der Antwort); sittlich handelt der Mensch, der sein Handeln an der Sinnantwort orientiert.

Nicht geleugnet werden kann, daß die Sinnantwort weitgehend von Inhalten des Überich bestimmt wird. Diese ziehen einen gewissen Rahmen und geben inhaltliche Impulse. Daß dennoch Ich nicht als Teil des bewußtgemachten Überich interpretiert werden kann, mag man daran ersehen, daß es zu Konflikten zwischen Überichforderungen und Ichorientierungen kommen kann. Solche Konflikte sind bei einem psychisch i. a. gesunden Individuum jedoch nicht destruktiv, sondern konstruktiv – verhelfen zur klareren Selbsterkenntnis und können ohne fremde Hilfe aufgelöst werden, ohne daß es zu einer Ich-Untreue kommen müßte.

Ist die Fehlorientierung des Ich (der Sinnantwort also) erheblich, dürfte fremde Hilfe (etwa durch einen Therapeuten) nützlich, ja notwendig werden. Ebenfalls ist bei dauernden Sozial- und Individualkonflikten dringend anzuraten, die Hilfe eines Therapeuten in Anspruch zu nehmen. Dagegen läßt sich Ichschwäche (die Sinnantwort wurde – objektiv orientiert – gegeben, ist aber zu schwach oder zu dunkel, um konkretes Handeln bestimmen zu können) oft selbst beheben. Damit wollen wir zunächst unsere Überlegung zur Ich-Bildung abbrechen und zur »Selbsterkenntnis« zurückkehren.

Kommt es im Verlauf der Tiefenmeditation zu erheblichen oder dauernden destruktiven Individual- oder Sozialkonflikten (etwa Rückzug aus der sozialen Welt, soziale Bindungsschwäche), ist die selbstgeleitete Tiefenmeditation *sofort* abzubrechen. Gründe für das Aufkommen solcher Konflikte können sein:

- Das Ich ist fehlorientiert (das Bewußte ist nicht optimal an Wirklichkeit orientiert)
- Destruktive Prozesse im Bereich des Unbewußten (es wird zuviel Destrudo-Energie angeliefert. Das Unbewußte lehnt sich gegen das Bewußte und seine Orientierungen auf . . .).
- Eine erhebliche Diskrepanz zwischen Unbewußtem und Bewußtem (etwa durch Tragen einer »Maske«), so daß eine Legierung beider nicht möglich ist.
- Das Ich wird durch Impulse aus dem Unbewußten sekundär (im Verlauf eines versuchten Integrationsprozesses) fehlorientiert. Bewußtseinsinhalte werden an konfliktbesetzte oder nichtrealitäts-orien-

tierte Inhalte des Unbewußten angelagert. Wir sprechen hier von sekundärer Fehlorientierung des Ich, die bei längerer Praxis der Tiefenmeditation nicht gerade selten sind. Bei unbedeutenden Störungen, die bald abklingen, kann man jedoch die Meditationen weiterführen, es ist jedoch nützlich, über seine Meditationserfahrungen mit einem »Führer« (im Zen sagt man »Meister«) zu sprechen, um eventuell Praxis und Inhalt zu modifizieren. Dauern die Störungen länger an und führen sie zu erheblichen Störungen in essentiellen Bereichen (Berufs-, Familienleben), tauchen Zwänge oder dauernde Ängste oder andere neurotische Symptome (Unrast, Schlaflosigkeit, Getriebensein, erhebliche Konzentrationsschwäche, gehäufte Fehlleistungen) auf, empfiehlt es sich, den Rat eines Psychotherapeuten in Anspruch zu nehmen.

Mit der Tiefenmeditation sind also einige Wagnisse verbunden, die nur ein psychisch zureichend gesunder Mensch übernehmen sollte. Ihre Folge ist dann eine erhebliche psychische Stabilisierung. Sie kann nicht eigentlich pathologische Fehlorientierungen oder Mängel ausgleichen.

Selbstannahme

Die Selbsterkenntnis hat ihre Vorstufen. Obschon die volle Selbsterkenntnis, die Kenntnis des eigenen Wesens und seines Grundes, meist als intuitive Selbstschau sehr plötzlich, oft nach langen Jahren meditativer Praxis, einsetzt und recht drastisch erlebt wird, drängen sich im Vorfeld der Selbsterkenntnis schon Elemente, Aspekte aus dem Unbewußten ins Bewußtsein. Meist sind sie gekoppelt an Erinnerungen an unangenehme Ereignisse, Erlebnisse, Erfahrungen, die, obschon längst vergessen (übersehen oder verdrängt), wieder deutlich bewußt werden. An diesen Erinnerungszipfeln hängen mitunter ganze Ketten unbewußter Inhalte. Man kann über ihre Verarbeitung einigen Einfluß aufs Unbewußte nehmen, wenn man diese Zipfel festhält und »aufarbeitet«.

Aufarbeiten ist Arbeit (und nicht bloßes Spiel), keineswegs aber Grübeln. Aufarbeiten setzt nicht nur intellektuelles Interesse, sondern auch volitives und emotionales Engagement voraus. Kurz: positives handlungsleitendes Interesse an sich selbst. Jedoch sollte – wie bei jeder anderen Arbeit auch – der Intellekt zunächst die leitende Instanz sein.

Die Aufarbeitung ist geglückt, wenn sich eher Lebensfreude als Niedergeschlagenheit, eher Aktivität als Passivität, eher Freude an der Meditation als Überdruß einstellen. Fühlen Sie sich nach einem solchen Aufarbeitungsversuch längere Zeit niedergeschlagen, passiv oder mißmutig, machen Sie etwas falsch oder müssen mit der Möglichkeit einer psychischen Fehlorientierung rechnen, zu deren Auflösung Sie fremder Hilfe bedürfen.

Tiefenmeditation ist eine abenteuerliche Expedition in die Abgründe des Unbewußten. Jeder wird da sonderbaren, erschreckenden Gestalten und Bildern (oft symbolhaft verdeutet) der Vergangenheit begegnen. Meist lichtet sich der Dschungel des Vergessens nur für kurze Augenblicke, in denen wir unverstellt einen Teil der eigenen Wirklichkeit erfahren oder erahnen. Man sollte sich darüber freuen – und die Bilder und Vorstellungen gleich – auch während der Betrachtung – in Stichworten niederschreiben, damit sie nicht noch einmal vergessen werden.

Was macht man nun mit solchen plötzlichen Wiedererinnerungen? Zumeist sind sie emotional negativ besetzt (nur deshalb wurden sie auch der vorläufigen Erinnerung entzogen). Mit ähnlichen Emotionen besetzt, die zur Abdrängung führten, werden sie dann plötzlich wieder bewußt. *Nun kommt es darauf an, die emotionale Besetzung zu ändern!* Das ist meist (vor allem bei Meditationsanfängern) nur durch eine rationale Auseinandersetzung zu leisten, die natürlich ihrerseits wieder emotional besetzt sein wird. Sie sollten über das aufgetauchte Bild, Ereignis ... sachlich kritisch-prüfend nachdenken. Versuchen Sie, sich selbst dabei wie einen Ihnen fremden Menschen zu sehen, um das nötige Mindestmaß an Distanz zu erreichen, das zu einer kritischen, rational gesteuerten Überlegung und Analyse notwendig ist. Dabei ist sicherlich die Gefahr von Rationalisierungen gegeben – das muß in Kauf genommen werden. Fragen Sie sich nun, wie es zu diesem Fehlverhalten kam.

- War es unvermeidbar? – Wie hätte es vermieden werden können?
- Liegen seine Gründe im Außen oder im Innen (etwa Ihrer Charakterstruktur)?
- Wenn im Innen: Läßt sich da (nach dem Stande der augenblicklichen Einsicht) etwas ändern? Wenn ja, wie und was?
- Ist ein Fehlverhalten auf äußere Gründe zurückzuführen oder auf einen (vermutlich nicht behebbaren) charakterlichen Defekt, sollten Sie zum Fehlverhalten ja sagen lernen, insofern es ein Teil von Ihnen ist (wenn auch kein erfreulicher). Die Bereitschaft auch zu den weniger erfreulichen Seiten des eigenen Charakters ist eine Voraussetzung für alle Selbsterkenntnis.

Nun sollen Sie prüfen, ob das Fehlverhalten Ihrer sonst üblichen (= meist verwirklichten) Wertskala widerspricht oder bloß der idealen, die Sie gerne verwirklichen möchten, aber nicht tatsächlich oder so gut wie nie verwirklichen, nach der Sie aber Ihr Bild von sich selbst und Ihr unkritisches Selbstverstehen ausrichten. Zumeist werden Sei bei einem solchen Versuch, Fehlhandlungen auf die reale (tatsächlich handlungsleitende) oder ideale Wertskala zu beziehen, feststellen, daß Ihre *ideale* durch die Fehlhandlung verletzt wurde. Es kann dann zu einem fruchtbaren Konflikt zwischen den beiden (der realen und der idealen) Wertorientierungen kommen, der es Ihnen erlaubt, die Ichfindung und Ichbildung an objektiver Wirklichkeit zu orientieren.

Für eine Diskrepanz zwischen tatsächlicher Handlung und idealer Wertordnung kann es mannigfache Gründe geben. Die häufigsten sind:

- Die Ideale wurden wirklichkeitsfremd (zu hoch) angesetzt.
- Sie sind zu blaß, zu abstrakt, um Entschuldigungen und Handlungen regulieren zu können.
- Sie entsprechen nicht der eigenen Situation (Es, Überich, soziales Außen).

In allen Fällen protestiert das Unbewußte gegen solche (idealen) Wertordnungen und macht sie unrealisierbar. Ein Fehlverhalten ist oft Ausdruck eines solchen Prozesses.

Die Selbstannahme kann aber auch eingeübt werden in der Situation der Fremdkritik. Viele Kritik erscheint uns nur deshalb als ungerecht, weil sie unser unbewußt gesteuertes Verhalten betrifft, tatsächlich aber sehr viel »gerechter« ist als unsere Rationalisierungen. Wieder kann sich uns ein Tor zur Schwelle des Unbewußten öffnen. Es wird zunächst einmal die Diskrepanz deutlich zwischen dem Selbstbild (dem Ichideal), um das unser Bewußtsein kreist, in dessen Rahmen wir unsere unbewußt veranlaßten Verhaltensweisen – oft beschönigend – zu interpretieren (zu rationalisieren) pflegen, damit wir vor unserem Ideal bestehen und uns selbst ertragen können, und der unbewußten Realität. Wenn Selbstbewertung und Fremdkritik *häufig* auseinanderklaffen, steht zu vermuten, daß die Selbsterkenntnis noch nicht sonderlich weit fortgeschritten ist. Regt Fremdkritik nicht an, sondern auf, steht zu vermuten, daß die Selbstannahme noch in ihren Anfängen steckt.

Ganz das gleiche gilt, wenn wir uns der Kritik zu entziehen suchen. Man sollte Kritik liebenlernen, selbst unsachliche (oder unsachlich erscheinende), nicht um sich selbst zu beleidigen, zu zerstören, sondern um sich an ihr zu prüfen und zu üben. Suchen Sie also Kritik! Mitunter werden Sie über die Diskrepanz zwischen Ihren bewußten Intentionen und Interpretationen und der Interpretation Ihrer Handlungen durch andere recht erstaunt sein. Hier sprudelt eine fruchtbare Quelle der Selbstanalyse.

Mit den uns unangenehmen Inhalten einer Fremdkritik sollten wir uns ganz ähnlich auseinandersetzen wie mit den aus der Vergangenheit auftauchenden Bildern. Beide sind Tore in den Vorraum zur Selbsterkenntnis, beide erst ermöglichen eine Akzeptation dessen, der wir sind.

Selbstverwirklichung

Die Selbstverwirklichung ist das Ziel jeder Selbsterkenntnis und Selbstannahme. Um mein Selbst zu verwirklichen, muß ich es zuerst erkennen und akzeptieren, denn sonst ist es möglich, daß ich irgend etwas verwirkliche (etwa mein Ich-Ideal), das mit meinem Selbst wenig oder gar nichts zu tun hat.

Selbstverwirklichung ist zu einem Schlagwort unserer Tage geworden, das vor allem in der Arbeits- und Managementtheorie heute ein eigenartiges Spiel treibt. *K. Goldstein* brachte das Wort (self-actualization) ins Gerede. Es bezeichnet allumfassend und extrem spekulativ das einzige, allen anderen Motivationsarten zugrundeliegende Motiv menschlichen Handelns. Es meint den Drang, sich in den verschiedensten Handlungen und Gedanken zu realisieren. Goldstein war der Meinung, daß jedes Lebewesen versuche, seine Fähigkeiten und Fertigkeiten optimal ins Spiel zu bringen. Die Verminderung der Bedürfnisbefriedigungsspannung ist nur ein Mittel, nicht das Ziel des Handelns.

In der Persönlichkeitstheorie *C. Rogers* ist »Selbstverwirklichung« die umfassende Bezeichnung für die allgemeine, im Menschen stets wirksame Tendenz, volle Autonomie anzustreben und der Kontrolle und Einschränkung durch die Umwelt zu entkommen. Alle anderen Motivationen werden dieser höchsten untergeordnet.

A. H. Maslow nahm vor allem in seinem Buch »Motivation and Personality« (1954) diese Theorie auf (er spricht jedoch zumeist von »Selbsterfüllung«). Er setzte die Selbstverwirklichung an die Spitze einer Pyramide menschlicher Antriebe. Selbsterfüllung wird nur dann möglich, wenn alle anderen Bedürfnisse (primäre Triebe, Bedürfnis nach Gesellschaft, Wertschätzung ...) befriedigt sind. Er schreibt: »Der Mensch muß das sein, was er sein kann.« Dabei lag seinem Denken eine Theorie vom Grenznutzen (die im ökonomischen Raum von den Grenznutzentheoretikern entwickelt wurde) zugrunde, die er auf psychologische Motivatoren anwendet. Richtig erkannte er, daß menschliche Bedürfnisse nicht absolut zu sehen sind. Maslow ist jedoch der irrigen Meinung, daß ein befriedigtes Bedürfnis stets dafür sorgt, daß es als Motivator eine geringere Rolle spielt. Das *kann* so sein – muß aber nicht sein. Nicht selten begegnen wir Menschen, die, obschon von keinerlei finanzieller (sozialer . . .) Sorge belastet, nach immer höherem Einkommen (nach immer mehr Sozialprestige) suchen. Das Verschwinden eines potentiellen Motivators hängt vielmehr davon ab, ob ein anderer gefunden und als realisierbar angesehen wurde. Dabei ist keineswegs die Reihenfolge Maslows allgemeine Regel (wenn man einmal von der elementaren Befriedigung elementarer Bedürfnisse absieht).

Diese Theorie geistert in der deutschen Management- und Führungstheorie immer noch herum, obwohl sie manches falsch, vieles verkürzt darstellt. Sie ist genauso ungenau wie die ökonomische Grenznutzentheorie, deren psychologischer Kern hier herauspräpariert und weiterentwickelt wurde. Maslow übersah u. a., wie *P. F. Drucker* richtig sah, daß sich ein Bedürfnis im Prozeß seiner Befriedigung inhaltlich ändert. Zwar wird ein Bedürfnis niederer Stufe, einmal erfüllt, nicht mehr positiv motivieren. Doch der Entzug der Bedürfnisbefriedigung einer niederen Stufe bringt gesteigerte Unzufriedenheit mit sich. Auch können scheinbare oder wirkliche Ungerechtigkeiten auf einer unteren Bedürfnisstufe (etwa ungleiches Gehalt bei vergleichbarer Leistung) Quellen von Unzufriedenheit sein.

Noch ärgerlicher ist jedoch die völlige Vernachlässigung der Destrudo-Antriebe in der Psychologie Maslows. Selbstverwirklichung geschieht oft gegen das eigene Destrudo-Potential. Sie kann, oberflächlich berufsbezogen, niemals eigentliche Selbstverwirklichung sein. Das bewußte Bedürfnis nach Selbstverwirklichung kann, erfüllt, eine Protestation des Unbewußten auslösen, die zu psychischen Krisen führt. Wie anders ist es zu erklären, daß das »Gefühl«, sich beruflich optimal selbst zu verwirklichen, nach einiger Zeit in Unlust, Niedergeschlagenheit, Konzentrationsmangel . . . umschlagen kann.

Ganz Ähnliches gilt auch für die in einigen Managementtheorien aufgegriffene Lehre *D. Riesmans* (Die einsame Masse, Berlin 1955) von psychischen Typen. Riesman unterschied zwischen extravertierten, introvertierten und traditionsgeleiteten Typen. Das wird dann mitunter so weitergeführt:

- Der innengeleitete Typ strebe nach Selbstverwirklichung. Er suche die Herausforderung, sei ein ausgesprochener Individualist, verhalte sich sehr konsequent, sei aufgeschlossen für Neues, schätze das Abenteuer und habe eine optimistische Grundhaltung.

- Der außengeleitete Typ suche soziale Anerkennung, schätze beschränktes Risiko, seit stets kompromißbereit, möchte bewundert werden, sei leicht zu verletzen, verhalte sich diszipliniert, sei standesbewußt, sei Stimmungen unterworfen.
- Der traditionsgeleitete Typ habe ein ausgeprägtes Sicherheitsstreben, neige dazu, Risiken zu vermeiden, folge gern anderen Menschen, benötige häufige Selbstbestätigung, sei oft konservativ, verhalte sich meist zustimmend und neige zu emotionalen Schwankungen.

Sicherlich ist diese Theorie schon differenzierter als die Maslows. Dennoch ist sie ihr kaum überlegen. Erstens ist die Merkmalskombination, die den einzelnen Typ charakterisiert, psychologisch inkonsistent, zweitens widerspricht die Merkmalskombination der psychologischen Erfahrung (wenn vielleicht auch weniger der betrieblichen), und drittens wird wiederum die Rolle des Destrudo übersehen.

Ähnliches gilt auch für die anderen heute verbreiteten Führungstheorien, wie der von *K. Levin* begründeten »Feldtheorie« oder der Theorie *F. Herzbergs*.

Tatsächlich ist Selbstverwirklichung nur möglich, wenn die Inhalte des Unbewußten in Harmonie mit denen des Bewußten gebracht werden. Das aber ist keine Karriere- oder Berufsfrage, sondern eine psychologische. Selbstverwirklichung ist also nicht *primär* durch äußere Faktoren (Anerkennung . . .) vorzubereiten, sondern allenfalls durch ein meditierendes Bemühen um psychische Einheit. Der äußere Rahmen (beruflich, familiär . . .) kann dabei behilflich sein – mehr nicht. Viele – wenn nicht alle – Managementtheorien gehen da offensichtlich von einer falschen Voraussetzung aus.

Richtig ist dagegen die Annahme, daß Selbstverwirklichung ein (meist meditativ in Gang gesetzter) Prozeß ist, der sich mit dem Umfang und Inhalt der Selbsterkenntnis und Selbstannahme laufend ändert. Selbstverwirklichung ist also kein Zustand, sondern ein – zunächst psychischer – Prozeß. Richtig sah C. G. Jung, daß das Selbst und seine Verwirklichung identisch ist mit dem Lebensziel schlechthin. In ihr werden alle Widersprüche zwischen Bewußtem und Unbewußtem aufgehoben.

Selbstverwirklichung ist das höchste Ziel der Meditation.

Integration von Intellektualität, Strebevermögen und Emotionalität

Intellektualität, Strebevermögen (Wille) und Emotionalität sind die wichtigsten Ausdrucksformen bewußter psychischer Aktivität. *Intellekt* bezeichnet die erkenntnismäßigen Aspekte des menschlichen Verstandes (etwa das »Erkenntnisvermögen« im Zusammenhang mit komplizierteren Denkprozessen). Er ist das generelle Vermögen, durch kritische Analyse und Synthese von Wahrnehmungselementen Erfahrungen, Einsichten, Erkenntnisse (unter Einsatz von Gedächtnis und Denken) zu erlangen. Er ist das Vermögen, Begriffe, Urteile, Schlüsse zu bilden.

Wollen meint umfassend alle bewußten Entscheidungen des Individuums für eine bestimmte Handlungsrichtung (Gegenteil: impulsives, unüberlegtes Handeln). Willenshandlungen sind intentional auf ein bestimmtes Ziel gerichtet. Ihnen geht ein Entscheidungsprozeß voraus. »Wille« meint die dem bewußten Handeln zugrundeliegende Fähigkeit, sich bewußt auf Grund von Gründen (Motivationen) für einen bestimmten Handlungsweg oder eine bestimmte Handlungsart zu entscheiden. Im Gegensatz zu Drang und Trieb ist »Wille« ein bewußter psychischer Akt, von dem ein Impuls zur Verwirklichung bestimmter Ziele ausgeht. Die Folge des Wollens können Willenshandlungen (gewollte Handlungen) sein.

Emotion bezeichnet eine Reihe von Vorgängen und Zuständen, die aus sichtbaren Reaktionen oder unsichtbaren Stimmungen erschlossen werden können. Dabei handelt es sich oft um recht komplexe Organismuszustände, die von verschiedenen physiologischen Veränderungen (Atem-, Drüsenfunktions-, Kreislaufänderungen) und starken Gefühlen (Lust, Unlust ...) begleitet sein können. Wir unterscheiden (mit B. Ewert) Stimmungen, Erlebnistönungen und Gefühle (im engeren Sinn).

Gefühle (im engeren Sinn) sind abgehobene Erlebnisinhalte, die »einsetzen« und eine charakteristische Entfaltung haben. Meist beziehen sie sich auf Zuwendung oder Abwendung (positive oder negative Zuwendung auf die erlebte Umwelt) oder das Verhältnis des Erlebenden zu seiner Umwelt. Gefühle unterliegen meist sozialen Einflüssen.

Gefühle sind etwa Trauer–Freude, Liebe–Haß, Entspannung–Spannung, Lust–Unlust, Hunger–Sattheit, Hochstimmung–Niedergeschlagenheit, Vertrauen–Mißtrauen, Hoffnung–Furcht, Angst ... *Stimmungen* und *Erlebnistönungen* werden zumeist weitgehend vom Unbewußten eingeleitet und aufrechterhalten. Sie dauern i. a. länger als Gefühle. Material können die meisten Gefühle mit Stimmungen oder Erlebnistönungen identisch sein. Die Erlebnistönung wird dabei oft zu einer Grundhaltung, die Ereignisse, das eigene Leben betreffend, zu interpretieren (positive oder skeptische Grundhaltung; passive oder aktive Grundhaltung, soziale oder egozentrische Grundhaltung . . .)

Nicht selten sind nun die emotionalen Besetzungen (Selbst- oder Fremdbesetzung) nicht in den intellektuellen und Wollensrahmen integriert. Die Emotionalität beginnt ein Eigenleben. Gründe für solche Desintegration können sein:

- Überichimperative (»Gefühle zeigt man nicht«, »Ein Junge weint nicht« . . .),
- Psychische Traumata (Gefühle wurden ausgenutzt, mißbraucht, enttäuscht . . .),
- Unbewußte Sperren.

Die häufigsten Folgen solcher Desintegration sind:

- Die Unfähigkeit, Gefühle zu zeigen (allenfalls kommt es zu emotionellen Ausbrüchen).
- Die emotionale Entwicklung bleibt stecken:

Sentimentalität ist eine häufige Gefühlsregung,
differenzierte Gefühle werden nicht ausgebildet,
die Emotionalität bleibt reaktiv und wird nicht aktiv,
Aggressivität und Sexualität bleiben primitiv (etwa dualistisches Freund-Feind-Denken).
Bei psychischen Belastungen werden regressive emotionale Verhaltensmuster gezeigt (Verhaltensmuster, die einer früheren Stufe der emotionalen Entwicklung entsprechen).

- Emotionelle Verarmung.
- Niedergeschlagenheit, Antriebsschwäche, Überaktivität, Unlust . . . als Folge einer Protestation des Unbewußten gegen die emotionale Blockade.

Die emotionelle Obstipation, die emotionelle Blockade ist sicherlich eine der häufigsten psychischen Fehlorientierungen unserer Zeit – und das vor allem bei Männern, die gezwungen sind, sich extrem stark an dem zu orientieren, was sie für Realität halten. Die Alexithymie wurde zu einer verbreiteten psychischen Störung (oft mit krankhaftem Ausgang).

Eines der Ziele der Meditation ist es, in den gestörten emotionalen Haushalt Ordnung und Sinn zu bringen, indem die Störung überwunden wird. Die Übergewichtigkeit der Intellektualität und des Wollens kann zur Vereinsamung führen. Leider fordert unsere Gesellschaft eher Intelligenz und Willenskraft (Entscheidungsfreude) an und selektiert positiv einseitige Menschen aus, die – unbeeinflußt von Emotionen – diese beiden Aspekte entwickelt haben. Die Krankheit der Gesellschaft wird zu einer Krankheit der Individuen. Es gilt also, wieder zu einer nicht bloß reaktiven gekonnten Emotionalität zu kommen. Ein Mensch, der keine Emotionen zeigt, wird allenfalls anerkannt, selten geschätzt.

Auch das Ausgeliefertsein an Stimmungen und Tönungen, die zumeist vom Unbewußten besorgt werden, gilt es zu überwinden. Die Integration von Bewußtem und Unbewußtem ist – wie gesagt - eine der erheblichsten Leistungen der Individuation. Sie setzt voraus und hat zur Folge eine wachsende Integrierung der Emotionalität an die bewußten Räume der Intellektualität und des Wollens. Eine vollständige emotionale Blockade läßt sich nun nicht durch Meditation aufheben. Sie führt zur Unfähigkeit zu meditieren. Es gilt im Vorfeld der eigentlichen Meditation zunächst einmal die Blockade zu brechen. Viele Menschen haben um sich eine Zone der Unnahbarkeit aufgebaut. Auch solche Dämme, die vordergründig und vorübergehend einigen Schutz gegen emotionale Verletzungen zu gewähren scheinen, müssen niedergerissen werden. Menschlicher Kontakt setzt auch den Einsatz von Emotionen voraus. Einige haben sich selbst in diese – wie ihnen scheint: uneinnehmbare – Festung gegen emotionale Beanspruchung zurückgezogen. Es gilt, diese Festung zu schleifen. Daß man dabei behutsam vorgehen muß, ist offensichtlich. Falsch wäre es, ohne psychische Umstimmung, sich einfach in den Ausdruck von Emotionen zu stürzen. Das beseitigt zwar vorübergehend (vielleicht) die Symptome – ist aber eine Form der Unwahrhaftigkeit seiner eigenen Psyche gegenüber, die sich solche Gewaltakte nicht ungestraft gefallen lassen wird. Die Meditation hat sich als gute Strategie erwiesen, solche Umstimmung einzuleiten.

Integration von Persönlichkeit und Triebstruktur

Die primäre Beherrschung der Triebstruktur ist zumeist überichgeleitet. Es kommt darauf an, diese regulierenden Funktionen durch das Überich konfliktfrei (frei von destruktiven Konflikten) zu gestalten. Das aber dürfte oft nur durch ichreguliertes Handeln möglich sein. (Dabei setzen wir hier voraus, daß das Ich realitätsbezogen und realitätsgebunden objektiv richtig und nicht desorientiert ausgebildet wurde und zureichend stark ist, tatsächlich motivierend zu agieren.)

Mit G. W. Allport verstehen wir unter *Persönlichkeit* die dynamische Ordnung derjenigen psychophysischen Systeme im Individuum, die seine einzigartige Anpassung an die Umwelt bestimmen. »Psychophysisches System« meint die *Eigen*schaften (Gewohnheiten, Einstellungen, Dispositionen ...); »Anpassung« bezeichnet die einzigartigen (nur für dieses Individuum geltenden) auch schöpferischen Auseinandersetzungen des Individuums mit seiner (eigenen und ihm typischen) Umwelt. In die Persönlichkeit gehen erworbene, dispositionell-angeborene, physische und psychische, konstitutionelle und kurzzeitige, »private« und soziale Eigenschaften ein.

Triebstruktur meint die strukturierte Summe der Triebe eines Menschen. »Trieb« ist eine allgemeine und recht umfassende Bezeichnung für die dynamische, energetisierende Komponente zielgerichteter Verhaltensweisen, die den Organismus dazu bringt (»antreibt«), ein Bedürfnis zu befriedigen. Wir unterscheiden mit B. Rohracher

- Erhaltungstrieb (Sexual-, Hunger-, Pflege-, Fluchttrieb)
- Soziale Triebe (Aggressionstrieb, Ehrtrieb ...),
- Genußtriebe (Konsumtrieb, Besitztrieb ...),
- Kulturtriebe.

Die beiden letzten sind genauer als Eigenschaften und Interessen zu bezeichnen. Sie beziehen ihre Triebenergie nur sekundär aus dem Es. Die wichtigsten, unmittelbar aus dem Es »Energie« beziehenden Triebe sind vor allem Sexual- und Aggressionstrieb. Die anderen, in der zweiten und dritten Abteilung genannten Triebe dürften nicht selten über Sublimations- oder Kompensationsmechanismen aus den beiden Primärtrieben hervorgehen.

Wir nehmen an, daß eine Integration der Triebe (Es-Antriebe) – vor allem der Sexualität und der Aggressivität – in die Persönlichkeitsstruktur nicht gelungen ist, wenn wenigstens eines der folgenden Symptome gegeben ist:

- Die Triebe fordern Handlungen ein, die nicht zum allgemeinen Persönlichkeitsbild »passen« (B.: Ein ausgeglichener Mensch wird plötzlich hart aggressiv.)
- Die Triebhandlungen werden autistisch (B.: Autistische Sexualität bei Erwachsenen).
- Die Triebhandlungen sind stark destrudo-besetzt (B.: Freund-Feind-Denken; Unfähigkeit, Feindaggressivität in Gegneraggressivität zu übersetzen).
- Das Gefühl, daß Triebhandlungen »eigentlich« nichts mit dem handelnden Subjekt zu tun haben. (»Nicht ich handle, sondern es geschieht etwas, das nicht zu mir gehört. *Es* handelt.«)

Die Integration von Persönlichkeit und Triebstruktur geschieht gewöhnlich während der Adoleszenz. Nichtintegration im Erwachsenenalter zeigt eine psychische Störung an. Nicht gelungene Integration kann zu erheblichen Antriebsstörungen führen (Antriebsschwäche, Antriebsüberhang).

Es kommt also darauf an, die Triebstruktur aus ihrem autonomen Anspruch zu lösen und in die Persönlichkeitsstruktur zu integrieren. Da autonome Triebabläufe weder individuell wünschenswert noch gesellschaftlich tolerabel sind (jedenfalls nicht in einer »gesunden Gesellschaft«), stehen ihnen nicht selten individuelle (überichgesteuerte) oder soziale Verbote gegenüber, die erhebliche Individual- und/oder Sozialkonflikte evozieren können.

Die Vorübungen zur Meditation sollten darauf ausgerichtet werden, zunächst einmal die Triebintegration ansatzhaft zu erreichen. Die volle Persönlichkeitsharmonie (nicht gestört durch autonome Triebe) ist ein wichtiges Zwischenziel der Meditation. Erst wenn sie zureichend vollkommen gelungen ist, wird Selbstannahme als Voraussetzung zur Selbstverwirklichung möglich werden.

Integration von Individualität und Sozialität

Die Erkenntnis, daß der Mensch ein soziales Wesen ist, daß er sich nur in Gesellschaft und mit Gesellschaft menschlich realisieren kann, ist eine der frühesten Einsichten der philosophischen Anthropologie.

Der Begriff »Integration« wurde zuerst im Zusammenhang mit der Sozialität des Menschen eingeführt. T. Parsons schreibt:

> Der Begriff »Integration« gehört zu den Grundbegriffen in der Theorie des Handelns. Es bezeichnet einen Beziehungsmodus zwischen den Einheiten des [sozialen] Systems, vermöge dessen diese Einheiten so zusammenwirken, daß der Zerfall des Systems und der Verlust der Möglichkeit zur Erhaltung seiner Stabilität verhindert und sein Funktionieren als eine Einheit gefördert wird.

Wir verstehen ihn psychologisch. Die behandelte Einheit ist der Mensch. Viele seiner Handlungen stehen im Spannungsfeld zwischen Individuum und Gesellschaft.

»Gesellschaft« ist nun einer der vieldeutigsten Begriffe der Soziologie. Wir verstehen hier unter »Gesellschaft« eine Pluralität von Individuen, die nicht summarisch, sondern als Struktur verstanden werden muß. »Sozialität« meint die grundsätzliche Ausrichtung des Menschen auf andere Menschen, mit denen zusammen er erst voll zu sich selbst kommen kann. Das Leben in Gruppen ist also ein Konstituens des menschlichen Menschen. Ist die soziale Bindungsfähigkeit des Menschen gestört, kann es zu diesen Erscheinungen kommen:

- Kontaktschwäche (die Aufnahme und das Durchstehen von Sozialkontakten sind erschwert),
- Kontaktscheu (die Aufnahme von Sozialkontakten wird als lästig empfunden),
- Minder*wertigkeits*gefühle (man fühlt sich in seinem Wert anderen unterlegen),
- Minder*leistungs*gefühle (man fühlt sich in seinen physischen, psychischen, sozialen Leistungen oder Leistungsvermögen schwächer als andere und ihnen daher unterlegen),
- Minder*anerkennungs*gefühle (man fühlt sich nicht seinen Leistungen entsprechend anerkannt),
- Egozentrik (das Interesse zielt vor allem auf sich selbst; egozentrisch sind z. B. Reaktionen, die rein persönlichen und wenig sachlichen Ursprungs sind; man macht sich selbst zum Maßstab von guten und schlechten Eigenschaften, Leistungen . . .),
- Egoismus (man geht in der ethischen oder sozialen Einstellung von der Annahme aus, daß das Grundmotiv jedes ethischen oder sozialen Handelns die Wahrung eigener Interessen ist),
- Kontaktangst (man fürchtet, im Sozialkontakt die eigene Integrität zu verlieren, empfindet Sozialkontakte als bedrohlich).

Diese Symptome finden sich häufiger (mit Ausnahme des Egoismus) bei introvertierten als bei extravertierten Individuen. Introvertierte sind besonders für ein Mißlingen der Integration der Sozialität disponiert. Dabei werden die Mindergefühle (wenn sie zu festen Stimmungen geworden sind, spricht man auch von Komplexen) oft (über)kompensiert und können zu starken Handlungsantrieben werden. In kritischen Phasen der Individualentwicklung erscheinen sie häufiger als soziale Verunsicherung, ohne daß es dabei zu einer komplexhaften Fixierung kommen müßte.

Die Integration von Individualität und Sozialität kann aber auch mißlingen, wenn die Individualität zu sehr in der Sozialität aufgeht. Es kann dann zu diesen Symptomen kommen (vgl. auch Seite 116 f.):

- Anlehnungsbedürfnis bis zur Hörigkeit (Unterwerfung des eigenen Willens unter den eines anderen),
- Kritikunfähigkeit (kritiklose Übernahme von Fremdmeinungen),
- nicht gelöste Mutterbindung (die frühkindliche Mutterbindung wurde nicht richtig gelöst; die – unbewußte – Identifikation mit der

Mutter bleibt, vor allem bei starker Dominanz der Mutter in der Familie oder bei Abscheu vor dem Vater, auch im Erwachsenenalter noch bestehen. Die Folge können homoerotische Fixierungen, Nicht-Akzeptation einer anderen Frau als Geschlechtspartner, Unfähigkeit, heterosexuelle Bindungen einzugehen, Sexualängste – bis zum stupor sexualis – sein),

- mangelndes Durchsetzungsvermögen.

Solche sozialen Störungen bergen in sich die Gefahr einer neurotischen Fehlorientierung. Oft werden sie durch Kompensationen, ja Überkompensationen verschleiert, ohne daß der Kern der Fehlorientierung ausgeräumt werden könnte.

Ist die Fehlorientierung komplexhaft verfestigt, ist eine Selbstbehandlung (etwa durch Meditation) nicht mehr anzuraten. Bei leichteren Fällen, die ein normales Familien- und Berufsleben gestatten, kann die Selbstakzeptation weiterhelfen. Bei schwereren ist ein Therapeut aufzusuchen. Liegt jedoch keine komplexhafte Fixierung vor, treten also die Symptome nur relativ selten und nur in bestimmten Situationen auf (handelt es sich also eher um »Gefühle« als um »Stimmungen«), kann die Meditation sehr hilfreich sein. Das gilt vor allem für Meditationen, die auf die Festigung und objektive Orientierung der Ich-Struktur angelegt sind.

Integration von Arbeit und Leben

Man kann schon die genannten Formen der Desintegration (= nicht gelungener Integration) mit »Entfremdung« bezeichnen. Durch K. Marx wurde vor allem die Spaltung von Arbeit und Leben als entfremdet (und entfremdend) charakterisiert:

> Der Arbeiter fühlt sich . . . erst außer der Arbeit bei sich und in der Arbeit außer sich. Zu Hause [= bei sich] ist er, wenn er nicht arbeitet, und wenn er arbeitet ist er nicht zu Hause. Seine Arbeit . . . ist daher nicht die Befriedigung eines Bedürfnisses, sondern sie ist nur ein *Mittel*, um Bedürfnisse außer ihr zu befriedigen. (MEGA I, 3, 85 f.)

Anzeichen für eine mißlungene Integration von Arbeit und Leben können sein:

- Die Freizeit wird als eigentlicher Entfaltungsraum der Persönlichkeit gesehen.

- Familienleben und Berufsanforderungen können nicht miteinander in Einklang gebracht werden.
- Die Arbeit wird zur Zuflucht, um die Schwierigkeiten des privaten Lebens zu vergessen.
- Man verliert sich in der Arbeit (sie wird zum Selbstwert, obschon sie ein Sozialwert sein sollte).
- Beruflicher Erfolg wird zum Kriterium des menschlichen Werts (auch des Eigenwerts) gemacht.
- Die Unfähigkeit, zu spielen, zu träumen, zu phantasieren, mit sich allein sein zu können, die Langeweile außerhalb der beruflichen Bereiche wachsen (Dominanz der Zwecke).
- Die Unfähigkeit, von beruflichen oder privaten Sorgen abschalten zu können, ist erheblich.
- Auf Urlaub wird verzichtet (oft rationalisiert: »Ich kann meinen Posten nicht – auch nicht vorübergehend – verlassen, weil alles von mir abhängt.«)
- Die Arbeit wird als lästig empfunden (nicht nur diese oder jene, sondern jede Arbeit).
- Der Lebenssinn wird auf Arbeit, Leistung, Erfolg hin orientiert als oberster Wertnorm.

Der Zwiespalt zwischen Leben und Arbeit ist heute zu einer verbreiteten Form menschlicher Desorientierung, zum sichersten Beweis nicht gelungener Integration und Individualisation geworden. Aufgabe der Meditation muß es sein, die sich daraus ergebenden Konflikte oder Dispositionen zu Konflikten zu beheben. Meditation darf also nicht neben Leben und Arbeit als dritter Faktor gesehen werden, sondern hat Leben in Arbeit und Arbeit in Leben zu integrieren. Dazu ist es nötig, sich von allen Zwängen, die versklavenden inneren Zwänge sind hier vor allem angesprochen, frei zu machen. Nur wer *über* der Arbeit (und nicht nur *in* ihr steht), wird zureichend frei sein, die Integration von Leben und Arbeit zu leisten.

Dieses Kapitel mag deutlich machen, daß primäres Ziel der Meditation die Befreiung von unnötigen (inneren) Zwängen ist, mögen es Zwänge sein, die aus der Nicht-Integration des Unbewußten hervorgehen, oder solche, die durch Nicht-Integration bewußter Gegebenheiten entstehen. Ihr Ziel ist es, Chancen zu bieten, die äußeren Freiheitsräume zu nutzen. Es wäre also falsch, die Meditation als Weg hin zur bloß inneren Befreiung (= Freiheit von inneren Zwängen) zu sehen. Mittelbar fordert sie auch die äußere Befreiung (= Freiheit von äußeren Zwängen) ein, da sich innere Freiheit nur im Rahmen äußerer Freiheit verwirklichen kann. Der Weg nach innen allein wird niemals genügen – er muß durch einen Weg aus dem Innen ins Außen vollendet werden. Dann aber kommt es darauf an, wie dieses Außen beschaffen ist. Bietet es keine genügenden äußeren Freiräume (Freiheiten, wie sie etwa im Grundgesetz sichergestellt werden), ist die Realisation der Freiheit im Außen verstellt. Der Weg nach Außen wird also auch ein Kämpfen um äußere Freiheiten einschließen können.

Jedoch sollte man sich davor hüten, die Wirkungen der Meditation ausschließlich psychologisch zu beschreiben. Hinter unserer psychologischen Terminologie verbirgt sich auch – und das ganz wesentlich – ein religiöser Kern. Das Auffinden des »Selbst« ist ein durchaus religiöser Vorgang, wenn man Religiosität nicht vordergründig an Dogmen und Institutionen bindet. Im »Selbst« scheint das Absolute auf. Je nach der Art der religiösen Disposition kann es auch als ein persönliches Absolutes, ein unendliches Du erfahren werden, das man gemeinhin »Gott« nennt. Dabei ist das Absolute nicht mit dem Selbst identisch, sondern es wird als der Grund des Selbst erfahren. Der apriorische Ausschluß des Religiösen kann den meditativen Fortschritt erheblich verlangsamen und im Vorfeld der Selbsterkenntnis stoppen. Wer meditiert, sollte sich darüber klar sein, daß er das Risiko des Religiösen auf sich nimmt.

4. Wer meditieren sollte und wer nicht

Die vorhergehenden Kapitel werden deutlich gemacht haben, daß die Meditation ein Weg zur Freiheit ist. Er kann von allen gegangen werden, die zureichend psychisch und physisch gesund sind. Es sollten also alle Menschen meditieren, die nicht psychisch oder physisch so krank oder labil sind, daß Meditation für sie nicht angebracht ist. Das gilt vor allem für die vielen, die sich in den beiden vorigen Kapiteln wiederfanden, ohne krank zu sein. Kranke Menschen sollten nur meditieren, nachdem sie ihren Arzt befragt haben. Mitunter kann auch ihnen die Meditation helfen, doch wird sie – vor allem bei erheblichen psychischen Störungen – nur unter ständiger Leitung und Aufsicht eines psychologisch geschulten Leiters geschehen können.

Physische Erkrankungen, die die Meditation abgeraten erscheinen lassen

Hier sind vor allem zu nennen:

Erhebliche Hypotonie
Liegen die Blutdruckwerte längere Zeit unter der altersbedingten Norm (etwa unter 100 mmHg), spricht man von Hypotonie. Die primäre Hypotonie ist anlagebedingt und verbietet nicht unbedingt meditative Praxis. Anders sollte jedoch eine sekundäre Hypotonie, die als Begleiterscheinung von Herzinsuffizienz, Hypophysenvorderlappen- und/oder Niereninsuffizienz, sowie von hochfieberhaften Erkrankungen auftritt, von der Meditation abhalten. Mit zu niederen Blutdruckwerten gehen zumeist einher: Schwächegefühl, verminderte körperliche und geistige Leistungsfähigkeit, gesteigertes Schlafbedürfnis, Neigung zu kalten Händen und Füßen, Schwindel bei plötzlichem Aufrichten ... Im allgemeinen sollten Hypotoniker den Arzt aufsuchen und – wenn möglich – den Schaden beheben lassen. Auf jeden Fall sollte man fragen, ob meditative Übungen angebracht erscheinen.

Herzerkrankungen
Hierher gehören vor allem Herzaneurisma (pathologische Ausbuchtung der durch einen Myocardinfekt geschwächten Herzwand), starke Änderungen der Pulsfrequenz ohne physische oder psychische Belastung, erheblich erhöhter Puls (etwa ab 92 Pulsschläge pro Minute bei

Ruhe, physisch oder psychisch bedingte Angina pectoris [anfallsweise bei Sauerstoffmangel des Herzmuskels auftretendes starkes Druck- und/oder Schmerzgefühl hinter dem Brustbein mit Ausstrahlungen in einen (meist den linken) Arm und in den Hals, verbunden mit einem Engegefühl um die Brust und Vernichtungsangst]), Herzasthma (meist nächtens auftretende Atemnot) . . . In allen diesen Fällen ist ein Arzt zu befragen, ehe man sich zur Meditation entschließt. Er wird im Regelfall davon abraten.

Kreislauferkrankungen
Hierher gehören außer den o. g. Erkrankungen bzw. Störungen und Symptomen vor allem alle Formen von Neigung zu Ohnmachten oder kreislaufbedingten Bewußtseinstrübungen.

Epilepsie
Epilepsie ist eine Anfallskrankheit, die meist mit Bewußtseinsstörungen verbunden und von abnormen Bewegungsabläufen begleitet ist. Die Anfälle entstehen durch Enthemmung der Erregungsübertragung in den Schaltzellen des Gehirns, wobei sich mehrere Schaltzellgruppen gleichzeitig entladen. Dieser Vorgang kann oft im Hirnstrombild (EEG) erfaßt werden. Ursachen epileptischer Anfälle können sein: Gewebsveränderungen im Gehirn oder an den Hirnhäuten oder Stoffwechselstörungen im Gehirn, Vergiftungen und raumfordernde Erkrankungen des Schädelinneren (etwa Tumore), Hirnschäden aus der Vorgeburtsperiode oder Schäden während der Geburt. Plötzliche Bewußtlosigkeit mit folgenden schweren Krampfzuständen und Zuckungen oder Bewußtseinstrübung mit Zuckungen lassen eine Epilepsie als möglich erscheinen. Sie muß bald ärztlich behandelt werden. Epileptikern muß dringend von der eigentlichen Meditation abgeraten werden. Auch die Vorübungen zur Meditation sind nur nach ärztlicher Konsultation zu empfehlen, selbst wenn medikamentös das Ausbleiben von Anfällen erreicht werden kann.

Schmerzen
Schmerzen verschiedener Herkunft können das Meditieren abgeraten erscheinen lassen. Vor allem bei Kopfschmerzen oder Neigung zu Kopfschmerzen sollte man i. a. auf die eigentliche Meditation verzichten, da sich solche Schmerzen verstärken oder durch die Meditation ausgelöst werden können. Nicht gemeint sind hier aber solche Schmerzen, die sich durch die eventuell gewählte Sitzhaltung (Bänder-, Muskelschmerzen) ergeben, wenn sie bald nach der Übung wieder abklingen.

Psychische Störungen, die die Meditation abgeraten erscheinen lassen

Hier seien einige Symptome psychischer Störungen vorgestellt, auf die diese Empfehlung zutrifft:

1. Von folgenden vier Störungstypen sind wenigstens zwei vorhanden:

- Die Grenze zwischen Ich und Außenwelt erscheint aufgehoben oder unscharf zu sein. Eigene Gefühle werden etwa als fremd oder als fremde empfunden. Vielleicht wird gar der eigene Körper oder Teile von ihm als nicht eigentlich zur Person gehörende wahrgenommen oder »erfühlt«.
- Das Denken ist öfters zerfahren, sprunghaft. Mitunter werden Gedanken einfach abgebrochen. Nebensachen werden übergewichtig gewertet. Begriffe werden unscharf geweitet.
- Mimik und Gefühlsäußerungen erscheinen weitgehend zurückgenommen oder starr-sterotyp. Mitunter sind die emotionalen Reaktionen auch deutlich unangemessen. Soziale Kontakte gelingen meist nicht oder werden ambivalent (Liebe + Haß) erlebt. Daraus kann ein allgemeiner Rückzug aus der sozialen Welt folgen.
- Recht Nebensächliches erscheint plötzlich ohne besonderen Grund sehr wichtig zu sein. Zufälliges erhält eine (mitunter magische, immer aber) überstarke Bedeutung.

2. Depressionen tauchen ohne oder aus geringfügigem Anlaß auf. Sie können zu Selbstmordgedanken (oder gar -wünschen) führen oder aber den Antrieb und das Vermögen zu hoffen erheblich mindern oder ganz lähmen. Auch eine allgemein depressive Stimmungslage gehört hierher.

3. Furcht vor Dingen, vor denen andere keine Angst haben: vor geschlossenen Räumen, vor gesicherten Tiefen, vor harmlosen Tieren, vor offenen Flächen, vor dunklen Räumen ...

4. Erhebliche körperliche Störungen, ohne daß eine körperliche Ursache auszumachen wäre.

5. Zwanghafte Handlungen (etwas tun müssen, wenn bestimmte Bedingungen erfüllt sind). Etwa: Händewaschen nach Händedruck, Schreibtisch exakt aufräumen, ehe man ihn verläßt oder an ihm zu arbeiten beginnt, noch einmal nachschauen, ob irgend etwas vergessen wurde, nachdem man schon einmal das Haus (die Wohnung) verlassen hatte. Ritualien, um bestimmte Dinge oder Ereignisse zu vermeiden oder herbeizuzaubern.

6. Sich-verfolgt-Fühlen oder Sich-beobachtet-Fühlen, obschon dafür kein vernünftiger Grund besteht.

7. Etwas zu wissen glauben, das andere Menschen nicht wissen (oder gar nicht wissen können).
8. Regelmäßige Schlafstörungen oder starke Verletzbarkeit gegenüber Mißerfolg oder (meist als ungerecht empfundene) Fremdkritik. Ausgeprägte Konzentrationsschwäche.
9. Ängste, die lähmen oder zu hektischen Reaktionen führen. Solche Ängste werden zumeist ausgelöst durch die Vorstellung, man müsse sich von etwas trennen (Eigentum, sozialer Bindung, Vorurteilen ...) oder müsse eine Bindung eingehen.

Psychosomatische Störungen

Psychosomatische Störungen und Krankheiten *können* das Meditieren ausschließen. Andererseits sind jedoch bei regelmäßiger Meditation beachtliche Besserungen möglich. Bei Störungen dieser Art sollte jedoch stets ein Arzt befragt werden.

Zu den psychosomatischen Störungen (oder Erkrankungen) werden heute zumeist gezählt:

- Gastrointestinale Störungen (Gastritis, Magen- und Darmgeschwüre, Appetitstörungen, nervöses Erbrechen, Durchfall, Verstopfung ohne erkennbare Fremdauslöser),
- Asthma,
- rheumatische Arthritis,
- Kreislaufstörungen (»Herzneurose«, essentielle Hypertonie, Ohnmachtsanfälle durch plötzliches Absacken des Blutdrucks, schmerzhafte Verengungen der Koronargefäße – Angina pectoris nervosa –),
- Schilddrüsenüberfunktion,
- Zuckerkrankheiten,
- manche Hautleiden (Urtikaria, Akne, Pruritus),
- Menstruationsstörungen,
- Migräne,
- Allergien
- Lungentuberkulose.

Sicher können alle diese Störungen auch primäre Organerkrankungen (hervorgerufen durch äußere Faktoren) sein, doch scheint in den meisten Fällen auch die psychische Komponente eine wichtige Rolle zu spielen.

Bei psychosomatischen Störungen verselbständigen sich einzelne Komponenten des Affektgeschehens, und es werden diese Verselbständigungen fixiert. Auch scheint die Reaktion auf Schuldgefühle anders zu verlaufen als bei Gesunden. Die Störungen scheinen vor allem dann gehäuft aufzutreten, wenn der Patient keine Möglichkeit mehr sieht, sich selbst zu verwirklichen. Da aber die Meditation gerade hier zu helfen versucht, scheint die Meditation als Begleittherapie oft nützlich sein zu können (obschon sie nicht primär psychotherapeutische Aufgaben übernehmen soll). Vor allem hat aber in diesem Rahmen die Meditation (wie etwa auch Beichte und Buße) einen nicht zu unterschätzenden prophylaktischen Wert.

Dieses Kapitel will Sie nicht ängstigen. Es ist auch nicht gedacht als eine Einführung in die Psychopathologie. Es möchte jedoch darauf verweisen, daß Meditation nicht in gleicher Weise für alle geeignet ist. Suchen Sie also nicht nach Symptomen einer Erkrankung, sondern seien Sie davon überzeugt, daß Ihnen im Regelfall (nur die wenigsten Menschen werden hier ausgeschlossen) die Meditation zur Selbstverwirklichung helfen kann.

5. Zur Psychologie der Meditation

Psychologisch gesehen ist Meditation ein *außerwacher religiös orientierter Zustand* (gemeint ist hier die volle und beherrschte Meditation), der durch Anwendung bestimmter Techniken bei den meisten Menschen hervorgerufen werden kann.

Außerwach

Wir unterscheiden folgende Bewußtseinszustände:

- normalwach,
- unterwach,
- überwach,
- außerwach.

Normalwach ist der Zustand, in dem das Bewußtsein Sinneseindrücke verarbeitet, Umwelteindrücke unverstellt wahrnimmt und verarbeitet, Tatsachen und Erlebnisse registriert (und vielleicht speichert), miteinander in Beziehung setzt, Konsequenzen daraus zu ziehen erlaubt, die zu Willensentschlüssen und Handlungen führen können. Ein *vollwacher* Zustand kostet viel Energie. Er kann verstärkt werden durch starke Emotionen (Freude, Angst . . .). Man kann den Zustand durch wache Aufmerksamkeit und Zuwendung charakterisieren.

Unterwach nennen wir Bewußtseinszustände wie das halbwache Dösen (äußere Wahrnehmungs-, Merk- und Orientierungsvermögen sind stark reduziert. Assoziationen werden unkontrolliert [Tagträume]), den leichten Schlaf (Gedanken und Vorstellungen lassen sich nicht mehr lenken, leichte Umwelteinflüsse können den leichten Schlaf unterbrechen. Mitunter werden Umweltgeräusche noch wahrgenommen, aber nicht mehr inhaltlich registriert), den normalen traumarmen Schlaf und den REM-SCHLAF (Tiefschlaf mit lebhafter Traumaktivität, das Hirnstrombild ähnelt dem eines wachen Menschen).

Überwach nennen wir den Bewußtseinszustand, der als Bewußtseinssteigerung (K. Jaspers), Bewußtseinshelligkeit (K. Schneider) . . . beschrieben wird. Er kann durch Drogen oder Erregung hervorgerufen werden. Die Aufmerksamkeit erscheint gesteigert und wird meist nur auf wenige Inhalte gerichtet. Hierher gehört das Ergriffensein (gespannte Aufmerksamkeit richtet alle Sinne und Gedanken auf *einen* Vorgang; Außenweltreize verlieren ihre Bedeutung, insoweit sie nicht an dem interessierenden Vorgang orientiert sind), starkes Erregtsein

([Exzitation], die Aufmerksamkeit ist noch weiter verengt, die Spannung gesteigert), Hingerissenheit ([Exaltation] oft verbunden mit der Erfahrung eines einmaligen Hochgefühls, etwa im Orgasmus).

Außerwache Bewußtseinszustände können etwa bei der Hypnose oder mitunter auch beim Autogenen Training auf einer fortgeschrittenen Stufe erlebt werden. Motorik und Sensorik sind weitgehend ausgeschaltet, Wärmegefühle können sich einstellen, Raum- und Zeitempfinden sind weitgehend ausgeschaltet, die »Ichgrenze« scheint auf Grund eines veränderten somatischen Gefühls neu gezogen, ein Gefühl von Friede und Geborgenheit ist häufig.

Die Tabelle*soll das Gemeinte veranschaulichen, indem es die Bewußtseinslage der Meditation in Beziehung zu anderen setzt. Auf das Autogene Training wird noch zurückzukommen sein (vgl. Seite 84 f.). Gemeint ist in der vorgestellten Tabelle das Autogene Training höherer Stufe. Bei einigen Teilnehmern der Grundkurse (3%) stellen sich, wie bei den meisten Teilnehmern von Oberstufenkursen, die stets von einem Arzt geleitet werden sollten, Farb- oder Bilderlebnisse ein. Später werden abstrakte Begriffe oder Werte im Trainingsvollzug in oft sehr eindrucksvollen Bildszenen erlebt (die Begriffe dienen als Auslöser der Szenen). Die richtige Deutung der Symbolgehalte der Bilder lassen mitunter Einsichten auf die Eigenart des Selbst zu. Es wird angestrebt, ein als richtig erkanntes Ziel erreichbar zu machen, wenn der Einsatz von bewußten Wollenskräften dazu nicht ausreicht. Da diese Stufe des Autogenen Trainings für die Selbstschulung ungeeignet ist – sie ist auch nicht ungefährlich –, werden wir darauf nicht mehr zurückkommen.

Religiöse Orientierung

Religion bezeichnet ein bewußtes Verhältnis (meist zusammen mit einem tätigen Verhalten) des Menschen zu einer ihm übergeordneten nicht-sinnlichen Macht (dem Numinosum, dem Absoluten, dem Endgültigen, dem Vollkommenen, dem Grund von allem, Gott). Dieses Verhältnis ist nur möglich, wenn und insofern das Numinosum ...

* Nach K. Thomas, *Meditation in Forschung und Erfahrung*, Stuttgart 1973, 80 ff. »Katathymie« bezeichnet eine durch heftige Gefühlserregungen hervorgerufene Verschiebung des Bewußtseins vom überwiegend rationalen zum überwiegend emotionalen (»irrationalen«) Bereich. Je nach psychischer Stimmung und der Art des Erlebens kann dieser Zustand mit Apathie oder Euphorie einhergehen. In diesen Befindnissen stellen sich mitunter Bilderscheinungen ein (»*katathymes Bilderleben*«), vgl. a. Seite 213 f.

Funktion	Schizophrenie	Traum	Neurotische Erlebnisse
Ursache	?	Schlaf	
Erlebnisse		Traumszenen	oft sexuell oder religiös
Bewußtsein	mitunter pathologisch außerwach	unterwach	pathologisch außerwach
	klar	Schlaf	eingeengt
Sinneswahrnehmung	Halluzinationen	frei steigende Bilder	Pseudohalluzinationen
Orientierung	meist ungestört	verändert	meist ungestört
Denken	oft gestört	alogisch	meist ungestört
Mitteilungsdrang	gesteigert oder gehemmt	selten und oft gering	erheblich gesteigert
Erinnerungsfähigkeit	oft gehemmt	oft schnell vergessen	oft verzerrt
Willenskraft	gesteigert oder vermindert	fehlt	vermindert oder einseitig orientiert
Kontaktfähigkeit	erheblich gestört	erloschen	oft erheblich vermindert
Kritikfähigkeit	meist ohne Krankheitseinsicht	fehlt oft	oft erheblich vermindert
Stimmungslage	Verstimmungen möglich	unterschiedlich	

Tagtraum	katathymes Bilderleben	Autogenes Training	Meditation
Phantasie	Suggestion	suggestives Umschalten	Vertiefung
imaginierte Szenen	meist nicht religiös	meist nicht religiös	religiös
leicht unterwach	außerwach	außerwach	außerwach
meist klar	meist klar	meist klar	klar und eingeschränkt
gesteuerte Bilder	aktivierte Vorstellungen	katathyme Bilderlebnisse	
unver-ändert	teils verändert	teils verändert	
meist logisch klar, aber eingeschränkt		erschwert, aber klar	ausgeschaltet
sehr gering	je nach Erlebnisinhalt unverändert oder leicht gesteigert		meist erhebl. vermind. (innere Scheu)
erhalten	voll erhalten	voll erhalten	
gering vermindert	meist erheblich eingeschränkt		vermindert, nach M. oft gesteigert
stark beschränkt	beschränkt (auf Arzt)	aufgehoben oder auf Arzt beschränkt	meist aufgehoben
beschränkt	eingeschränkt		einge-schränkt
meist gehoben	unter-schiedlich	unterschiedlich oft leicht euphorisch	meist gehoben

dem Menschen irgendwie erfahrbar ist. »Religiös« ist also nicht an theistische Religiosität gebunden. Wohl aber sollte nur der Mensch als religiös bezeichnet werden, der den »Inhalt« des Religiösen ausdrücklich oder unausdrücklich (als Voraussetzung, Implikation oder Konsequenz) in seine Sinnantwort eingebaut hat. Reine »Überich-Religiosität« möchten wir nicht als eigentliche Religiosität verstehen.

Wie deutet C. G. Jung das Absolute, das er »Gott« nennt?

1. Jung geht davon aus, daß die psychischen Phänomene »die Annahme einer hochentwickelten intellektuellen Tätigkeit des Unbewußten voraussetzen«. Dabei sind jedoch im Unbewußten Gefühle und Symbole kaum voneinander unterschieden, eventuell gar eins. Es ist also der Ort, an dem etwas zu Hause sein kann, das der Zweiteilung von Gefühlen und Begriffen im Bereich des Bewußten entzogen ist. Hierher gehört das alles bewußte Wissen transzendierende »Wissen« vom Absoluten, von Gott.

2. Das Gottesbild entsteht aus der Projektion der innerpsychischen Wahrnehmung des Zusammenprallens von persönlichem bewußtem Willen mit einem fremden, absolut stärkeren Willen. Da dieser rücksichtslose Wille positive wie negative Kräfte enthält, erweist er sich vor dem Spruch des Überich als ambivalent. Das ursprüngliche Gottesbild hat somit zwangsläufig archaisches Aussehen, es vereinigt gute und böse Züge (etwa lohnender und strafender Gott).

Die introverse Erlebnisschau (introvers = das nach innen gerichtete Interesse, die auf sich selbst orientierte Aufmerksamkeit wiegt vor) verlegt das Böse in das Gottesbild. Die Gottesidee kann nur zu sich kommen, wenn im Bemühen, das eigene Böse zu verarbeiten, im Individuationsprozeß der Mensch zu sich kommt, sein Selbst findet.

Die ambivalenten Aspekte des Gottesbildes sind wegen ihrer starken und bedrohlichen Wirkkraft derart »psychologisch wahr«, daß deren Naturmacht als Schöpferwille angesehen wird. Das zwingt den Menschen gegenüber »Gott« zu einer Doppelhaltung: Zustimmung und Distanzierung zugleich. Dieser Gedanke erinnert an R. Ottos Analyse des Numinosum: Der Mensch reagiert auf es zugleich wie auf ein fascinosum (etwas, das anzieht) und wie auf ein tremendum (etwas, das schaudern macht).

Der mutigste und höchste Grad der Kunst des gelebten Paradoxons führt zu einem weiteren: der hingebenden Selbstbehauptung des Menschen vor Gott. Sie ist das Ziel jeder Individuation, das Herzstück jeder Selbstfindung.

3. »Gott« ist als psychischer Tatbestand (und das schließt nicht aus, daß er auch ein realer-metaphysischer ist) ein allen Menschen gemeinsa-

mer Archetypos, »ein an sich unbewußtes, psychisches Gebilde, das aber Wirklichkeit besitzt, unabhängig von der Einstellung des Bewußtseins«. Da sich aber das Unbewußte nie täuscht – nur wir täuschen uns –, sind seine Produkte »reine Natur«. Religiosität wird zu einer Haltung, die in der Gottheit die Energie des Archetypos verehrt. »Gott ist die Ergriffenheit der Seele.«

Theistische Religiosität wird Jung in manchem folgen können. Doch sieht sie Gott nicht nur als innerpsychisches Etwas (wenn er das auch ist), sondern als den absoluten und personalen Grund aller Dinge, der in allen Dingen, vor allem aber im eigenen Selbst gefunden werden kann. J. Tenzler* bemerkt richtig:

So entspringt christliche Selbstfindung offenbarungsgläubiger Selbstüberschreitung, die in personale Selbstverschenkung übergeht, und daraus erwächst dann jene dialogische Ruhe des Herzens, auf die Augustinus immer wieder hingewiesen hat.

Tatsächlich wird in der Praxis der Meditation das Selbst nicht nur erkannt, sondern in der Erkenntnis überschritten, wie alle Erkenntnis sich selbst übersteigt und *auch* auf etwas verweist, das gerade nicht erkannt wird. So erkennen wir in der »Erkenntnis« einer Rose eben nicht nur die Rose, sondern viele andere Dinge (Schönheit, Sinn, Harmonie ...). Da nun aber die Selbsterkenntnis eine Erkenntnis ist, die nicht eingebettet werden kann in die Menge der sonst auch erkannten Gegenstände, sondern sie überschreitet, bleibt ihr nur das Selbstüberschreiten zum absoluten Grund als Erkenntnisrahmen, der alle Erkenntnis erst ordnet und besinnt.

Der in der Meditation hergestellte Bewußtseinszustand unterscheidet sich also wesentlich von allen anderen üblichen Bewußtseinszuständen. Er hat erhebliche Umstellungseffekte im Bewußten und Unbewußten zur Folge. Wir haben darüber im 3. Kapitel berichtet. Dabei darf die religiöse Orientierung nicht übersehen werden. Sie ist zunächst als psychologisches Faktum zu begreifen. Falsch wäre es jedoch, a priori jede ontologische (Ontologie = Lehre vom Seienden) Interpretation auszuschließen. Sie sollte jedoch nicht, vor allem bei Menschen, die sich keiner religiösen Bindung bewußt sind, in den Mittelpunkt des Interesses rücken. Die Erfahrung des Absoluten wird – auch in einer frühen Ahnungsphase, die oft schon sehr bald bei regelmäßiger Meditation erreicht wird – bei jedem Menschen anders aussehen, andere Inhalte haben, anders verarbeitet werden, zu anderen Reaktionen führen. Die Verschiedenheit hat zum einen ihren Grund in verschiedenen be-

* *Selbstfindung und Gotteserfahrung*, Paderborn 1975, 317.

wußten und unbewußten Inhalten und Dispositionen, zum anderen wird sie aber auch bestimmt von der Art des Wissens, der Reflexionsfähigkeit, der psychischen Stimmung, der emotionalen Ausdrucksfähigkeit ... Der sich selbst religiös verstehende Mensch wird im Verlauf der Meditation bemerken, daß sich sein Gottesbild verändert, meist transparenter, unschärfer, nicht aber unklarer wird.

Da die Meditation ein erheblicher Eingriff in die menschliche Psyche ist, sollte man bei irgendwelchen Störungen (emotionalen, wollensmäßigen oder intellektuellen) stets einen meditationserfahrenen »Seelsorger« befragen. Es besteht die Möglichkeit, daß Sie irgend etwas falsch machen. Es kann aber auch sein, daß es sich um eine »normale« Übergangs- oder Durchgangsphase handelt, so daß sich die Störungen von selbst legen. Erklärtes Ziel der Meditation ist es, eine psychische Umstimmung zu erreichen, und zwar zu positiveren Orientierungen hin. Zeigen sich solche Umstimmungen nicht, sollten Sie ebenfalls um Rat fragen. Es kann sein, daß Sie Fehler machen oder daß Sie wegen psychischer Blockierungen zunächst erst im Vorfeld der eigentlichen Meditation aktiv werden müssen. Wir werden deshalb eine Reihe von Vorschlägen machen, wie solche Blockierungen abgebaut werden können.

Zur Meditation ist zudem nur der geeignet, der längere Zeit regelmäßig meditieren will. Die Haltung »Ich will es einmal probieren« führt aller Erfahrung nach zum baldigen Einstellen des Versuchs.

Teil II
Im Vorraum der Meditation

1. Einführung und allgemeine Regeln

Im 2. Teil unserer Überlegungen zur Meditationstechnik sollen Übungen im Vorfeld der Meditation vorgestellt werden.

Ziel
Ziele der Vorübungen sind:
- Hemmungen, die der eigentlichen Meditation entgegenstehen, sollen abgebaut werden,
- Vorübungen können »von selbst« zur Meditation führen,
- psychische und physische Grundstimmungen und Grundlagen der Meditation sollen eingeübt werden.
- »Nahziele der Meditation« lassen sich oft auch mit diesen Übungen im Vorfeld erreichen.

Vorübungen meint nun nicht, daß der Meditierende auf sie generell verzichten sollte oder könnte. Auch die Meditation (im eigentlichen Sinn) kann durch sie eingeleitet werden. Auch der Meditierende sollte hin und wieder auf die eine oder andere dieser Vorübungen zurückgreifen, vor allem in Zeiten, in denen die Meditation »unergiebig« oder lästig zu sein scheint.

Sie sollten mehrere dieser Vorübungen ausführen, um festzustellen, welche für Sie besonders geeignet sind. Einige sind für den Lernenden jedoch auch unerläßlich.

Zielgruppe
Alle, die meditieren wollen (und können). Es ist praktisch unmöglich, erfolgreich meditieren zu lernen, ohne einige Zeit (wenigstens einige Wochen täglich) die Übungen des Vorraums zu proben und zu trainieren. Mißerfolge im Meditieren sind oft darauf zurückzuführen, daß entweder dieses Vorfeld vernachlässigt wurde oder die Vorübungen zu kurzzeitig durchgehalten wurden.

Ungeduld ist das Ende jedes Meditationserfolgs.

Zeit und Dauer
Die günstigste Zeit für die hier vorgestellten Übungen ist der frühe

Morgen und der späte Abend. Wichtig ist, daß Sie lernen, immer die gleiche Zeit zu wählen. Überlegen Sie sich also, an welcher Tagesstelle Sie *regelmäßig* etwa je eine halbe Stunde für die Übungen freihalten können. ***Wer zu unregelmäßigen Zeiten übt, wird die Übungen sehr bald nur noch sporadisch durchführen und dann ganz einstellen.***

Sie sollten auch eine Zeit wählen, in der Sie (noch) nicht total erschöpft sind. Die Übungen setzen einige Spannkraft voraus und den Willen, sie auch richtig durchzuführen. Sind Sie erschöpft, fehlen Spannkraft und Wille nicht selten.

Die Regelmäßigkeit ist wichtiger als die Dauer der Übungen. Doch sollten Sie anfangs etwa eine halbe Stunde – am besten zweimal täglich – für die Übungen reservieren. Die eigentliche Übung sollte etwa 20 Minuten währen. Je weitere fünf Minuten sind der Einstimmung und dem Abklingen zu widmen. Diese Vor- und Nachzeiten sollten nicht verkürzt werden, eher schon die Dauer der eigentlichen Übungen (etwa auf 10 bis 15 Minuten).

Sorgen Sie dafür, daß Sie während der Übung und den Vor- und Nachzeiten nicht gestört werden (durch Besuche, Telefonate . . .). ***Die Übungszeit darf nicht unterbrochen oder gestört werden!***

Raum

Der Raum, den Sie zum Üben wählen, soll so beschaffen sein:

- Es sollen sich keine anderen Personen darin aufhalten (Ausnahme: Gruppenübungen)
- Er soll Sie nicht zur Arbeit auffordern (ungeeignet sind also im Anfangsstadium Büro- und Arbeitsräume). Geeignet sind: Schlafzimmer, Hobbyraum, Wohnzimmer . . .
- Er soll gut gelüftet sein.
- Er soll normal-, eher etwas untertemperiert sein (im Winter, Frühjahr oder Herbst sind Temperaturen um 18° C oder etwas niedriger günstig).
- Er soll ruhig gelegen sein. Vor allem stören plötzliche Geräusche (Türschlagen, Stühlerücken . . .) und menschliche Stimmen. Nicht so sehr stören an- und abklingende Geräusche, wenn sie nicht zu laut sind (Autoverkehr, Kommen und Gehen . . .)

Notizen

Es ist günstig, wenn Sie Schreibgerät und Papier in unmittelbarer Reichweite haben. Oft werden Gedanken kommen können, die Sie nur dann »loswerden«, wenn Sie sie notieren. Gerade im Zustand der Ruhe kommen öfters Gedanken, die man für wichtig hält. Es gilt, nicht daran festzuhalten. Die Angst, sie wieder zu vergessen, läßt sich durch eine kurze Notiz meist überwinden.

Zerstreuungen

Gerade zu Anfang der Übungen werden Sie oft feststellen, daß Ihnen alle möglichen Gedanken durch den Kopf gehen, die nichts mit der Übung zu tun haben. Das ist normal. Wichtig ist, daß Sie sich nicht an solche Gedanken anhängen und bei Ihnen verweilen. Betrachten Sie sie in aller Ruhe und lassen Sie sie vorüberziehen, wie Wolken am Sommerhimmel dahinziehen. Beängstigende Vorstellungen, Erinnerungen an Unangenehmes, Gedanken der Sorge und Furcht sollte man ebenso vorüberziehen lassen. Werden Sie jedoch von diesen Gedanken emotional stark bewegt, notieren Sie sie (aber kurz!). Die Verarbeitung kann dann i. a. nach der Übung erfolgen. Ist das emotionale Engagement aber so stark, daß Sie es nicht schnell zum Abklingen bringen können, sollten Sie die Übung zunächst abbrechen und sich verarbeitend mit den beunruhigenden Inhalten auseinandersetzen.

Versuchen Sie niemals, auftauchende Gedanken mit Willensanspannung zurückzuweisen. Das Ergebnis ist Verkrampfung und Anspannung – und das macht die Übungen zwecklos.

Innere Ruhe

Alle Übungen sollten in einem Zustand innerer Ruhe begonnen und durchgeführt werden und in Ruhe ausklingen. Versetzen Sie sich also zunächst in einen Zustand der Ruhe. Jede Hast, jeder Erfolgszwang bricht die Ruhe. Ziehen Sie sich zunächst zurück von jedem Gespräch. Das einzige, was Sie in der vorgenommenen Übungszeit tun wollen und sollen, ist das Üben. Alles andere ist unwichtig und unerheblich. (Wie auch bei allem anderen, das, was Sie gerade tun, das Wichtigste sein sollte: Essen, Arbeiten, Üben, Schlafen, Spielen, Wandern, Sport . . .) Die innere Ruhe kann nur im Schweigen hergestellt werden. Suchen Sie sich also Freiräume zu schaffen, in denen Sie nicht sozial gefordert sind.

Denken Sie daran, daß es Zeiten geben muß, die Ihnen niemand abkaufen kann, die nur Ihnen gehören, wenn Sie sich nicht selbst verlieren wollen. Erst recht ist es nötig, solche Freiheitsräume zu schaffen, wenn Sie sich in das große Abenteuer begeben wollen, sich selbst zu finden. Wer keine Zeit für sich selbst (allein) hat, wird sich bald in allen möglichen Situationen verlieren – und alles mögliche finden – nur nicht sich selbst. Erst diese Freiheitsräume ermöglichen es Ihnen, innerlich ruhig zu werden.

Die Übungen im Vorfeld der Meditation gliedern sich in *zwei Blocks*:

1. Übungen (im engeren Sinn) und
2. Betrachtungen.

Im ersten Block behandeln wir:

- Entspannen – Atmen – Sitzen
- Zu-sich-selbst-Kommen (als Vorstufe der Selbstfindung in der Meditation).

Im zweiten Block werden einige Betrachtungen nach Thema und Technik vorgestellt. Im Regelfall setzt der Eintritt in die meditative Phase ein längeres Verweilen bei der Betrachtung voraus. Es werden hier folgende Betrachtungsinhalte mit den zugehörigen Techniken behandelt werden:

- Musikbetrachtung,
- Bildbetrachtung,
- Gedichtbetrachtung,
- Textbetrachtung,
- Sinnbetrachtung.

Die ersten drei Betrachtungstypen sind weitgehend untereinander austauschbar. Es genügt im Regelfall, eine zu beherrschen. Die Textbetrachtung kann sich daran anschließen. Sie wird für manche die Endstufe des meditativen Bemühens sein können. Die Sinnbetrachtung ist aber nicht zu ersetzen. Sie muß, wenn die Betrachtung in den eigentlichen meditativen Raum weitergeführt werden soll, unbedingt geschehen. Sie soll jedoch neben anderen Betrachtungsformen geübt werden.

Übungen

Die in diesem Abschnitt vorgestellten Übungen sollten (in Auswahl) beherrscht werden, ehe man zur Betrachtung oder Meditation übergeht. Vor allem ist eine Übungsphase vorzuschalten, ehe man mit der eigentlichen Meditation beginnt. Ihre Dauer ist von individuellen Faktoren abhängig und sehr unterschiedlich. Als Vorstufe zur Meditation kann sie neben der Betrachtungsphase parallel laufen (und geht dann oft »von selbst« in die Meditationsphase über). Zielt man unmittelbar die Meditation (also nicht über den Weg über die Betrachtung) an, ist mit wenigstens einem halben Jahr Übungszeit zu rechnen.

1. Entspannen – Atmen – Sitzen

Zielgruppe: Alle.

Übungsziel: Entspannung, Abschalten, Ruhigwerden.

Entspannen

> Entspanntsein ist notwendige Voraussetzung für alle folgenden Übungen. Entspannen muß also sicher und leicht beherrscht werden. Nur im entspannten Zustand werden die psychischen Tiefenschichten stark angesprochen – nur in diesem Zustand kommen sie vernehmlich zu Wort.

Es werden hier aus dem großen Angebot an Entspannungsübungen vier vorgestellt, die sich in der Praxis recht gut bewährt haben.

1. Die Entspannungsübungen des Autogenen Trainings (AT).
2. Eine Entspannungsübung aus dem Bereich des Hatha-Yoga.
3. Eine Entspannungsübung nach H. Benton (»Relaxation Response«).
4. Die »Silver-Mind-Control« nach José Silver.

Für die meisten Meditationsformen ist der Typ der Entspannungsmethode unerheblich. Sie setzen nur voraus, daß *eine* beherrscht wird. Meditiert wird *stets* im psychisch (emotional, intellektuell, antriebsmäßig) entspannten Feld. Doch sind die Entspannungsübungen nicht nur im Vorfeld der Meditation notwendig. Sie haben auch einen erheblichen Eigenwert. Nicht wenige Menschen wollen vor allem meditieren lernen, um einen Zustand völliger körperlicher und geistiger Entspannung herstellen zu können. Doch dieser Zustand ist nicht Folge, sondern vor allem Voraussetzung jeder Meditation.

1. Die Entspannungsübungen des AT

Obschon eigentlich nur die dritte der hier aufgeführten Übungen dem AT zuzurechnen ist, sind die beiden Vorübungen besonders beim »Selbststudium« oft hilfreich.

1. Übung:
Setzen (oder legen) Sie sich völlig entspannt hin. Sie sind entspannt, wenn alle Willkürmuskeln locker sind. Über psychosomatische Mechanismen können Sie psychische Entspannung erreichen, wenn Sie sich physisch (somatisch) möglichst vollständig entspannen.
a) Beginnen Sie mit der Lockerung der Gesichtsmuskulatur. Nehmen Sie die Zähne auseinander, und lassen Sie den Unterkiefer möglichst locker hängen. Schließen Sie die Augen (locker!). [Sind Sie schon etwas fortgeschritten, können Sie die Augen in Schlafstellung bringen: Schauen Sie in Richtung der Nasenwurzel.]
b) Entspannen Sie bewußt die Schulter-Armmuskulatur. Die Hände sollten sich dabei nicht berühren, die Arme locker auf Tisch oder Sessellehne aufruhen. Erst wenn Sie das Gewicht der Arme auf der Unterlage spüren (ohne zu drücken), sind Sie zureichend entspannt.
c) Entspannen Sie die Nackenmuskulatur. Der Kopf wird dann leicht nach vorne sinken.
d) Entspannen Sie die Beinmuskulatur. Dazu sollten die Beine nicht überschlagen sein. Die Fußsohlen sollten ganz den Boden berühren. Allenfalls können Sie die Beine vorstrecken und die Füße kreuzen.
e) Lassen Sie die Gedanken locker vorüberziehen, ohne an einem festzuhalten.

I. H. Schultz empfiehlt in den Anleitungen zum Autogenen Training zwei Sitzhaltungen, die ebenfalls möglich sind:
1. Es »kann eine bequeme Sitzhaltung eingenommen werden«, sehr geeignet ein Lehnstuhl mit hoher Lehne, an der sich der Kopf stützen kann, und weichen Seitenlehnen, auf denen die Unterarme zwanglos

und sicher ruhen. Der Ellbogen wird etwa halb bis zum rechten Winkel angebeugt, weil so die Armstreck- und Armbeugemuskeln im Gleichgewicht sind . . . Der ganze Rücken soll bequem angelehnt sein, ebenso das Hinterhaupt. Durch kleine Kissen muß hier möglichst Zwanglosigkeit angestrebt werden. Die Füße ruhen mit den Sohlen auf dem Boden, sie stehen einander nahe, die Knie sollen nach außen fallen, wodurch mechanische Spannungen im Oberschenkel vermieden werden.«

2. »Man setzt sich gerade auf eine Bank oder einen Hocker ohne Lehne oder vorn auf einen Stuhl, so daß die Lehne vom Rücken gut entfernt ist. Nun läßt man sich im Sitzen *senkrecht* in sich selbst zusammensakken, wobei die Arme seitlich herunterhängen und der Kopf senkrecht über dem Gesäß bleibt, nie nach vorn über die Oberschenkel sinkt! Der Rücken wird ganz krumm, der Kopf hängt vorn herunter. Dabei darf aber keine Neigung nach vorn eintreten, sondern der Rumpf muß ganz senkrecht in sich zusammensinken . . . Nun werden die Arme lose schwingend bewegt und auf die weitgespreizten Oberschenkel so aufgelegt, daß der Unterarm nahe dem Ellbogen vom Oberschenkel gestützt wird. Die Arme werden dann wieder in der beschriebenen Weise gebeugt, der Kopf hängt ohne jede Muskelarbeit in seinen Knochen.« (Droschkenkutschersitz)

2. Übung
Diese Übung kann in Verbindung mit der ersten durchgeführt werden. Anstelle von e) tritt eine Konzentration auf den eigenen Atem.

Diese Übung sollte nicht in einem Sessel sitzend ausgeführt werden.

Geben Sie sich nun ganz dem Atemrhythmus hin: Ausatmen – Einatmen. Versuchen Sie bei Zwerchfellatmung sich auf Ihre Bauchdecke zu konzentrieren. Die Konzentration können Sie erleichtern, wenn Sie die Hände auf den Leib legen (nicht drücken!). Versuchen Sie nicht, bewußt tief oder langsam zu atmen. Es kommt bei dieser Übung weder auf Tiefenatmung noch Atemgeschwindigkeit an! Hebt sich die Bauchdecke, machen Sie »die geistige Notiz«: »Bauchdecke bewegt sich nach vorne« (im Liegen:». . . bewegt sich nach oben«). Senkt sich die Bauchdecke (beim Ausatmen), machen Sie die entsprechende »geistige Notiz«. Die »geistige Notiz« begleitet den gesamten Ein- oder Ausatmungsprozeß (wird also nicht auf das Ende des Vorgangs orientiert). Diese Übung fällt anfangs nicht leicht, da die Konzentrationsfähigkeit noch untrainiert ist.

Der Fortschritt stellt sich jedoch nach häufiger Übung meist sehr bald ein. Oft wird diese Übung für eine Dauer von etwa 10 Minuten nach etwa zwei Wochen (bei täglich zwei Übungen) voll beherrscht. Sollte es bei Ihnen länger dauern, geben Sie die Übung nicht auf, denn sie trainiert Konzentration und Entspannung zugleich. Das aber sind Fähigkeiten, die allen anderen Übungen zugrunde liegen.

Mitunter wird der Erfolg auch verzögert, wenn man die »geistige Notiz« verbalisiert, sie etwa – und sei es auch nur in Gedanken – vor sich hin spricht. Das ist zu vermeiden!

3. Übung:
Die 3. Entspannungsübung ist der Technik des Autogenen Trainings (AT) entlehnt. Die 2. und 3. Phase entsprechen den beiden Grundübungen des AT. Die weiteren Übungen des AT sollten Sie nicht im Selbststudium, sondern nur unter Anleitung eines erfahrenen Arztes oder Psychotherapeuten lernen. Das AT ist eine Psychotherapie für (relativ) Gesunde. Gute Erfolge lassen sich bei »vegetativer Dystonie«, Schlaflosigkeit, psychosomatischen Erkrankungen, manchen Organneurosen ... erzielen. Doch ist in solchen Fällen stets vorher der Arzt zu konsultieren. Wir stellen im folgenden nur die Übungen vor, die ohne Fremdanleitung von Gesunden trainiert werden können.

Nach dem Training stellen Sie stets wieder den Normalzustand her, indem Sie:

- die Körpermuskulatur kurz anspannen,
- tief durchatmen und
- die Augen schnell öffnen.

Die Körperhaltung ist entspannt (vgl. 1. Übung). Sie sitzen im sogenannten »Droschkenkutschersitz« (siehe Seite 83 f.) oder liegen entspannt auf dem Rücken (die Arme liegen seitlich leicht gebeugt neben dem Körper, ohne Körperberührung durch die Hände, die Beine sind leicht gespreizt, die Fußspitzen weisen nach oben-außen, der Kopf wird durch eine Rolle – etwa ein gerolltes Handtuch – leicht nach vorn gewinkelt). Die Dauer der Übung beträgt anfangs zwei bis drei Minuten, die später bis etwa 10 Minuten gedehnt werden. Die Übung hat drei Phasen, die nacheinander eingeübt werden (Abstand zwischen dem Einüben der einzelnen Schritte etwa ein bis zwei Wochen, jedoch sollte die vorhergehende Übung zureichend beherrscht werden, ehe man zur nächsten kommt). Oft folgt jedoch der folgende Übungsschritt auch ohne gewolltes Zutun »von selbst« dem vorhergehenden.

1. Phase: Sie stellen eine »Ruhetönung« her, indem Sie zunächst Ihre Muskeln bewußt entspannen (wie oben angegeben). Anschließend formulieren Sie innerlich einen Ruhe auslösenden (suggerierenden) Satz, der immer gleich sein muß (etwa: »Ich bin ganz ruhig«) und kein Wollen ausdrücken darf (also nicht: »Ich will jetzt ganz ruhig sein«). Im Liegen können Sie sich vorstellen, daß Sie ganz entspannt auf einer grünen Sommerwiese ruhen.

Jetzt beobachten Sie Ihre Gedanken. Sie kommen und gehen. Alle Sorgen, Verpflichtungen und Aufgaben drängen sich auf. Sie überlassen sich ganz dieser Gedankenflut. Nichts sollten Sie erzwingen wollen. Sie wollen nichts. Das Gehirn soll sich ruhig einmal austoben. Lassen Sie es ruhig gewähren.

Nach einigen (3 bis 6) Übungen wird es schon stiller. Sie werden zunehmend Beobachter (und nicht Akteur). Schauen Sie sich selbst zu. Bleiben Sie so etwa 10 Minuten sitzen oder liegen. Am einfachsten gelingt diese Übung im Liegen, morgens nach dem vollen Aufwachen.

Das Übungsziel ist erreicht, wenn Sie das Gefühl haben, daß sich die Ruhe wie ein Mantel schützend um Sie legt.

2. Phase: Sie konzentrieren sich auf einen oder beide Arme (ausprobieren, bei welchem Konzentrationsgegenstand es am besten geht!). Sie versuchen eine Beziehung zu Ihrem Arm herzustellen, indem Sie sich klarmachen, was dieser Arm für eine Rolle in Ihrem Leben spielt (das aber ganz kurz, nicht auf Einzelheiten eingehen, nicht nachdenken oder gar nachgrübeln). Seien Sie dankbar dafür. Dann konzentrieren Sie sich auf den Inhalt: »Der Arm ist ganz schwer«, bis Sie seine faktische Schwere (er wiegt doch einige Kilogramm) spüren. Das gelingt nur, wenn die Schulter-Arm-Muskulatur total entspannt ist. Nach einiger Zeit (etwa höchstens drei Minuten) sollten Sie die Schwere spüren.

Haben Sie ein paar Tage mit einem Arm geübt, kommt der zweite hinzu. Es folgen Schwerebewußtwerdungsübungen für die Beine (ebenfalls einige Tage). Die Befehle werden anfangs etwa alle zehn Sekunden wiederholt. Nach etwa sechsmaliger Wiederholung des Schwerebefehls fügen Sie einen Ruhebefehl ein (»Ich bin ganz ruhig«).

Nach diesem Training gehen Sie auf den ganzen Körper über. Sie überlassen sich ganz (mit dem ganzen Körper) dem Schweregefühl. Dabei können Sie sich vorstellen, wie das Schweregefühl von den Armen und Beinen in den Körper »strömt«. Sie haben die zweite Übungsstufe erreicht, wenn Sie eine wohlige Körperschwere hervorrufen können, die Sie aus eigener Erfahrung schon kennen, etwa wenn Sie sich müde ins Bett legen.

3. Phase: Sie verläuft ganz ähnlich wie die zweite, doch konzentrieren Sie sich nicht auf Schwere, sondern auf Wärme. Zu Ende der Übung (nach etwa 5 bis 6 Wochen) lautet der Befehl: »Ich bin ganz ruhig, schwer und warm.« Das Übungsziel ist erreicht, wenn Sie in kurzer Zeit in Ihrem Körper ein wohliges Wärmegefühl hervorrufen können.

Mitunter stellt sich das Wärmegefühl zusammen mit oder auch vor dem Schweregefühl ein. Das sollten Sie nicht korrigieren, sondern das Gefühl trainieren, das sich am sichersten und vollständigsten einstellt. Ist es das Wärmegefühl, können Sie die zweite Phase überschlagen.

Wenn Sie diese Übung schnell und sicher beherrschen, können Sie sich jederzeit (notfalls auch ohne eine besondere Sitz- oder Liegehaltung) schnell und sicher

- total entspannen,
- negative Emotionen schneller überwinden,
- sich besser konzentrieren,
- Müdigkeitserscheinungen (vorübergehend) überwinden.

Auf die Dauer bilden diese Übungen jedoch keinen vollen Schlafersatz. Sie können jedoch – und das gilt auch für die von uns erwähnten Einführungsübungen – die Schlafbereitschaft wecken. Ist dies erwünscht, unterbleibt die Rücknahme der Entspannungstönung (Muskelanspannung, Augenaufreißen und tiefes Durchatmen).

2. Eine Entspannungsübung aus dem Bereich des Hatha-Yoga

Auch diese Übung wird geeignet in drei Lernschritten trainiert:

1. Übung
Sie sitzen senkrecht. Sie stellen sich vor, Ihr Kopf wird nach oben gezogen. Wenn Sie etwas phantasiebegabt sind, kann auch folgendes Bild helfen: Sie stellen sich vor, Sie seien ein Baum. Ihr Kopf sei die Krone. Die Krone streckt sich nach oben – der Sonne entgegen. Diese Phase des »Wachsens« halten Sie einige Minuten (etwa zwei oder drei) durch und lassen dann den Oberkörper in sich zusammensinken, ohne daß die Körperachse verändert würde. Die Hände ruhen auf den Knien auf. Die Beine stehen locker auf dem Boden. Die Fußsohlen berühren den Boden. Die Knie fallen leicht auseinander. Statt dieser Haltung können Sie jedoch auch eine Meditationshaltung wählen. Nun beobachten Sie, wie es in Ihnen atmet (Sie »werden geatmet«). Versuchen Sie sich vorzustellen, daß etwas mit Ihnen geschieht (ohne daß Sie selbst aktiv werden). Und dieses Geschehen schenkt Ihnen Leben. Beim Einatmen strömt Lebenskraft in Sie ein. Beim Ausatmen verläßt alles Verbrauchte, alles Überflüssige, alles Negative . . . Ihren Körper.

Alles das geschieht in großer Ruhe und innerem Frieden.

2. Übung

Sie liegen locker auf einer Decke ausgestreckt (»hingegossen«). Sie liegen auf dem Rücken, die Beine sind nicht geschlossen, die Arme nicht ganz angelegt, der Kopf kann leicht gestützt werden (Rolle, Kissen). Nun beginnen Sie in Ihrer Vorstellung durch Ihren Körper zu wandern. Am besten beginnen Sie mit dem rechten Fuß. Sie tasten (empfinden) *»von innen«* Zehen, Sohle, Ferse. Nehmen Sie nun Ihren ganzen Fuß »von innen wahr«, lassen Sie Ihre Aufmerksamkeit langsam bis zur Hüfte wandern, bis Sie gleichzeitig das ganze Bein »von innen« wahrnehmen. Diese »innere Wahrnehmung« kann am Anfang Schwierigkeiten machen. Dann nimmt man den Körperteil (etwa eine Zehe) zunächst äußerlich wahr (Berührung mit Decke oder nach leichtem Bewegen). Schon bald wird die innere Wahrnehmung gelingen, ohne daß solche Hilfen nötig sind.

Es folgen nun die anderen Körperteile:
der linke Fuß bis zur Hüfte (nun liegen beide Beine ganz entspannt da, als wären sie kein Teil des übrigen Körpers),

Leib (Bauchmuskeln) – Gesäß,
rechte Hand (vom Daumen bis zum kleinen Finger – jeden Finger einzeln fühlen – dann die ganze Hand mit Innenfläche, Handrücken, Handgelenk) – Unterarm – Oberarm – Schulter; das gleiche beginnend mit dem linken Daumen . . .

Nacken – Hinterkopf – Scheitel – Stirn(-Muskeln) – Augenlider – Wangenmuskeln – Lippen – Zunge – Kinn – Vorderhalsmuskeln – Brustmuskulatur.

Nun lassen Sie das Bewußtsein »nach innen« wandern. Überlassen Sie den ganz ruhigen und entspannten Körper sich selbst. Sie fühlen sich jetzt völlig gelöst. Sie sind wach – der Körper aber ruht (»schläft«). Sie lassen sich selbst vom Körper los. Lassen ihn fallen, sinken . . .

3. Übung

Beherrschen Sie die zweite Übung, fahren Sie weiter fort: Sie lösen die Gegend um das Herz. Sie stellen sich vor: Die Lunge sinkt (etwas) zusammen. Ihr Herz schlägt ganz ruhig und ganz locker, als ob ihm das Schlagen Freude macht. Sie freuen sich über Ihr Herz und »schauen« ihm wohlwollend zu.

Nun entspannen Sie auch den »Inhalt Ihres Kopfes«: Sie stellen sich vor, das Gehirn sinke schwer in die Schädelhöhle hinab. Hier ruht es. Hier darf es sich ausruhen. Es hat jetzt Pause. Es braucht nicht zu arbeiten. Nun ziehen Sie Ihr Bewußtsein wieder nach innen. Das Denken kommt zur Ruhe. Sie denken nichts mehr, Sie wollen nichts mehr,

Sie wünschen nichts mehr. Was da denkt, will und wünscht, ist nichts als das Träumen Ihres Gehirns, das im Schlaf noch einiges produziert – ohne daß man das sonderlich ernst nehmen dürfte. Beobachten Sie Ihr Gehirn gelassen bei diesem Träumen. Sie empfinden sich als Teil des Alls. Es gibt keine Spannungen mehr. Es gibt nur Ruhe und Frieden.

- Wenn Sie meditieren wollen, stellen Sie sich jetzt auf Ihren Meditationsgegenstand ein.
- Wenn Sie einschlafen möchten, verweilen Sie ein paar Minuten in diesem Zustand. Haben Sie sich zuvor den »Befehl zum Einschlafen« gegeben – werden Sie jetzt einschlafen.
- Wollen Sie nur entspannen, atmen Sie bewußt nach ein paar Minuten locker aus und zügig ein. Sie fühlen nun wieder Ihren Körper. Sie öffnen Ihre Augen und stellen fest: »*Ich* sehe!« Sie strecken und dehnen Ihren Körper und nehmen ihn dabei lustvoll wahr. Langsam richten Sie sich auf.

3. Eine Entspannungsübung nach H. Benton

Diese Übung ist wohl recht leicht zu lernen. Sie ist oft als Entspannungsübung voll zureichend. Ebenfalls kann von ihr fruchtbare Betrachtung ausgehen. Als Einstieg in die Meditation ist sie jedoch für viele weniger geeignet, da sie nur beschränkt zu einem außerwachen Bewußtseinszustand hinführt.

Übung
Sie sitzen ganz entspannt und locker.
Sie schließen die Augen.
Sie beginnen – anfangend mit den Zehen – alle Muskeln Ihres Körpers zu entspannen.
Sie sprechen in Gedanken ein einsilbiges neutrales Wort (man – om – aim – hrim – huin . . .) während des Ausatmens.

Aufkommende Gedanken akzeptieren Sie als Stoffwechselprodukte Ihres Gehirns oder als Streßablagerungen.

Vermeiden Sie unter allen Umständen jede Konzentration oder Willensanspannung! Sie verweilen einige Minuten in diesem Zustand.

4. Die »Silver-Mind-Control«

Diese Entspannungsübung wird vor allem seit etwa zehn Jahren in den USA eifrig praktiziert. Sie wurde von José Silver in Anlehnung an Praktiken der Rosenkreuzler entwickelt. Der Grundgedanke dieser Methode ist, daß man sich zunächst auf ein bestimmtes Bewußtseinsniveau einstellt, es vergegenwärtigt, dann immer tiefer sinkt von Niveau zu Niveau. Bald fühlt man immer tiefere Entspannung.

Übung
Sie setzen sich locker hin (eventuell in einem Meditationssitz). Die Wirbelsäule muß in jedem Fall senkrecht in sich ruhen.

- Sprechen Sie einige Male ein Wort, das Ihren ganzen Körper vibrieren läßt (etwa das »OM«).
- Die Augen sind zunächst geöffnet und blicken in einem Winkel von etwa 45° nach oben, ohne daß der Kopf nach hinten geneigt würde (er bleibt in Meditationshaltung, d. h. genau senkrecht über dem Schwerpunkt, der mittleren Körperachse). Ohne zu starren, fixieren Sie einen Punkt für einige Minuten. Dabei vergegenwärtigen Sie sich geistig das Wort »Drei«, nachdem Sie es einige Male halblaut ausgesprochen haben. (Das »Drei« bezeichnet die Stufe einer leichten Entspannung.) Verweilen Sie einige Zeit dabei, bis Sie sich ruhig und gelassen fühlen.
- Nun schließen Sie die Augen und vergegenwärtigen Sie sich das Wort »Zwei«. Stellen Sie sich dabei vor, daß Sie eine Stufe weiter in die Entspannung hineinsinken. Dieses »Zwei« wird wiederum einige Minuten wiederholt.
- Nun stimmen Sie sich auf Niveau »Eins«, indem Sie das Wort einige Male wiederholen (Sie können auch mental sagen »Niveau eins, Niveau eins . . .«). Jetzt fühlen Sie völlige Entspannung. Zudem empfinden Sie ein positives Körpergefühl (Sie sollen sich »wohlig« fühlen).

In diesem Zustand weilen Sie einige Minuten. Sie können ihn zur Meditation weiterführen oder abbrechen. Im letzten Fall sollten Sie stets die erreichten Niveaus wieder hinaufsteigen. (Also nicht unvermittelt abbrechen!)

Atmen

Das Atmen liegt auf der Grenze zwischen unbewußten und bewußten Tätigkeiten bzw. Abläufen. Das richtige Atmen ist nicht nur als Vorübung zur Meditation wichtig, sondern hat auch beruhigende und Spannungen abbauende Wirkungen. Wer auf einem hohen Luftsockel ein- und ausatmet, behält zuviel Restluft zurück (die Lunge wird nicht richtig durchgeatmet, manche Zonen der Lunge bleiben fast unbeteiligt, in ihnen »steht« verbrauchte Luft). Daß das nicht sonderlich gesund ist, wird auch dem Laien einleuchten. Zudem ist die Atemfrequenz erhöht, das aber kann über psychosomatische Mechanismen zu Beklemmungen, Unausgeglichenheit, Nervosität (Erwartungsangst) ... führen. Der erregte, aufgeregte, sich ängstigende Mensch atmet meist recht flach. Andererseits kann man durch tiefes Atmen ruhiger werden und Situationsängste teilweise überwinden.

Sie müssen also lernen, langsam, tief und richtig zu atmen.

1. Übung
Tiefenatmung
Üben Sie zunächst im lockeren Stehen, dann im Sitzen oder Gehen für einige Atemzüge Dauer reine Brustatmung. Dabei heben sich beim Einatmen die Schultern, der Brustkorb weitet sich (der Bauch soll eingezogen bleiben).

Anschließend gehen Sie zur reinen Tiefenatmung über:

- Sie atmen tief aus und lassen dabei den Oberkörper leicht nach vorn fallen.
- Die Bauchdecke halten Sie möglichst entspannt.
- Jetzt atmen Sie tief ein, dabei richtet sich der Oberkörper auf, der Bauch und die Seiten unterhalb der Rippen dehnen sich. Bei weiterem Einatmen dehnen sich auch die »falschen Rippen« (das sind die Seitenrippen, die nicht mit dem Brustbein verwachsen sind). Bauchatmung und Flankenatmung machen zusammen die Zwerchfellatmung aus.

Das Zwerchfell ist die muskulöse Scheidewand zwischen Brust- und Bauchhöhle, die sich kuppelförmig in den Brustraum vorwölbt. Beim Zwerchfellatmen hebt und senkt sich diese Kuppel und drückt Bauch und Flanken sowie die falschen Rippen nach vorn bzw. zur Seite (in Einatmungsphase).

Sie sollten die Zwerchfellatmung nicht nur beherrschen, sondern auch als bevorzugte Atmungsform realisieren. [Ausnahme: bei Lungenkrankheiten.] Die Atembewegung der Lunge wird lebhafter, sie wird gründlicher durchatmet, das Atemvolumen wird größer, die Atemfrequenz sinkt.

Bei der Übung der Tiefenatmung, die die Regelatmung aller auch vormeditativer Übungen ist, ist darauf zu achten, daß

- nicht hastig geatmet wird,
- die Ausatmungsphase länger währt als die Einatmungsphase,
- die Atempause im Zustand der Ausatmung erfolgt,
- vor allem auf tiefes Ausatmen geachtet wird (das tiefe Einatmen erfolgt dann von selbst, besonders wenn Sie nach dem Ausatmen eine Atempause einlegen, bis Ihnen das Einatmen zum Bedürfnis wird).

Mitunter gelingt die Tiefenatmung (Zwerchfellatmung mit nachfolgender schwacher Toraxatmung) nicht auf Anhieb. Dann sollten Sie zunächst im Liegen (dann im Sitzen und Stehen) gegen leichten Druck atmend üben. Den Druck können Sie herbeiführen, indem Sie ein paar große und nicht zu leichte Bücher auf Ihren Bauch legen (etwa mit Schwerpunkt unmittelbar unterhalb der Höhe der unteren Rippen) und sie ohne Anspannung der Bauchmuskeln hochatmen. Sie können aber auch die Hände auf den Leib legen (vor allem im Sitzen und Stehen) und gegen den Druck anatmen ohne bewußtes Einsetzen der Bauchmuskeln. Beim Atmen gegen Druck ist vor allem darauf zu achten, daß nach dem Einatmen keine Atempause gemacht wird und nicht hastig geatmet wird. Die Atemweisen sollten nicht anstrengen und das Wohlbefinden erhöhen. Ist das nicht der Fall, sollten Sie einen guten Atemlehrer konsultieren (so etwas gibt es an jeder Schauspiel- und Gesangsschule). Vergessen Sie jeden Ehrgeiz, und lassen Sie von allen Erfolgszwängen ab. Das richtige Atmen ist ein Teil der richtigen psychischen Stimmung (die läßt sich nicht erzwingen).

Sie atmen richtig, wenn sich bei der Konzentration auf das Atmen langsam das Gefühl einstellt, als gehe der Mittelpunkt des Körpers vom Brustraum in den Bauchraum über (wo er ja auch tatsächlich liegt). Je stärker dieses Gefühl ist, desto größere Gelassenheit stellt sich ein.

Achten Sie darauf, daß die Tiefenatmung erschwert ist, wenn Sie enge Gürtel tragen oder der Leib von zu engem Hosenbund eingeengt wird. Tragen Sie entweder Hosenträger oder Hosen mit tiefem Bund (Jeans). Öffnen Sie in jedem Fall aber beim Üben Gürtel oder Bund.

2. Übung
Sich dem Ausatmen überlassen
Sie sitzen entspannt (nach Übung 1). Beobachten Sie zunächst Ihren Atemrhythmus. Solange Sie vorwiegend Brustatmung einsetzen, wird das Atmen bald unrhythmisch, verkrampft oder quälend (Sie haben den Eindruck, immer mehr Luft atmen zu müssen, und atmen schneller und unregelmäßig). Überlassen Sie sich also ganz der Bauchatmung und beobachten Sie sie.

Nun beginnen Sie, sich ganz dem Ausatmen zu überlassen, wobei Sie »geistig notieren«: »Aus«. Dabei sollten Sie nichts wollen und steuern. Die Übung ist gelungen, wenn Sie den Eindruck haben, daß immer mehr Luft spielend und wie von allein abgegeben wird – bis hin zu dem Gefühl: »Nicht ich atme, sondern es atmet!«

Mitunter fällt es nicht leicht, sich auf den eigenen Atemrhythmus einzustellen (und zu konzentrieren). Dann können folgende Übungen helfen:*

1. Sie sitzen auf einem harten Stuhl oder Hocker, so daß Sie den Druck der Sitzknochen auf der harten Fläche am stärksten spüren (Oberkörper aufrecht!). Schultern und Arme hängen entspannt herab, die Hände liegen auf den Oberschenkeln in Leistennähe. Die Oberschenkel sind parallel in Beckenbreite (das bedeutet i. a., die Knie sind eine Faustbreit auseinander) gestellt, die Unterschenkel stehen senkrecht, die Füße berühren voll den Boden. Die Augen können geschlossen werden. Sie konzentrieren sich nun auf das Sitzen: Die Füße werden vom Boden getragen, der Körper vom Sitz. Versuchen Sie nur das wahrzunehmen. Die Atmung »bewegt sich im Beckenraum«.

2. Nun berühren Sie die Nase mit der Kuppe eines Zeigefingers und nehmen sie nun stärker als sonst wahr. Sie legen die Hände wieder auf die Oberschenkel. Den Atem lassen Sie jetzt durch die Nase kommen und wieder gehen. Dann warten Sie, bis er von selbst wiederkommt. Achten Sie auf den Atemstrom während des Aus- und Einatmens. Schalten Sie den Willen dabei aus.

Diese Übung sollten Sie sofort abbrechen, wenn Sie dabei unruhig werden.

3. Legen Sie nun die innere Handkante seitlich auf die Flanken (etwa Höhe der 6.–8. Rippe), so daß die Handfläche nach unten, der abgespreizte Daumen nach hinten und die übrigen Finger nach vorne weisen. Beim Einatmen führen Sie die innere Handkante nach hinten, beim Ausatmen leicht drückend nach vorne. (Es sollte eine kräftige Flankenatmung einsetzen.)

4. Verschränken Sie die Hände hinter dem Kopf. Beim Einatmen ziehen Sie die Ellenbogen nach hinten, beim Ausatmen bringen Sie sie wieder nach vorn. (Sie sollten ein Gefühl für Ihre Toraxatmung bekommen!)

5. Sie nehmen Ihre Hände von den Oberschenkeln etwas (ca. 10 cm) auf. Jetzt spreizen Sie Ihre Finger so weit als möglich und atmen dabei ein (dabei hebt sich der Unterarm »von selbst« leicht an). Beim Ausatmen entspannen Sie die Handmuskeln wieder. Sie können die Übung verstärken, wenn Sie im ausgeatmeten Zustand die Hände locker nach unten hängen lassen und beim Einatmen nicht nur die Finger spreizen, sondern auch die Handflächen drehen, bis sie halb nach oben weisen. Achten Sie vor allem bei dieser Übung darauf: »Es atmet.«

6. Begleiten Sie das Einatmen mit einem Lächeln (Gesichtsdehnung).

* nach I. Middendorf, in: *Türen nach Innen*, Freiburg 1974, 186–196.

7. Wählen Sie den Droschkenkutschersitz. Konzentrieren Sie sich auf Ihren Rücken. Spüren Sie, wie er sich beim Einatmen weitet und beim Ausatmen engt.

Ziel dieser Übungsfolge ist es, sich auf den eigenen Atem so einzustellen, daß Sie das Gefühl erhalten, der Atem kommt und geht (und nicht das des »Ich atme«).

Das Sich-dem -Atmen-Überlassen ist eine wichtige Vorübung zur Meditation. Sie führt zu einem gewissen Maß von Ablösung und Entspannung, die bei der Meditation wie selbstverständlich vorausgesetzt werden.

3. Übung
Einstellen auf Atemrhythmus
Sollte die 6. Übung Ihnen nicht recht gelingen, können Sie folgende Übung als Ersatz versuchen: Sie gehen (am besten in frischer Luft) zügig voran. Dabei atmen Sie (Zwerchfellatmung!) langsam eine Zahl von Schritten (etwa sieben) aus. Während des Ausatmens konzentrieren Sie sich ausschließlich darauf und zählen rhythmisch die Schritte. Dann machen Sie, wenn Sie recht tief ausgeatmet haben, eine Pause (etwa 5 Schritte) und lassen den Atem wieder kommen (nicht bewußt und konzentriert einatmen – Sie konzentrieren sich auf das Kommen und Einströmen des Atems, nicht auf die Tätigkeit des Einatmens!), ohne dabei zu zählen. Haben Sie voll eingeatmet, beginnen Sie sogleich wieder wie beschrieben auszuatmen.

Die Zahl der Schritte beim Ausatmen und Pausieren müssen Sie selbst erproben. Sie sollten Anzahlen finden, die Sie längere Zeit (etwa fünf Minuten) durchhalten können. Ist dies nicht möglich, sind die Anzahlen meist zu hoch gewählt.

Auch durch diese Übung können Sie nach einiger Zeit zur Einstellung kommen: »Es atmet.«

Sitzen

Die äußere Haltung ist für alle Meditationsübungen wichtig, weil sie entweder Entspannung (durch Konzentration) und außerwache Bewußtseinszustände erleichtert oder erschwert. Es wäre falsch, den Meditationserfolg von einer bestimmten Weise zu sitzen abhängig zu machen, doch gibt es einige, die den Meditationsprozeß und -progreß erheblich fördern. Auch ist die innere Haltung und Einstellung wichtiger als die äußere, doch fordert die eigentliche Meditation oft eine Sitzhaltung ein, die Konzentration und Außerwachheit mitunter – vor allem anfangs – für längere Dauer erst ermöglichen.

Bei den prämeditativen Übungen, die wir in diesem Teil darstellen, sollten Sie, wenn keine andere Haltung genannt ist, selbst die herauszufinden versuchen, die Ihnen zusagt, und in der Sie, ohne langes Trainieren, längere Zeit verweilen können, ohne sich zu bewegen und ohne zu ermüden.

Für die Haltung in der eigentlichen Meditation gelten zwei Regeln:
1. Der Körper soll i. a. senkrecht in sich ruhen,
2. Der Körperschwerpunkt soll möglichst nahe am Boden sein.

Um diese beiden Bedingungen zu erfüllen, wurden einige klassische Sitzhaltungen entwickelt, die sich besonders bewährt haben: der sogenannte Lotossitz und der »Diamantsitz«. Beide Sitzhaltungen finden Sie auf Seite 96 abgebildet. Es ist wichtig, eine dieser beiden Sitzhaltungen zu trainieren schon im Vorfeld der eigentlichen Meditation, so daß Sie die eine oder andere Haltung beherrschen und ohne sonderliche Schmerzen längere Zeit durchhalten können, wenn Sie zu meditieren beginnen.

Die Ruhe des aufgerichteten Körpers in sich selbst
Setzen Sie sich auf die vordere Hälfte eines Stuhls oder Schemels und richten Sie Ihren Oberkörper senkrecht auf. Jetzt recken Sie sich möglichst hoch, ohne sich vom Sitz abzuheben, und lassen den Oberkörper wieder sinken, so daß er sich senkrecht in den Hüften setzt. Das Rückgrat ist nicht geneigt (die Nase befindet sich etwa senkrecht über dem Nabel), das Gesäß ist leicht nach hinten gedrückt. Jetzt schaukeln oder kreisen Sie mit dem Oberkörper einige Male hin und her, bis Sie das Empfinden haben: Der Schwerpunkt des Körpers liegt genau über dem Stützpunkt, das volle Gleichgewicht ist erreicht.

Den Kopf nehmen Sie leicht zurück und senken ihn etwas nach vorne. Die Augen bleiben halb geöffnet und schauen auf einen Punkt auf dem Boden, der etwa so weit vor Ihnen liegt, wie die Augenhöhe über dem Boden ausmacht (der Blickwinkel nach unten beträgt also etwa 45°). Dabei sollen die Augen keinen bestimmten Punkt anstarren oder fixieren.

Beherrschen Sie diesen Sitz, rutschen Sie auf dem Stuhl so weit nach vorn, daß die Knie tiefer sind als der Sitz. Sie spreizen sie nun leicht und kreuzen die Beine nahe den Knöcheln, so daß die Außenkanten der Füße den Boden berühren.

Die Hände liegen wie zwei Schalen aufeinander (die linke auf der rechten), dabei werden die Daumen abgespreizt, so daß sie sich leicht an den Spitzen berühren. Die Handgelenke liegen auf den Oberschenkeln in unmittelbarer Körpernähe.

Sie sollten jetzt das Gefühl haben: »Ich ruhe in mir selbst.« Mitunter stellt sich auch ein gewisses Gefühl der Erhabenheit und Würde ein. Sie beherrschen jetzt einen gemäßigten Lotossitz (Fig. 3).

Senken des Schwerpunkts

Wir Europäer sind es gewohnt, sehr hoch zu sitzen. Das kann das Körpergefühl in einer für die Meditation ungünstigen Weise verändern: Das Gefühl für den eigenen Schwerpunkt, die physikalische Mitte, geht verloren. Das Gefühl für die somatische Mitte ist stark nach oben verlagert (etwa und häufig in den Kopf). Das kann das Verhältnis zum eigenen Körper erheblich stören, denn das Gefühl trügt. Die Höhe des physikalischen Schwerpunkts ist der Drehpunkt des Körpers, wenn Sie etwa eine Bauchwelle am Reck machen. Er liegt etwa in Nabelhöhe. Wir »empfinden« aber unseren somatischen Schwerpunkt als sehr viel höher liegend. Das Senken des Schwerpunktgefühls nach unten kann uns das richtige Gefühl um die Lage des somatischen Schwerpunkts wiedergeben helfen. Erst wenn der somatische Schwerpunkt da gefühlt wird, wo er (als physikalischer) auch wirklich liegt, kann das Gefühl des In-sich-Ruhens voll entfaltet werden. Dazu hat die östliche Tradition den Lotos- und Diamantsitz entwickelt.

Da beide Sitzarten – und das gilt vor allem für den ursprünglichen Lotossitz – für das Bändersystem unserer Knie und Oberschenkel recht ungewohnt sind, sind sie (wenn überhaupt) nur unter ziemlichen Schmerzen möglich. Es kommt also darauf an, die Bänder an diese Sitzhaltungen (wieder) zu gewöhnen. Europäern, die keine Meditationserfahrung haben, scheint das rechte Sitzen unerheblich und merkwürdig. Dennoch sammelt sich in den Lehren vom Sitzen eine jahrtausendealte Erfahrung:

Das körperliche Gleichgewicht vermittelt psychisches Gleichgewicht.

Die dargestellten Sitzhaltungen können eine Gleichgewichtserfahrung vermitteln, die auch auf die Psyche – über psychosomatische Bezüge – übergreift. Wichtig ist es also, eine Sitzhaltung zu lernen, bei der die Erfahrung des körperlichen Gleichgewichts deutlich erlebt wird: und genau das vermitteln die klassischen Meditationshaltungen des Ostens.

Das innere Gleichgewicht, die innere Ausgeglichenheit und Ruhe sind aber wesentliche Voraussetzungen sowohl für die Meditation als auch für den Alltag. Wer im inneren Gleichgewicht ist, den kann kaum

1

2

5a

5b

3

4

6

7

mehr etwas aus der Fassung bringen, er kann äußere Schwierigkeiten und Probleme leichter und sicherer meistern. Sitzen ist also nicht Selbstzweck, sondern eine Strategie zur Erlangung innerer Gleichgestimmtheit, was auch immer sein mag. Die innere Ruhe ist Ausdruck der gewonnenen inneren Mitte. Sie kann auf die Dauer nur erlangt werden, wenn auch der Körper im Zustand der Gleichgewichtigkeit sein kann.

Betrachten Sie also die folgenden Sitzbeschreibungen nicht als Kuriositäten östlicher Meditation, die uns Europäern nichts zu geben haben. Versuchen Sie, das Gefühl für das körperliche Gleichgewicht zu erlernen. Dazu aber *müssen* Sie bestimmte Sitzhaltungen einnehmen können, bei denen der Körper in sich ruht – nur so wird auch Ihre Psyche lernen, in sich zu ruhen. Die Ruhe der Psyche führt über die Ruhe des Körpers.

Ich habe im Raum meiner therapeutischen Bemühungen verschiedentlich die wohltuende Kraft des rechten Sitzens erfahren können, und das selbst bei Menschen, die zum Autogenen Training nicht geeignet sind. Die Übungen zum Sitzen sind nicht leicht zu ersetzende Voraussetzungen für die höheren Formen der Meditation.

Üben Sie also! Es wird sich lohnen!

a) Der Lotossitz

Sie sitzen auf einem Kissen in der oben beschriebenen Oberkörperhaltung. Schieben Sie nun einen Fuß gegen den Oberschenkel des anderen Beins (möglichst weit in Körpernähe). Nun ziehen Sie den noch freien Fuß möglichst nahe an den anderen Oberschenkel heran (Fig. 2).

Gelingt Ihnen das, können Sie den (halben) Lotossitz weiterüben. Es kommt jetzt darauf an, die Knie so weit zu senken, bis Sie die Sitzhöhe erreichen und ausruhen, ohne daß das In-sich-Ruhen des Oberkörpers aufgegeben wurde. Das Senken der Knie ist ein ziemlich mühseliger Prozeß, der sich einige Monate hinziehen kann. Sie können die dazu notwendige Bänderdehnung verstärken, wenn Sie mit den Händen die Knie, leicht rhythmisch schwingend, nach unten drücken. Jede Gewalt ist jedoch zu vermeiden, da sie zu Zerrungen führen kann. Schmerzen während des Sitzens sollten Sie ignorieren. Sie hören nach einigem Training bei der Meditationskonzentration auf (oder werden nicht mehr wahrgenommen). Bleiben die Schmerzen auch nach einigem Hin- und Hergehen noch stark, sollten Sie auf den Lotossitz und sein Trainieren verzichten. Offenbar sind Ihre Gelenke so stark »eingerostet«, daß sie erst durch ein längeres gymnastisches Training wieder gelockert werden können.

b) Der Diamantsitz

Im Diamantsitz sitzt man auf den Innenseiten der zusammengelegten Füße. Sie knien sich zunächst auf Ihre Unterlage (etwa eine Matte). Die Knie bleiben zusammen, die Füße ebenfalls. Nun spreizen Sie die Fersen etwas auseinander und setzen sich auf die Füße (Fig. 5). Dann wird der Oberkörper in die unter 1) beschriebene Ruhelage gebracht. Achten Sie darauf, daß die Unterlage Sie vor etwaiger Bodenkälte schützt. Sie sollte auch nicht grob gewebt sein. In normal geheizten Wohnungen kann man sich einfach auf den Teppichboden niederlassen.

Sie können sich diesen Sitz erleichtern, wenn Sie unter die Fußgelenke ein zusammengerolltes Handtuch und zwischen Füße und Gesäß ein Kissen legen (Fig. 4). Auch können Sie sich auf ein kleines Bänkchen setzen (Fig. 7). Noch leichter ist es, den Diamantsitz als Sattelsitz zu praktizieren. Dabei sitzen Sie auf einem niederen Bänkchen (Fig. 6). Nach einiger Zeit sollten Sie jedoch versuchen, die Stellung des eigentlichen Diamantsitzes einzunehmen (Fig. 5).

Beide Sitzhaltungen sollten Sie in lockerer Kleidung (Trainingsanzug, Schlafanzug) üben. Keinesfalls soll die Hose an den Knien oder im Schritt spannen. Achten Sie immer auf die richtige Haltung des Oberkörpers. Sie ist wichtiger als eine »ideale« Sitzweise. Für die meisten ist der Diamantsitz leichter als der Lotossitz. Beide Sitzarten sind in etwa gleichwertig, wenn auch die östlichen Meditationstechniken für Männer i. a. den Lotossitz bevorzugen, wenn nicht gar vorschreiben. Besonders schwer ist ein solches Sitzen – vor allem über längere Zeit –, wenn Sie sportlich völlig untrainiert oder übergewichtig sind. In diesen Fällen ist körperliches Training anzuraten und das Übergewicht abzubauen. Beides sollten Sie nicht primär anstreben, um einen guten Meditationssitz zu beherrschen, sondern um Ihrer körperlichen (und psychischen) Gesundheit willen. Ein positives Körpergefühl stellt sich leichter bei einem normalgewichtigen, sportlich trainierten Menschen ein. Das positive Körpergefühl ist aber auch ein wichtiger Faktor der psychischen Gesundheit.

Körperliches Training und vor allem Gewichtsabnahme, etwa durch Fasten, sollten Sie, vor allem wenn Sie nicht mehr der jüngste oder krank sind, nur nach Rücksprache mit Ihrem Arzt beginnen.

Übung:

Sitzen und Atmen

Beherrschen Sie eine der hier vorgestellten Sitzübungen und können Sie sie etwa fünf Minuten durchhalten, empfiehlt es sich, sie mit der erwähnten 6. (Atem-)Übung zu kombinieren. Es kommt jetzt darauf an, Sitzen und Atemkonzentration miteinander zu verbinden. Bleiben Sie dabei völlig regungslos. Brechen Sie dann die Übung nicht unvermittelt ab, sondern

- öffnen Sie zunächst voll die Augen, heben Sie den Blick,
- bewegen Sie Kopf und Hals, dann die Schultern,
- entschränken Sie Ihre Beine (im Lotossitz), knien Sie sich ruhig hin (im Diamantsitz) und stehen Sie dann langsam auf,
- gehen Sie einige Schritte langsam auf und ab (dabei sollten Sie Ihre Hände in der Meditationshaltung vor dem Unterleib zusammenlegen).

Sie befinden sich jetzt schon – was die somatische Technik betrifft – im unmittelbaren Vorraum der Meditation.

Zu sich selbst kommen

Eine der Voraussetzungen zur eigentlichen Meditation ist es, daß der Meditierende zu sich kommen kann. Dazu gehören:

- die Fähigkeit, mit sich allein sein zu können,
- die Fähigkeit, sich selbst loslassen zu können,
- ein positives und entwickeltes Verhältnis zur eigenen Leiblichkeit.

Wir wollen aufzuzeigen versuchen, wie diese Vermögen entfaltet werden können.

Auch diese Vorübungen haben einen Selbstwert und sind nicht nur in Bezug zu setzen auf die Meditationsfähigkeit. Ihr Bildungswert (hin auf eine menschliche Entfaltung) und ihr prophylaktischer und therapeutischer Wert (hin auf psychische Gesundheit) sind nicht zu unterschätzen.

1. Die Fähigkeit, mit sich allein sein zu können.

Die Fähigkeit, mit sich allein sein zu können, ist wesentlich für jede Form der Meditation. Viele ertragen kaum ein längeres Alleinsein ohne gezielte und »sinnvolle« Beschäftigung. »Die Zeit ist zu kostbar« rationalisieren die einen, »Einsamkeit liegt mir nicht« die anderen. In beiden Fällen aber begegnen uns Zwänge, die der Betrachtung und erst recht der Meditation entgegenstehen: sei es der Zwang der Zwecke und des (vordergründigen) Nutzens, sei es der Zwang, immer mit anderen zusammen sein zu müssen:

Zielgruppe:

Die Zielgruppen dieser Übung sind

- Extravertierte.

• Leistungsfixierte.
• Zweckverhaftete (= Menschen, die nur dann etwas tun, wenn es einen einsichtigen und vordergründigen Zweck hat; Zweck ist dabei nicht zu verwechseln mit Ziel).
• Gesellige, gruppenverwiesene Menschen, die glauben, sich nur in unmittelbaren Sozialvollzügen selbst realisieren zu können.
• Anerkennungsfixierte.

Die Zielgruppe sind nicht: Introvertierte, Eigenbrötler, Bindungsschwache oder Bindungsscheue. Diese können zumeist nicht nur allein sein, sondern haben oft auch einen Hang zum Alleinsein.

Übungsziel
Das Übungsziel ist der Erwerb der Fähigkeit, sich selbst und die Stille in sich aushalten zu können. Als Fernziel soll erreicht werden (das aber nicht nur durch diese Übungen), den Zustand der Bewußtseinsleere erreichen und schätzen zu lernen. Die Hindernisse, die der Erreichung des Ziels entgegenstehen, sind:
• Verhaftung in einer Gruppenideologie (= die falsche Annahme, daß menschliche Selbstvollzüge am stärksten in der Gruppe – als Primärgruppe verstanden – verwirklicht werden können; der eigentliche Grund der Gruppenideologie ist zumeist eine Fixierung adoleszenter oder gar pubertärer Sozialorientierung oder eine Regression auf solche Orientierung),
• die Vermutung, man könne sich nur in anderen finden,
• die Annahme, man könne sich nur mit anderen finden,
• die Hoffnung, daß sich aus dem Gruppenkontakt grundsätzlich höhere Formen der Selbstbestätigung finden lassen (wird angezeigt durch ein heftiges Suchen nach Anerkennung, Bestätigung, Lob . . .).

So gehemmte Menschen haben meist keine individuelle, sondern nur eine Art »sozialer« Mitte. Sie haben sich selbst verloren oder noch nicht gefunden und hoffen, sich in der Gruppe und als Gruppe (wieder) zu finden. So normal solche Situationen für Jugendliche und Heranwachsende sind, so unnormal sind sie für Erwachsene. (Vgl. S. 127 f.)

Es soll jedoch nicht behauptet werden, daß das Individuum nicht des Sozialkontakts bedürfe. Dieser ist sicher notwendig zu einer menschlichen Entfaltung, doch darf der Sozialkontakt nicht zu einer Form von Abhängigkeit oder Zwang werden.

Um zur Ruhe zu kommen, um nach innen (und nicht bloß nach außen) leben zu können, um eine Mitte zu bilden (und sich nicht ständig nach außen leben zu müssen), ist es notwendig, das Alleinsein zu üben.

Meditation heißt, »In-die-Mitte-Gehen« und »Aus-der-Mitte-Kommen«, beides setzt voraus, daß eine Mitte da ist. Viele vermeinen eine solche Mitte zu haben und den zweiten Schritt vor dem ersten machen zu können. Soziales Engagement setzt, wenn es nicht der Selbstverlorenheit entgegenkommen will, den Besitz der Mitte und dieser das Gehen in der Mitte (oder zur Mitte) voraus.

Der erste Schritt, die Mitte zu finden, zielt auf das Alltägliche. Es kommt darauf an, die Dinge, mit denen Sie umgehen, die Menschen, mit denen Sie es zu tun haben, das, was Freude, Mühe, Sorge macht, nachdenklicher und bewußter zu erfahren. Das aber ist nur möglich aus der Stimmung der Stille heraus.

Sie sollten Alleinsein nicht mit Einsamkeit verwechseln. Einsamkeit ist beziehungslos, sie stellt sich ein, wenn alle (sozialen) Beziehungen abgebrochen werden (von wem auch immer). Alleinsein ist dagegen ein Rückzug aus der Anspruchnahme in die Stille, um aus der Stille heraus sich wieder ins Reich der Ansprüche zurückzufinden, um Ansprüche, Forderungen, Notwendigkeiten zu beherrschen und nicht von ihnen beherrscht zu werden.

Dauer der Übung

Die Übung sollte anfangs etwa 10 Minuten dauern, die langsam auf etwa eine halbe Stunde ausgedehnt werden. Vor der Übung sind etwa fünf Minuten anzusetzen, die dem Abklingen der motorischen Unruhe und der inneren Einstellung dienen. In dieser Zeit sollte man mit niemandem sprechen, jedes zielgerichtete Tun vermeiden, an nichts Bestimmtes denken.

Häufigkeit der Übung

Anfangs wenigstens einmal pro Woche. Auch in der meditativen Phase sollte sie hin und wieder angesetzt werden.

1. Übung:
Abstand gewinnen

a) Setzen Sie sich ruhig hin und bewegen Sie sich möglichst wenig. Warten Sie, bis sich ein Gefühl der Behaglichkeit und Ruhe einstellt. Sie sollten jetzt *nichts* tun wollen oder müssen – erst recht nichts tun. Also wollen: nichts hören, nichts lesen, nichts sagen, nichts ordnen, nicht gehen, nicht dösen, nicht auf die Uhr schauen (deshalb sollten Sie außerhalb des Blickfeldes einen Wecker aufstellen, der Ihnen angibt, wann Sie die Übung beenden müssen), nicht und nichts erwarten, nicht spielen (mit Bleistift, Fingern ...), nicht rauchen, nichts trinken oder essen, nicht schreiben, nichts geplant denken ... Sie sollten eben nichts tun.

b) Wenn Sie ganz ruhig geworden sind, können Sie sich auf ferne Geräusche (Autoverkehr, menschliche Stimmen ...) einstellen, ohne jedoch bewußt hinzuhören. Beobachten Sie ganz neutral, wie Geräusche kommen und gehen.

Auch Gedanken kommen und gehen. Lassen Sie sie »durch sich hindurchziehen«. Nichts anhalten, nichts festhalten wollen. Sie sind von vielen Dingen umgeben, Sie sind in der Welt, aber auch ein Teil der Welt.

c) Nun versuchen Sie alle Ihre Funktionen geschehen zu lassen (und nicht bewußt zu setzen): *es* atmet, *es* denkt, *es* sieht, *es* hört, *es* will ... Nach einiger Zeit dieses Übens können Sie (ähnlich wie im Schlaf) das Zeitgefühl verlieren. Das ist wünschenswert. (Deshalb auch der Wekker.) Sollten Sie bei der Übung einschlafen, freuen Sie sich darüber – Sie hatten Schlaf nötig. Doch üben Sie das nächste Mal zu einer Zeit, in der Sie weniger müde oder abgespannt sind. Doch grundsätzlich sollten Sie so sehr von sich absehen lernen, daß auch *der* Schlaf kommen und Sie überwältigen darf. Also auch ihn nicht abwehren.

Die Übung ist beherrscht, wenn Sie sich, im Alleinsein zur Ruhe gekommen, als Teil dieser Welt verstehen – und nicht als ein Teil, mit dem etwas geschieht, in dem etwas geschieht, um den herum etwas geschieht, der aber nichts geschehen macht.

d) Vor allem zu Übungsbeginn kann es nützlich sein, nach Abklingen der Übung eine Art Erfahrungsprotokoll zu führen. Hier können Sie Inhalte notieren, die – vielleicht nach langer Zeit – ins Gedächtnis zurückkehrten (wenn von einiger Bedeutung oder wenn emotionalisierend wirkend). Doch sollten Sie nicht während der Übung ans Protokollieren denken. Es ist besser, Sie vergessen den Gedanken, den Einfall ... wieder, als daß Sie die Übung unterbrechen. Sie ist nur abzubrechen, wenn Zwänge (Handlungszwänge) oder Emotionen das Interesse so auf einen Gegenstand lenken, daß man sich nicht von ihm befreien kann. Auch das ist anfangs leicht und häufiger möglich.

Während der Übung können Sie die merkwürdigsten Handlungsanforderungen, Vorstellungen, Wünsche, Erinnerungsbilder ... erleben. Lassen Sie sie kommen und gehen. Lassen Sie sich vor allem nicht beunruhigen. Verstehen Sie sich als Teil der Welt, durch den so manches hindurchzieht.

Der Raum der Stille ermöglicht es Ihnen, die Dinge und Ereignisse so zu sehen, wie sie sind.

Exkurs für theistisch religiöse Leser: Gott in allem

Wenn Gott der Urgrund aller Dinge ist, ist er in allen Dingen. Er läßt sich nur da finden, wo er ist: in allen Dingen, Ereignissen, Begegnungen. Die »Gotthaltigkeit« der Welt läßt sich nur erfahren, wenn Sie innerlich ganz zur Ruhe gekommen sind, Sie nichts mehr an die Oberfläche zerrt und bindet. Sie selbst sind Teil der Schöpfung – und sollten sich auch so verstehen lernen. Lernen Sie wieder, behutsam, aufmerksam, wach mit den Dingen umzugehen, denn in Ihnen ist Gott gegenwärtig – selbst wenn Menschen diese Dinge mißbrauchen. Gott offenbart sich nicht nur im Wort (Wortoffenbarung), sondern auch – und oft vor allem – in der Schöpfung.

In der Stille kommt manches aus dem Vorbewußten wieder ans Licht. Sie können diese tieferen Schichten Ihrer Psyche nur im Allein der Ruhe kennenlernen. Damit lernen Sie sich zugleich selbst kennen. Das aber ist die Voraussetzung für eine erste Selbstakzeptation. Viele akzeptieren sich nur in ihren bewußten Inhalten – und damit zu einem oft recht verstellten und verbogenen Teil.

Daß diese Beschränkung und Verengung nicht der Selbsterkenntnis und der Selbstverwirklichung förderlich ist, scheint unmittelbar einsichtig. Der Raum der inneren Stille ist der Raum der Begegnung mit sich selbst, die nicht verstellt ist durch allerlei Vorurteile, rationalisierende Verstellungen und Verschiebungen, durch andressierte Ideale. Sicherlich wird der Filter, der nur das bewußt werden läßt, was wir ertragen können, nicht ausgebaut, das Unbewußte bleibt auch in der Stille noch weithin stumm, doch ist ein erster Schritt getan auf dem langen und mühsamen Weg zur Selbsterkenntnis, der nur in der Meditation (oder etwa der Analyse) zu Ende gegangen werden kann.

Lassen Sie also die aus dem Vorbewußten (und mitunter auch aus dem Unbewußten) auftauchenden Bilder, die sich meist zu Vorstellungen formieren, ruhig kommen und vorüberziehen. In einem recht schiefen, aber mitunter hilfreichen Bild gesprochen: Lassen Sie Ihr Gehirn sich einmal so richtig austoben und machen und produzieren, was es will, ohne jeden Zwang, ohne jede bewußte Kontrolle.

2. Die Fähigkeit, für andere da zu sein

Diese Fähigkeit muß stets zusammen mit der des Alleinseinkönnens trainiert werden. Doch kann man diesen zweiten Schritt nicht sinnvoll vor dem ersten gehen. Erst muß man zu sich gekommen sein, ehe man so zu anderen gehen kann, daß die Begegnung für beide optimal erfolgreich sein soll. Wer keine Mitte hat, wird kaum helfend etwas mitteilen können.

Dieser zweite Schritt soll Ihnen helfen, von sich selbst frei zu werden, von Ihrem Egoismus, Ihrer Egozentrik. Die ärgsten und übelsten Zwänge sind jene, die man sich selbst auferlegt in egozentrischer Orientierung. Man kann ein Sklave werden, der den härtesten Sklavenhalter zum Herrn hat, der zu erdenken ist: das eigene Ego. Das Besessenwerden vom Besitz, das Gehabtwerden von eigenen Vorstellungen besorgen Zwänge, Unfreiheiten, die kaum durch andere an Härte und Ausweglosigkeit zu überbieten sind. Der freie Mensch ist zunächst einmal frei geworden von diesen zwingenden Fesseln.

2. Übung
Zuhören lernen
Die Fähigkeit zuzuhören, ist vielen Menschen abhanden gekommen. Sie hören sich selbst in den Worten des anderen. Wenn das nicht möglich ist, schalten Sie ab oder widersprechen, mitunter gar ins Wort fallend. Das Zuhören ist eine gute Übung, etwas von seinen inneren Zwängen zu bemerken und abzubauen.

Zielgruppe: Die Zielgruppe dieser Übung im Vorfeld der Meditation sind alle, vor allem aber Menschen, die dazu neigen, intolerant, egozentrisch, ungeduldig zu sein.

Übungsziel: Toleranz und Geduld lernen. Lernen, sich selbst nicht in den Mittelpunkt stellen.

Gelegenheit zur Übung: Bei allen personenbezogenen Gesprächen, vor allem, wenn der Partner seine Meinung, seine Gefühle, seine Absichten, seine Erlebnisse, seine Erfahrungen vorstellen will. Doch auch wenn er über seine Interessen, seine Arbeit, seine Schwierigkeiten und Probleme, seine Freunde und Bekannten spricht, kann man das aufmerksame und geduldige Zuhören lernen.

Wenn ein Gesprächspartner über solche Inhalte redet, will er sich vor allem mit-teilen (er sucht einen Menschen, der seine Sorgen, seine Freuden, seine Gefühle ... mit ihm teilt). Dabei teilt er sich gleichsam in zwei Hälften: den Sprechenden und den Hörenden. Sie sind der Hörende – zugleich ein Teil von ihm selbst. Er sieht in Ihnen einen Teil seiner selbst.

Verlauf der Übung: Versuchen Sie sich auf den anderen einzustellen.

Vergessen Sie Ihre eigenen Probleme und Sorgen. Damit der Partner Ihnen als Mensch (und unmittelbar darin sich selbst) begegnet, sollten Sie diese Regeln beachten:

- Denken Sie nicht an sich selbst. Haben Sie Zeit.
- Hören Sie genau und aufmerksam zu. Es gibt jetzt nichts Wichtigeres als zuzuhören.
- Bieten Sie Blickkontakt an, suchen Sie ihn aber nicht.
- Versuchen Sie den Hintergrund des Sich-Aussagens eines Menschen herauszufinden. Oft wird Ihnen nicht ersichtlich sein, warum er gerade mit Ihnen spricht. Oft wird auch durchs Wort das eigentliche Problem verschleiert. Lernen Sie es herauszufinden.
- Sprechen Sie erst, wenn der Partner wenigstens zwei ruhige Atemzüge lang schweigt. Haben Sie den Eindruck, daß er nachdenkt, sollten Sie auch bei längerem Schweigen nicht sprechen. Warten Sie ab, bis er Sie anschaut. Das ist mitunter eine Bitte zu sprechen.

  Auf gar keinen Fall dürfen Sie dem Partner ins Wort fallen!
- Halten Sie sich zurück mit Ratschlägen, Ihrer Meinung zur Sache ... Diese Zurückhaltung dürfen Sie nur aufgeben, wenn aus der Situation eindeutig ersichtlich ist, daß Ihr Partner dieses erwartet.

  Stellen Sie eher schon interessierte Fragen (in ruhiger Sprache!)
- Brechen Sie das Gespräch nicht ab, sondern lassen Sie es abbrechen.
- Achten Sie während des Zuhörens, ohne in der Aufmerksamkeit nachzulassen, auf Ihre Atmung (ruhig und tief) und die Entspannung Ihrer Muskeln (vor allem des Gesichts und der Schulter-Arm-Region).

Sie sollten sich also gleichsam an den anderen verlieren, sich über ihm vergessen. Er und sein Anliegen sind jetzt das einzig Wichtige. Sie selbst treten mit Ihren Wünschen, Vorstellungen, Ansichten ganz zurück.

Es ist wichtig, daß Sie lernen, sich selbst nicht allzu wichtig zu nehmen. Lernen Sie geben, ohne zu nehmen!

Nur dann können Sie Ihre ungute Egozentrik überwinden, sich von sich selbst ablösen und sich von den Zwängen des Ego befreien.

Wenn wir alle wieder zuhören könnten, stünde es besser um uns alle und den familiären, sozialen und politischen Frieden.

3. Übung:
Helfen lernen

Andern Menschen zu helfen, kostet mitunter noch mehr Zeit, als ihnen zuzuhören, doch sollten Sie auch helfen lernen, ohne sich selbst dabei zu suchen. Die Hilfe kann sehr verschieden aussehen. Wenn Sie grundsätzlich keine Zeit haben, Ihre Hilfsbereitschaft zu realisieren, wenn Sie sich öfters dabei entdecken, daß Sie ausgesprochene oder unausgesprochene Bitten um Hilfe mit dem (stets) fadenscheinigen Argument ablehnen: »Ich habe keine Zeit«, haben Sie den Sinn für das Wichtige verloren, vertun Sie sich und Ihre Zeit mit allerhand vielleicht Nützlichem, doch letztlich Überflüssigem. Überlegen Sie sich, wie Sie Ihre Zeit neu einteilen, daß auch das Wichtige (und das ist immer der Mensch, der Ihre Hilfe braucht) nicht zu kurz kommt.

Zielgruppe: Alle.

Übungsziel: Freiheit von sich selbst.

Gelegenheit zur Übung: Oft.

Übungsverlauf: Wir unterscheiden kurzfristige und langfristige Hilfen. Kurzzeitige Hilfen bieten sich dem Sehenden in reicher Fülle an. Langzeitige Hilfen dagegen sollten Sie nur übernehmen, wenn Sie dafür geeignet sind, wenn Sie genug menschliche Ressourcen haben, wenn Sie etwas hergeben können von sich.

Vorschläge:

- Korrespondieren Sie regelmäßig (und nicht nur zum Geburtstag und zu Weihnachten) mit Menschen, die Ihnen nahestehen und allein sind. Gerade ein regelmäßiges Korrespondieren (und ein gelegentlicher Besuch) hilft die Einsamkeit, in der heute oft gerade alte Menschen leben, zu brechen.
- Bemühen Sie sich regelmäßig und dauernd um einen Kollegen oder Mitarbeiter, der von den anderen gemieden, geschnitten, nicht ernst genommen ... wird. Versuchen Sie, ihm Freund zu werden.
- Vermeiden Sie verletzende Worte gegenüber Menschen, die sich nicht recht wehren können. Sprechen Sie nicht schlecht von anderen. Das kann man auf die Dauer nur, wenn man sich auch abwertende *Gedanken* verbietet.
- Versuchen Sie Menschen zu verstehen, die eine andere Weltanschauung haben als Sie, die eine andere Grundeinstellung haben zum Leben, die anderes glauben, die anders denken, die andere Vorurteile haben ... Ein solches Bemühen währt ein Leben lang. Die Aufgabe der Toleranz läßt sich nur dann recht bewältigen, wenn Sie

sich zuvor auch in Ihren Schwächen und Fehlern erkannt und akzeptiert haben.

- Wenn es Ihnen möglich ist, übernehmen Sie eine Pflegschaft oder Vormundschaft; betätigen Sie sich eventuell als Bewährungshelfer. Setzen Sie Ihre Erfahrung, Ihren Einfluß, Ihre Verbindungen, Ihr Wort und Ihr Geld ein, um Outcasts (Süchtigen, Strafgefangenen, Strafentlassenen, Entwurzelten, Asozialen) zu helfen. Denken Sie daran, daß es nur deshalb Outcasts gibt, weil auch Sie sich bislang nicht genügend für diese Menschen eingesetzt haben. Gerade diese Aufgabe ist wichtig auch für Sie. Erfüllen Sie sie, werden Sie von sich selbst frei werden und damit die Grundlage zu jeder Form sinnvoller Freiheit legen können. Die Übernahme solcher Verpflichtungen verspricht keinen vordergründigen Erfolg. Sie nutzt Ihnen zunächst nichts. Damit befreien Sie sich von dem unguten Nutzensdenken und öffnen sich den Weg zu einer sinnvollen und erfüllenden Wertordnung für Ihr eigenes Leben.

Exkurs: Die sittlichen Grundlagen des Christentums

Das Christentum orientiert sich in seinen sittlichen Forderungen um zwei Brennpunkte: Selbstablösung zur inneren Freiheit und niemanden ausschließende Liebe.

Die Forderung nach Selbstablösung im Dienste innerer Befreiung ist die Grundlage christlicher Ethik. Wer vom materiellen Besitz besessen wird, wer vom geistigen Haben gehabt wird, ist kein Christ. Jesus verkündete, daß eher ein Kamel durch eine sehr enge Pforte geht als ein Reicher (das ist jemand, der vom materiellen Besitz besessen wird) ins Gottesreich. Er lehrte, daß die Armen im Geiste (das sind die, die nicht vom geistigen Haben gehabt werden) ins Gottesreich eingehen.

Doch muß sich die in der Befreiung vom Besitz und Haben und den mit ihnen verbundenen inneren Zwängen gewonnene Freiheit umprägen in positives Tun. Und hier geht Jesus weiter als das Judentum, das die Nächstenliebe zum großen Gebot erhob: Er forderte die Feindesliebe, d. h. die universelle Liebe, die *keinen* Menschen (auch nicht den Feind) ausschließt. Voraussetzung dieser universellen Annahme anderer Menschen unter Einschluß all derer, die uns nicht »liegen«, ist die Selbstakzeptation. Gemeint ist hier nicht die Akzeptation irgendeines Ideals, das man von sich hat, sondern die Akzeptation seiner selbst mit allen Schwächen, Fehlern, Begrenztheiten, Mängeln ... Man wird den anderen (und zwar jeden anderen) nur dann akzeptieren, wenn man ihn auch in (vielleicht gar wegen) seinen Fehlern, Schwächen ... akzeptiert. Nun ist es oft leicht, den Fernen zu lieben, und sehr viel schwieriger, den Nächsten, den Menschen, der ganz nahe ist. Die Nächstenakzeptation ist aber die Voraussetzung der christlichen Feindakzeptation.

Um sich selbst und *alle* anderen Menschen zu akzeptieren, muß man zunächst große innere Freiheitsräume geschaffen haben, muß sich vor allem frei wissen von geistig-geizigem Haben (etwa von Vorurteilen, vom vermeintlichen Besitz »ewiger Wahrheiten«, des den Einzig-richtigen-Weg-Wissens, des einzig richtigen Fühlens, Wollens, Wissens. Die Freiheit ist die Voraussetzung der Akzeptation und damit der Liebe.

Ablösung und Liebe sind die großen Beiträge der christlichen Lehre für die Humanisierung des Menschen. Wer die christlich-sittlichen Grundlagen nicht nur akzeptiert, sondern auch bestmöglich realisiert, wird auch sein Menschsein optimal entfalten, wird optimal zu sich selbst kommen.

3. Die Fähigkeit, seine Leiblichkeit recht zu sehen

Vielleicht wird es den einen oder anderen Leser wundern, daß gerade in dieses Kapitel das Problem des rechten Verhältnisses zur eigenen Leiblichkeit einbezogen wird. Dennoch ist der Weg zum eigenen Selbst nicht ohne rechtes Verhältnis zur eigenen Leiblichkeit möglich. Hier gibt es gefährliche Irrungen, die den Weg zum Selbst verstellen können:

- Überbewertung des Leiblichen wie
- Unterbewertung des Leiblichen.

Suchen wir uns zunächst klar zu werden über die Rolle der Leiblichkeit für uns und unser Menschsein.

Was ist und bedeutet »Leib«?

Der Leib ist eine Struktureinheit, nicht also eine bloße Summe von Teilen. Die Teile (Zellen, Organe, Knochengerüst ...) sind vielmehr aufeinander verwiesen, aufeinander bezogen, voneinander abhängig. Weil der Leib mehr und anderes ist als die bloße Summe seiner Teile, nehmen wir eine Ursache an, die den Grund der Struktureinheit bildet. Diesen Grund der Struktureinheit nennen wir »Seele«. Der lebende Leib ist also eine psychosomatische Struktureinheit. Beim Fehlen des Strukturgrundes (der Seele also) zerfällt die Struktureinheit in ihre Teile: der Mensch stirbt, der Leib zerfällt. Es mag der ganze Leib physiko-chemisch beschreibbar sein, doch ist er damit keineswegs gänzlich beschrieben, nicht als Ganzes erfaßt. Den Grund dafür, daß der Mensch nicht identisch ist mit seinem Leichnam, nennen wir also »Seele«, ohne weiter bestimmen zu wollen, was dieser Strukturgrund ist. Falsch wäre es, ihn als Wirkursache zu beschreiben, also als etwas, das sich additiv mit Leib zusammentut und auf ihn einwirkt.

Wir erfahren, daß wir einen Leib *haben*, zugleich aber auch, daß wir irgendwie unser Leib »sind«. Diese Differenz zwischen Sein und Haben kennzeichnet zugleich die Spannung des Menschen zwischen

Selbst und Anders. Der Leib ist zugleich Teil der Welt und ihr dennoch gegenüber, ist in ihr und außer ihr. Er ist das Antlitz des Selbst nach draußen, die Außenseite des Selbst und dennoch integraler Bestandteil des Selbst. Er ist der Ort der Begegnung des Menschen mit Raum und Zeit, mit Welt, der kosmischen wie sozialen. Er ist der Ort der kosmischen und sozialen Gefährdung wie Erfüllung des Menschen.

Im Gegensatz zu manchen psychologischen Schulen verstehen wir also den Leib als Außenseite der psychosomatischen Einheit Mensch. Er ist also nicht einfachhin identisch mit Körper, mit Soma.

C. G. Jung meint, der Körper des Menschen sei »ein Tier mit einer Trieb-Seele, d. h. den Trieben unbedingt gehorchendes lebendes System mit einer ungeheuerlichen Dynamik« (7, 32 f). Er ist der Schatten des Ichbewußtseins (11, 83). Der Mensch ohne Schatten sei ein Mensch, der »wähnt, nur das zu sein, was er von sich selber zu wissen beliebe« (8, 283 A). Für den Introvertierten sei der eigene Leib das bedeutungsvolle Subjekt, der Leib mit seinen Bedürfnissen gehöre also nicht zur objektiven Außenwelt. Der Extravertierte betrachte dagegen den Leib als etwas zur Außenwelt Gehörendes, nur abnormale Körperempfindungen (Schmerzen ...) führen ihn dazu, seine Leiblichkeit als Teil der Eigenwelt zu empfinden.

Diese Darstellung ist zweifelsfrei recht einseitig.

Das richtige Verhältnis zur Leiblichkeit als Ausdrucksphäre des psychosomatischen Gesamts ist also wesentliche und unaufgebbare Voraussetzung für ein unverzerrtes Selbstverstehen. Störungen im Verhältnis zur Leiblichkeit sind zugleich psychische Störungen.

Um ein ungebrochenes Verhältnis zur Leiblichkeit wiederherzustellen (den meisten ist es abhanden gekommen), gilt es wieder, einiges zu lernen, das als leibliche Funktion nur recht oberflächlich realisiert wird. Hierher gehören etwa:

- Sehen
- Hören
- Fühlen
- Bewegen
- Schlafen
- Atmen

Sehen lernen

Wir alle haben unter dem Druck der Menge optischer Eindrücke das Sehen weitgehend verlernt. Die optische Reizüberflutung hat uns Sperren aufbauen lassen, daß wir nicht alles bemerken, was unsere Augen wahrnehmen. Und das ist sicher ein nützlicher Schutzmechanismus. Doch haben wir oft darüber überhaupt das Sehen verlernt, wenn nicht zusätzliche Reize (Bewegung, deutliche Formen oder Farben) unser Interesse finden. Es kommt darauf an, wieder sehen zu lernen.

4. Übung
Sehen

Zielgruppe: Alle.

Übungsziel: Sehen und Konzentration.

Dauer: Wenigstens eine Viertelstunde.

Häufigkeit und Gelegenheit: Anfangs möglichst zweimal wöchentlich. Gelegenheit zur Übung ist fast stets gegeben.

Haltung: Ruhiges Sitzen (oder Gehen) ohne hastige Bewegungen.

Durchführung
a) Setzen Sie vor sich eine Blume und entfernen Sie alles aus Ihrem unmittelbaren Blickfeld, was Sie ablenken könnte (wenn möglich). Jetzt stellen Sie sich auf die Blume ein. Das einzig Wichtige ist im Augenblick nichts anderes als eben diese Blume. Betrachten Sie nun Farbe, Form, Blütenblätter, Stempel, Staubgefäße. Diese Betrachtung geschieht nicht in naturwissenschaftlichem Interesse, sondern gleichsam absichtslos und nur deshalb, weil die Blume schön ist. Lassen Sie, nachdem Sie die Einzelheiten gesehen haben, die Blume als Einheit auf sich wirken. Suchen Sie, »Schönheit» zu sehen.

b) Denken Sie daran, daß diese Blume in einer langen Reihe der biologischen Entwicklung steht. Ihre Vorfahren lebten vor vielen Millionen Jahren. In ihr sammelt sich die Entwicklung vieler Millionen Generationen von Pflanzen. Die Verwandten dieser Blume werden blühen, wenn Sie schon viele tausend Jahre gestorben sind. In dieser Blume begegnen uns Jahrmillionen. Sie steht in einer langen Entwicklungsreihe – und unser Leben begegnet in diesem Augenblick den Jahrmillionen, die sich in dieser Blume für Sie konzentrieren.

c) Die Blume lebt. Versuchen Sie zu begreifen, was es heißt, zu leben. Das Leben ist eingebettet in den Strom von Werden und Vergehen. Suchen Sie das Leben in der Blume zu verstehen. Sie lebt nicht nur, sondern in ihr stellt sich auch Leben vor. Jenes Leben, das auch in Ihnen verwirklicht ist. Denken Sie an die Einheit alles Lebendigen, an die Verknüpfung aller lebenden Wesen (Pflanzen, Tiere, Menschen). Worin besteht der Unterschied zwischen Ihrem Leben und dem der Blume?

Diese Gedanken und Fragen sollten Sie sich stellen, ohne eine rationale Begegnung mit der Blume zu suchen. Sie sollen nicht nachgrübeln, sondern einfach, vor dem Hintergrund solcher Gedanken, die Blume zu sich sprechen, auf sich wirken lassen.

d) Denken Sie nun daran, was »Sehen« bedeutet. Menschliches Sehen bleibt nicht auf das beschränkt, was dem Auge als Empfindung auf der Netzhaut zugeleitet wird. Sonst könnte man nicht im Bild die Wirklichkeit sehen: nicht in einer Jünglingsstatue den Apollon, nicht auf einem Foto Bekannte, nicht im Spiegel sich selbst, nicht in der Blume Leben und Wirken von Jahrmillionen. Das, was sich uns zuspricht im Sehen, bringt etwas in uns zum Klingen, sonst könnten wir das Gesehene nicht verstehen. Verstehen aber können wir nur das, was wir anfangshaft schon zuvor erahnt haben. Zwischen dem Gesehenen und uns selbst besteht eine Beziehung, die uns zum Staunen bringen sollte. Leben erkennen wir, nur weil wir in unserem Leben erahnen, was Leben ist.

Goethe hat in seiner Einleitung zur »Farbenlehre« den Gedanken versucht in Reimen vorzustellen:

> Wär nicht das Auge sonnenhaft,
> Wie könnten wir das Licht erblicken?
> Lebt nicht in uns des Gottes eigne Kraft,
> Wie könnt uns Göttliches entzücken?

e) Alles birgt in sich Geheimnis, das sich unserem nach Gründen fragenden Verstand entzieht. Wir vermeinen, nichts sei ohne Grund, nichts sei ohne Warum.

Bedenken Sie jetzt das Wort des Angelus Silesius (Johannes Scheffler: 1624–1677):

> Die Ros ist ohn' warum;
> Sie blühet, weil sie blühet,
> Sie acht nicht ihrer selbst,
> Fragt nicht, ob man sie siehet.

M. Heidegger schrieb ein Buch (Der Satz vom Grund, 1957), das sich wie ein Kommentar zu diesen Zeilen liest. Er erkennt, daß die Rose (und entsprechendes gilt für alles andere) nur bleibt, wenn ich sie sein lasse. Zum Schluß meint er:

> Das »Weil« versinkt im Spiel. Das Spiel ist ohne »Warum«. Es spielt, dieweil es spielt. Es bleibt nur Spiel: das Höchste und Tiefste. Aber dieses »nur« ist Alles, das Eine, Einzige . . . Die Frage bleibt, ob wir und wie wir, die Sätze dieses Spiels hörend, mitspielen und uns ins Spiel fügen.

Sich ins Spiel, sich ins »Ohn'-Warum« einfügen zu lernen, ist Zweck dieser Übung, die schon an der Schwelle zur Meditation steht.

Wiederholen Sie diese Übung häufiger. Wenn Ihnen Ihre Blume alles gesagt hat, was sie Ihnen sagen kann, wenn Sie meinen, sie »verstanden« zu haben (obschon dazu ein ganzes Menschenleben kaum ausreicht), können Sie lernen, andere Dinge zu sehen: einen Bach, einen Baum, ein Haus, ein Kind ... Bleiben Sie aber zunächst bei Ihrer Blume, bis sie verwelkt. Leben Sie mit ihr Schönheit, Entfaltung, Erfüllung bis hin zum Untergang, zum Sterben.

Hören lernen

Das Hören ist das zweite Tor des Menschen zur Welt. Es erschließt uns den Bereich der Töne, Geräusche, Klänge. Es verbindet uns über bedeutungsbesetzte Geräusche (Sprache) mit der sozialen Welt.

Nicht selten wird ein gestörtes Verhältnis zum Hören in einem gestörten Verhältnis zum Ausdruck der Sprache manifest. Die Sprache erschließt uns die Welt der Bedeutungen, die Welt des Deutens jenseits der vordergründigen Sinneswahrnehmungen. Da alle höheren Formen des Denkens an Sprache gebunden sind, bedeutet ein gestörtes Verhältnis zur Sprache oft auch eine Störung des Denkens.

Jeder Mensch spricht seine eigene Sprache, doch gibt es Gemeinsamkeiten in den Bedeutungen der Worte und der Syntax (= den Regeln, nach denen Worte zu Sätzen gefügt werden). Diese Regeln sind so kompliziert, daß wir bislang noch nicht sicher wissen, wie sie erlernt werden (oder ob sie nicht vielleicht in ihren elementaren Grundstrukturen schon angeboren sind). Die Sprache ist voller Geheimnisse. Sie kann uns lehren, uns wieder zu wundern, zu staunen.

Doch nicht einmal über das Hören gibt es eine zureichende Theorie. Wir wissen nicht genau, wie es möglich ist, daß wir Tonhöhen, Klangfarben, Dissonanzen (sie entstehen durch Schwebungsinterferenzen von zwei gleichzeitigen ähnlich hohen Tönen) wahrnehmen.

5. Übung
Hören lernen

Zielgruppe: Alle.

Übungsziel: Hören und Konzentration.

Dauer: Wenigstens eine Viertelstunde.

Häufigkeit und Gelegenheit: Möglichst oft. Die Gelegenheiten müssen meist erst bemerkt werden.

Haltung: Ruhe. Augen schließen.

Durchführung
a) Rauschen (eines Baches, des Windes in Baumwipfeln, des Regens, der Wellen, des – fernen – Autoverkehrs) wahrnehmen und von allen anderen Geräuschen isolieren. Hören Sie nur auf das Rauschen. Verlieren Sie sich an das Rauschen.

b) Reproduzieren Sie vor Ihrem »geistigen Auge« ein Bild, das dem Rauschen entspricht, doch lassen Sie das Bild nicht in den Vordergrund treten, das Hören ist das Wichtige.

c) Stellen Sie sich auf die Dauer des Rauschens ein und vergessen Sie dabei Ihre »Eigenzeit«. Sie sollten im Rauschen leben. Das Rauschen gab es auf der Erde (wenn es nicht »technisches Rauschen« ist wie das des fernen Autoverkehrs), ehe es Menschen gab – und es wird sein können, wenn es einmal keine Menschen mehr gibt. Es überlebt uns alle: die Menschheit und erst recht jeden von uns. Das »technische Rauschen« ist eingebettet in das Rauschen der Natur, von diesem umschlossen. Es wird enden, wie es einmal angefangen hat.

J. d'Alembert (1717–1783) hat das in folgenden Zeilen einzufangen gesucht:

> Es ist wie ein unendlicher Gesang
> Von Vögeln in den Urwäldern.
> Stirb fünfmal und erwache wieder –
> Sie singen doch noch immer.
> Drum ist das Sterben nicht der Mühe wert ...

6. Übung
Akustische Imagination
Die äußeren Umstände sind ähnlich wie bei der vorhergehenden Übung. Doch benötigen Sie jetzt nicht mehr »wirkliches« Rauschen, sondern reproduzieren es in Ihrer Vorstellung (Phantasie).

7. Übung
Hören der eigenen Stimme

Zielgruppe: Alle.

Übungsziel: Die eigene Stimme hören lernen.

Häufigkeit und Gelegenheit: Möglichst oft. Gelegenheit bietet sich immer, wenn Sie ein Diktaphon, ein Tonbandgerät ... zur Verfügung haben.

Dauer: Etwa drei Minuten sprechen. Nach einer kleinen Pause: das Gesprochene hören.

Durchführung
Sie hören Ihre Stimme anders als Ihre Zuhörer, da Sie Ihre Stimme weitgehend über die Knochenschwingungen des Schädels, Ihre Zuhörer sie aber über Luftschwingungen wahrnehmen. Das bedeutet, daß die Modulation (und damit auch der Ausdruck) Ihrer Stimme, wie sie andere hören, Ihnen oft überraschend fremd sein kann. Es kommt nun darauf an, zu erfahren, wie Ihre Stimme sich für Sie selbst anhören muß, damit Sie den gewünschten stimmlichen Ausdruck bei andern zum Hören bringen.

Dazu gibt es verschiedene Strategien.

a) Beginnen Sie mit dem Lesen. Lesen Sie laut und bewußt modulierend einen kurzen Text (höchstens etwa zehn Sätze) vor und nehmen Sie das Gesprochene auf einen Tonträger auf. Nach einer kurzen Pause hören Sie das Gesprochene wieder ab. Wiederholen Sie die Übung so lange, bis Sie mit Ihrem stimmlichen Ausdruck zufrieden sind (bis sich Ihre Stimme so anhört, wie Sie es gerne möchten). Die Wiederholung sollte anfangs am selben Text geschehen – doch nicht mehr als drei- oder viermal hintereinander (sonst langweilen Sie sich).

b) Darauf folgt, etwa nach zehn Leseübungen, ein Bildbericht. Beschreiben Sie aus dem Gedächtnis ein Haus, eine Landschaft, eine Straße, einen Baum ... (später können Sie sich auch an die Beschreibung von Menschen wagen). Die Beschreibung sollte drei Minuten nicht überschreiten.

Spielen Sie den Text nun einem anderen (etwa Ihrer Frau) vor. Erkennt er (oder sie) das Beschriebene auf Anhieb, haben Sie das Übungsziel dieser Stufe erreicht.

c) Nach etwa zehn solcher Übungen versuchen Sie Erlebnisberichte zu geben. Sie können ein recht triviales Ereignis betreffen (etwa: ein Auto überholt Ihres auf der Autobahn). Sie sollten möglichst spannend erzählen. Das gelingt nur, wenn Sie auch den Ausdruck (Wechsel von

Geschwindigkeit, Lautstärke, Tonhöhe . . .) als Informationsträger einsetzen. Auch diese Übung sollten Sie mit Nachhörkontrolle machen.

8. Übung
Wahrnehmen fremder Stimmen
Die äußeren Umstände sind ähnlich denen der vorhergehenden Übung. Doch nehmen Sie nicht die eigene Stimme auf, sondern die einer oder mehrerer fremder Personen im normalen Gespräch (eventuell Zustimmung einholen!). Vertiefen Sie sich beim Abhören ganz in die Stimme, die Sie hören (und nicht auf das Was des Gesagten). Lassen Sie sie auf sich wirken. Versuchen Sie nun, die Wirkung zu artikulieren (sympathisch-unsympathisch, zu schrill, zu schnell, zu flach . . .).

Diese Übung kann mit der 7. Übung gleichlaufen.

Fühlen lernen
Hier geht es darum, das Gefühl für den eigenen Körper und seine Funktionen zu intensivieren. Das kann durch Autogenes Training geschehen. Daneben bietet sich aber auch folgende Übung an:

9. Übung
Fühlen

Zielgruppe: Alle, vor allem Extravertierte (und hier vor allem Männer).

Übungsziel: Erwerb eines positiven Körpergefühls.

Häufigkeit und Gelegenheit: Die Übung sollte, bis man sie beherrscht, öfters durchgeführt werden. Gelegenheit bietet sich häufig.

Dauer: Etwa drei Minuten für das Fühlen und noch einmal die gleiche Zeit für eine kurze Reflexion.

Durchführung
a) Setzen Sie sich entspannt hin. Die Arme liegen locker auf einem Tisch oder den Sessellehnen auf. Die Hände berühren sich nicht. Schließen Sie die Augen. Konzentrieren Sie sich auf einen Finger. Wenn Sie ihn nicht fühlen trotz aller Konzentration, bewegen Sie ihn etwas, dann stellt sich das Fingergefühl zumeist ein. Hilft auch das noch nicht, berühren Sie kurz mit dem Zeigefinger der anderen Hand

den Finger, auf den Sie sich konzentrieren. »Fühlen« Sie jetzt Ihren Finger, so stellen Sie sich ganz auf ihn ein. Er ist nicht nur Teil Ihres Körpers, sondern Ausdruck des eigenen Selbst (= Teil des Leibes). Jetzt öffnen Sie Ihre Augen und bewegen den Finger. Versuchen Sie das Spiel der Muskeln zu erfassen.

Nun denken Sie darüber nach, wie es kommt, daß Sie den Finger bewegen können, wie er als Teil des Leibes »funktioniert«, warum und wie sie ihn fühlen. Solches Nachdenken ist kein Grübeln, kein naturwissenschaftliches Denken, sondern ein geistiges Betrachten des Fingers in seinem Sein und seiner Funktion.

b) Beherrschen Sie diese (relativ leichte) Fingerübung, gehen Sie weiter zur Hand, zum Arm, zum Arm-Schulter-Nackenbereich. Dabei ist darauf zu achten, daß die Muskeln der Körperteile, auf die hin Sie sich orientieren, völlig entspannt sind.

Stellt sich bei diesen Übungen ein »ungutes« Gefühl ein, sollten Sie sie abbrechen. Ziel der Übung ist es, ein *positives* Körpergefühl zu entwickeln. Sie sollten Freude haben, an Ihrem Finger, Ihrem Arm . . . an der Tatsache, daß und wie sie funktionieren.

c) Entsprechende Übungen sollten Sie ebenfalls mit Zehen, Beinen, Bein-Gesäß-Region versuchen. Diese Übungen lassen sich am leichtesten im Liegen durchführen.

d) Ebenfalls im entspannten Liegen sollen Sie zunächst die Konzentration auf alle berührbaren Körperteile ausdehnen, mit dem Ziel, den Körper als harmonisch strukturiertes Gebilde zu »fühlen«.

e) Sind Sie soweit gekommen (nach etwa 30 Übungen insgesamt), können Sie versuchen, sich auf Körperorgane einzustellen (Herz, Magen, Lunge). Diese Weiterung ist jedoch all denen verboten, die an Erkrankungen der entsprechenden Organe leiden oder, wenn auch nur gelegentlich, entsprechende Organschmerzen haben.

Bewegen lernen

Elementare Freude an der Bewegung ist vielen Erwachsenen abhanden gekommen. Der leibliche Selbstvollzug im Bewegungsspiel und im Sport, wie er bei Kindern und Jugendlichen noch lustvoll erlebt wird, ist nicht selten einer Neigung zur körperlichen Trägheit gewichen. Damit aber versiegte eine erhebliche Quelle des »somatischen Lustgefühls«, die für ein gesundes Verhältnis zur eigenen Leiblichkeit unentbehrlich ist. Da aber das positive Körpergefühl für den, der meditieren lernen möchte, eine unabdingbare Voraussetzung ist, gilt es dieses wiederherzustellen.

Es ist dringend anzuraten – bei Kranken nach Konsultierung eines

Arztes –, im Bewegungsspiel und im Sport zu einem freudemachenden Körpergefühl zurückzufinden (wenn es verlorengegangen sein sollte). Die Kombination von Bewegung und Körperbeherrschung ist keineswegs nur in den Dienst der physischen Gesundheit zu stellen, sie führt auch zu einer recht unmittelbaren Freude und psychischen Entkrampfung.

Neurosegefährdeten Personen sind vor allem Bewegungsspiele und Sportarten zu empfehlen, die mit physischem Kontakt mit anderen verbunden sind (Judo*, Ringen, Tanzen ...).

Ziel aller hier zu empfehlenden Bewegungsspiele und Sportarten (Schwimmen, Laufen, Tennis, Bergsteigen ...) ist nicht primär ein Krafttraining, sondern ein Koordinations- und Kreislauftraining. Der Erfolg stellt sich jedoch nur bei regelmäßigem Üben (am besten täglich!) ein. Die Pulsfrequenz soll am Ende der Übung wenigstens 150 % der Normalfrequenz erreichen. Stellt sich etwa fünf Minuten (bei leichter Bewegung oder Ruhe) nach der Übung die Normalfrequenz nicht wieder ein, sollten Sie Ihren Arzt fragen (es könnte eine Herz- oder Kreislaufschwäche vorliegen!).

Verzichten Sie zu Anfang darauf, den Lift zu benutzen, und lernen Sie wieder zügiges Treppensteigen.

Nicht selten ist körperliche Trägheit mit Übergewicht verbunden. Versuchen Sie zunächst einmal Ihr Idealgewicht zu erreichen. Dabei sollten Sie sich nicht an die verbreiteten Tabellen halten, denn diese berücksichtigen nicht die Abweichung der physischen Konstitution. Fragen Sie also Ihren Arzt. Nicht selten läßt sich das Idealgewicht nur durch *Fasten* oder deutliche Beschränkung der Nahrungsaufnahme erreichen.

Exkurs: Fasten

Fasten sollten Sie nur nach ärztlicher Konsultation. Eine *Beschränkung* der Nahrungsaufnahme (vor allem von kohlehydratreicher Nahrung oder Getränken) ist meist ohne fachliche Beratung möglich. Wenn Sie Einseitigkeiten der Ernährung vermeiden, genügt im Regelfall täglich eine volle Mahlzeit. Verzichten Sie vor allem morgens auf kohlehydratreiche Nahrung. Das strenge Fasten (»Null-Diät«) hat – für einige Tage durchgehalten – auch meist positive psychische Wirkungen.

Sie sollten nicht bloß fasten Ihrer »schlanken Line« willen, sondern

* Ju Do (jap.: geschmeidiger, sanfter Weg – zur Geistesbildung –) wurde von Erwin von Bälz, Lehrer an der kaiserlichen Universität in Tokio, 1882 aus dem Jiu-Jitsu, dem alten japanischen Kampfstil, entwickelt. Es scheint auch für Europäer recht geeignet zu sein.

auch des damit verbundenen körperlichen und psychischen Wohlbefindens wegen. Wichtig ist, daß Sie während des Fastens

- genügend trinken (Mineralwasser ohne Kohlensäure, Fruchtsäfte . . .) und
- sich reichlich bewegen.

Fasten sollte aber auch nicht zu einer »Ideologie« werden. Die Juden, die im Fasten auch einen religiösen Aspekt sahen, kennen aus ihrer Heiligen Schrift (die auch die der Christen wurde) folgenden Text (Jes. 58,6–9):

> Das ist das Fasten wie ich [Gott] es liebe:
> Die Fesseln Unschuldiger zu lösen,
> die Stricke des Jochs zu entfernen,
> Die Versklavten freizulassen . . .
> Den Hungrigen dein Brot zu geben,
> Den Armen Wohnung zu geben . . .
> Deinen Bruder nicht im Stich zu lassen . . .
> Mach der Unterdrückung bei dir ein Ende!

Fasten soll also nicht nur Mittel zur Selbstbefreiung sein, sondern auch verbunden werden mit tätiger Hilfe. Niemals ist es Selbstzweck oder Ausdruck primitiver Eitelkeit.

Schlafen lernen

Nicht gut schlafen zu können, ist oft ein Zeichen eines gestörten Verhältnisses zur eigenen Leiblichkeit. Schlafen ist nicht passives Gewähren, sondern aktives psychisches und physisches Tun. Regelmäßige Schlafstörungen dürfen während der Meditationsphase nicht auftreten (verstärken sie sich gar, sollten Sie Ihre Meditationsübungen aufgeben), sie müssen im Vorfeld der Meditation behoben werden.

Von besonderer Bedeutung ist das *Schlafträumen.* Auch die positive Haltung zum Träumen ist für den erholsamen Schlaf wichtig, selbst wenn es sich um Angstträume oder andere beunruhigende Traumformen (so werden etwa manche Jugendliche von Sexualträumen beunruhigt) handelt. »Traum« bezeichnet halluzinationsähnliche, mehr oder weniger zusammenhängende Empfindungen von optischen und akustischen Vorstellungen, die in der bewußten Reproduktion bizarr und konfus wirken. Dennoch hat der Traum seine eigene Semantik (d. h., die Traumbilder bedeuten etwas) und seine eigene Syntax (d. h., auch die Bildkettungen sind Bedeutungsträger, geschehen nach teils auszumachenden Regeln). In vielen Träumen werden Tagesreste verarbeitet:

emotionale Inhalte des Wachzustandes, die während des Wachens keinen adäquaten Ausgang fanden (oft wegen bestehender Überich-Verbote), oder Vorstellungen und Wünsche, die verdrängt wurden, kehren, in eine eigene Bildersprache übersetzt, im Träumen wieder und können so beim Gesunden wenigstens teilweise aufgearbeitet werden, ohne sonderlichen psychischen Schaden zu stiften.

Besonders lebhafte Träume haben wir in den REM-Phasen des Schlafes, in denen sich die Augen bei geschlossenen Lidern schnell bewegen (REM = rapid eye movements), die Atem- und Pulsfrequenz gesteigert, der Muskeltonus gering ist (bei kleinen Fingerbewegungen) und das EEG fast ein Wachbild zeigt. Der Gesunde braucht etwa vier REM-Phasen innerhalb 24 Stunden. Bei längerem Schlafentzug oder bei regelmäßigem medikamentösem »Kunstschlaf«, der die REM-Phasen nicht voll zur Ausbildung kommen läßt, kann es zu Wachhalluzinationen kommen. Es entstehen Traumbilder im Wachzustand, vor allem, wenn die Aufmerksamkeitszwänge fortfallen (etwa beim Meditieren). Doch sind solche Wachträume auch bei ausgeschlafenen Individuen bei längerem Reizentzug (wie ebenfalls bei der Meditation) möglich. Ebenfalls kann es bei Reduzieren der REM-Phasen, wenn etwa der Schlaf längere Zeit hindurch nur »entliehen« wurde (Schlafersatz durch medikamentösen Schlaf, Autogenes Training . . .), auch zu depressiven Verstimmungen kommen.

Eine psychisch bedingte Beschränkung des REM-Träumens dürfte wohl stets auf eine psychische Störung verweisen. Nicht wenige Menschen verdrängen ihre Träume, d. h., sie erinnern sich nicht, jemals geträumt zu haben (etwa 5 % der Frauen und gut 10 % der Männer). Es besteht die Möglichkeit, daß sie Trauminhalte neurotisch verdrängen. Die weitaus meisten psychisch Gesunden können sich jedenfalls relativ leicht an ihre Träume unmittelbar nach dem Aufwachen deutlich erinnern. Die Erinnerung geht dann allerdings meist schon wenige Minuten nach dem Erwachen z. T. verloren.

Betrachtungen

Der zweite Block der Übungen im Vorraum der eigentlichen Meditation soll der Betrachtung (nach Inhalt und Technik) gewidmet sein. Die Betrachtung ist die bedenkende-nachsinnende Schwester der Meditation. Im Gegensatz zu Meditation hat die Betrachtung einen scharf umrissenen Inhalt oder Gegenstand. Doch dürfte praktisch der Übergang von der Betrachtung zur Meditation oft fließend sein. J. B. Lotz schreibt dazu:

> Die echte Betrachtung hebt sich dadurch von ihrem rationalistischen Zerrbild ab, daß sie wesenhaft das in der Meditation Hervortretende umschließt; in gleicher Weise schreitet die echte Meditation insofern über ihr irrationalistisches Zerrbild hinaus, als sie wesenhaft das bei der Betrachtung Führende ebenfalls in sich begreift. Innerhalb des damit abgesteckten Feldes sind hier verschiedene Typen möglich; zwischen der Betrachtung, die nur ein Mindestmaß an Meditation, und die Meditation, die nur ein Mindestmaß von Betrachtung erkennen läßt, kann ein Ausgleich zur Verwirklichung kommen, in dem sich beide Seiten ausgewogen zusammenfinden.
> (*Meditation im Alltag*, Frankfurt 1959, 25 f.)

Im Gegensatz zur Meditation
- geht die Betrachtung vom Aktiven und Gedanklichen aus,
- ist die Betrachtung eher in den Freiraum menschlichen Bemühens gestellt, in ihr schaut der Mensch etwas an, stellt sich etwas vor, erwägt, fragt, zieht Konsequenz, faßt Vorsätze und Entschlüsse.
- geschieht die Betrachtung im wachen Bewußtseinszustand.

Bei der Betrachtung lassen sich fünf Stufen unterscheiden:*

1. Aufmerken und erkennen

- wahrnehmen
- sich erinnern
- etwas befragen (etwa einen Text)
- vergleichen
- sich besinnen
- sich (etwas) vorstellen
- ahnen
- begreifen
- sich konfrontieren
- sich hineinversetzen
- nachfühlen
- etwas in sich aufsteigen lassen
- sich stellen
- etwas neu sehen

* Vgl. K. Tilmann, *Die Führung zur Meditation*, Zürich [5]1973, 53 f.

2. Eindringen

- sich in etwas vertiefen
- warten, was kommt
- nachvollziehen
- eindringen lassen
- betroffen werden
- realisieren
- ausschöpfen
- in sich tragen
- sich ergreifen lassen

3. Sich hingeben

- auf sich wirken lassen
- in sich hineinnehmen
- in sich berühren lassen
- sich eingestehen
- einsinken lassen
- verweilen
- sich in Besitz nehmen lassen
- sich auffordern lassen

4. Aneignung

- einüben
- beherzigen
- sich aneignen
- sich beeindrucken lassen
- anwenden in der Tat
- etwas Raum geben
- sich entscheiden
- Konsequenzen ziehen

5. Begegnen

- sich öffnen
- fragen
- warten
- bitten
- verlangen
- lieben
- sich preisgeben
- antworten
- danken
- trauern
- sich freuen
- einswerden

Die Begriffe einer Zeile gehören zusammen – es kommt darauf an, sie in der Betrachtung zu einen. Das Ziel der Betrachtung ist keinesfalls egoistisch, sondern sozial zu verstehen. Eine Betrachtung, die zur Abkapselung führt, ist keine Betrachtung, sondern allenfalls ein Zerrbild davon.

Bei der Betrachtung kommt es darauf an, zu erkennen und diese Erkenntnis in den zwischen- und mitmenschlichen Alltag zu übersetzen. Das Ziel der Betrachtung ist also eine Änderung der eigenen Einstellung hin auf Engagement im Tun.

Ohne jeden Anspruch auf Vollständigkeit sollen nun fünf Betrachtungstypen vorgestellt werden, die (in Auswahl) gegangen sein wollen.

- die Musikbetrachtung,
- die Bildbetrachtung,
- die Gedichtbetrachtung,
- die Textbetrachtung und
- die Sinnbetrachtung.

Die letzte ist für eine gelingende Meditation unerläßlich und sollte eventuell auch in der frühen Meditationsphase gelegentlich wiederholt werden. Selbst der Meditierende wird aber auch auf die anderen Formen der Betrachtung gelegentlich zurückgreifen. Die meisten Europäer, die zur Meditation kommen, sind zumeist jahrelang im Betrachten geübt.

Im allgemeinen kann nicht empfohlen werden, über die bislang vorgestellten Übungen unmittelbar zur Meditation überzugehen, es sei denn unter persönlicher Anleitung eines Lehrers. Besser ist es, einige Erfahrungen in der Betrachtung zu erwerben. Zumeist wird im Laufe der Zeit die Betrachtung einfacher (inhaltsärmer und nur auf weniges konzentriert) werden und damit in die Meditation übergehen. Um jedoch voll die Langzeitziele der Meditation zu erreichen, sollte dieser Übergang bewußt sein, denn die Technik der Meditation ist nicht mit der der Betrachtung identisch. Es müssen also neue Techniken eingeübt werden.

Die zu Beginn dieses Teiles genannten Umstände und Bedingungen sollten auch für die Phase der Betrachtung sorglichst beobachtet werden. Vor allem ist darauf zu achten, daß die Betrachtung in einem psychisch gelockerten Feld geschieht. Die Perioden großer psychischer Belastung sind nicht (zumindest nicht als Einstiegszeiten in die Betrachtung) geeignet.

Für alle Formen der Betrachtung sollten Sie eine entspannte Haltung wählen, die Sie etwa eine halbe Stunde ohne größere Veränderungen durchhalten können. Hier gibt es keine Vorschriften – sondern allenfalls Empfehlungen. Suchen Sie durch Experimentieren die Haltung aus, die Ihnen sowohl das Gefühl der körperlichen Entspannung als auch geistigen Konzentration vermittelt. Möglich sind etwa folgende Sitzhaltungen.

- Aufrechtes Sitzen in einem Sessel. Der Körper ist aufrecht zu halten, die Wirbelsäule sollte »in sich ruhen«. Am besten setzen Sie sich möglichst weit zurück, ohne den Rücken anzulehnen. Die Unterarme liegen locker auf den Lehnen auf. Die Handinnenflächen weisen nach innen.
- »Schneidersitz« auf einem Schemel oder Stuhl (dabei ist darauf zu achten, daß Schemel oder Stuhl nicht umstürzen können) bzw. auf dem Boden (Teppichboden oder Teppich). Nun kreuzen Sie die Beine, dabei sollten die äußeren Fußkanten die Sitzfläche berühren. Dieser Sitz muß zu Anfang etwas geübt werden, denn die Knie sollten nicht nach oben weisen, sondern möglichst tief zur Seite abgewinkelt werden.

Bei Betrachtungsübungen nehmen Jugendliche oft spontan Stellungen ein, die auch für Erwachsene geeignet sein können:

- Sitzen auf dem (Teppich-)Boden, die Knie sind angezogen, die Hände vor den Unterschenkeln verschränkt. Das Kinn kann auf den Knien ruhen.
- Bäuchlings auf einem (Teppich-)Boden liegen. Die Arme liegen neben dem Körper. Der Kopf ist zur Seite gedreht (»Babylage«). Die Hände können aber auch den Kopf stützen (etwa bei einer Bildbetrachtung).
- Veränderter Diamantsitz: Man geht zunächst in den Diamantsitz (vgl. Seite 98), beugt dann den Oberkörper nach vorne, bis die Stirn den Boden berührt. Die Unterarme liegen flach auf dem Boden auf. Die Handflächen weisen nach innen oder oben. Man kann aber auch die Hände schalenförmig (wie beim Diamantsitz) zusammenlegen und die Stirn in diese Schale legen. Dabei sollte das Gesäß nicht angehoben werden, sondern die Fersen oder Fußinnenseiten berühren. Diese Haltung kann auch den Diamantsitz trainieren helfen.

Die beiden ersten Betrachtungstypen können gezielt als »Aktive Imagination« gestaltet werden (nach einigen Wochen des Anlaufens und der Beherrschung der Techniken) oder »von selbst« zur Aktiven Imagination führen.

Mitunter können – vor allem anfangs – die Betrachtungen auch in einer Gruppe durchgeführt werden. Wir wollen also der Darstellung der Betrachtungstechniken einige Anmerkungen zur Aktiven Imagination und Gruppenbetrachtung voranstellen.

1. Die Aktive Imagination

Die Aktive Imagination (AI) ist eine von C. G. Jung dargestellte Methode, um sich mit Hilfe von Phantasieinhalten mit Inhalten des Unbewußten auseinanderzusetzen. Da die Integration von Bewußtem und Unbewußtem ein wesentliches Ziel der Selbstverwirklichung und damit der Meditation ist, kann sie für die Betrachtungspraxis bedeutsam sein. Wir sprechen hier von AI, die sich an objektive vorgegebene Daten (Musikstück, Gedicht, Wort, Bild) anschließt. Die gegenstandslos eingeleitete AI werden wir im Zusammenhang mit der Meditation zu entwickeln haben.

Die Auseinandersetzung mit unbewußten Inhalten, die durch diese Methode möglich wird, nennt Jung »transzendente Funktion«. Damit ist ein Vorgang oder Prozeß gemeint, durch den das Bewußtsein durch die Integration unbewußter Inhalte erweitert wird. Jung will damit eine

Einstellung erreichen, die über den Gegensätzen bewußt – unbewußt steht*. Wenn wir uns so bemühen, die regulierenden und kompensierenden Einflüsse des Unbewußten aufs Bewußte real werden zu lassen, sind oft lästige Erfahrungen und ermüdende, kräfteabsorbierende Konflikte zu vermeiden. Die AI als Methode ist eine systematische Betrachtung von Phantasieinhalten, um so das Unbewußte zur Sprache zu bringen.

Viele Menschen beherrschen ohne sonderliche Schwierigkeit die Technik, Phantasiebilder hervorzubringen oder aufsteigen zu lassen. Es genügt, die kritische und prüfende Instanz auszuschalten oder in ihrer Wirksamkeit zu verringern – und Phantasiebilder geschehen (»kommen«). Mitunter ist jedoch auch die Fähigkeit, Phantasiebilder zu produzieren, recht eingeschränkt: sie kommen nicht spontan oder gar nicht, sind sehr blaß und werden bald wieder zurückgedrängt. Diese Unfähigkeit kann auf krankhafte Prozesse (Alexithymie oder überstarke Überichverbote) oder mangelnde Übung zurückgehen. Im letzten Fall kann systematische Übung dem Mangel abhelfen. Im ersten sind unter Führung eines Therapeuten zuerst die Hemmungen zu beseitigen.

Bei der Übung der AI müssen Sie lernen, die kritische Aufmerksamkeit zurücktreten zu lassen und so etwas wie »eine Leere des Bewußtseins« zu erreichen. Das begünstigt das Auftauchen von Phantasien, die durch das Unbewußte angeregt werden. Kommt es bei vollkommener Ruhe (auch nachts) nicht zu Phantasiebildern, kann das an einer affektiven Blockade liegen: der Anspruch von Affekten (Verstimmung, Trauer, Zorn, Ärger ...) deckt den Ausgang ab, der Phantasiebilder hervorkommen (oder gar »auspressen«) läßt. Oft kann man diese Blockade brechen, wenn man sich auf den hemmenden Affekt konzentriert und ihn damit anreichert und verdeutlicht. Dann können Phantasien und andere Einfälle, die mit der affektiven Stimmung zusammenhängen, auftauchen. Auch kann man sich auf ein Phantasiebild, einen Trauminhalt erinnernd einstellen und so die Tätigkeit der Phantasie anregen.

Eine besonders gute Hilfe aber, die Produktion von Phantasiebildern anzuregen, ist die Konzentration auf äußere Vorlagen, wie wir sie in den folgenden Kapiteln vorstellen werden. Diese Betrachtungen sind also auch für Menschen gedacht, die nicht schon a priori mit der Fähigkeit ausgestattet sind, leicht und sicher Phantasien zu produzieren (etwa bei schwach ausgeprägter Alexithymie). Beherrscht aber einmal die Phantasie unser Erkenntnisvermögen, kommt es, wenn man sich ganz der

* Vgl. dazu: L. Schlegel, *Grundriß der Tiefenpsychologie IV*, München 1973, 241–245 (UTB 216)

Führung des Unbewußten überläßt, zu oft recht dramatischen Abläufen. Das Bewußtsein leiht zwar dem Unbewußten seine Ausdrucksmittel, darf aber nicht als kritische Instanz tätig werden, da dann die Phantasieinhalte im Sinne bewußter Vorstellungen verbogen und verstellt werden. Es gilt also zunächst, Bewußtsein, Wille und Verstand möglichst vollständig auszuschalten. Das bedarf einiger Übung, die jedoch – ehe man in den meditativen Raum eintritt – mit Erfolg abgeschlossen sein sollte.

Die Phantasieprodukte können

- visuell (Phantasiebilder oder -szenen),
- akustisch oder
- plastisch sein.

Phantasiebilder sind die häufigsten Produkte der Phantasie (vor allem bei optisch orientierten Menschen). Akustisch Begabten oder Menschen, die dazu neigen, die »innere Stimme« (Überichimperative) als kritische und prüfende Instanz zu hören und ihr zu folgen, fällt es meist leichter, akustische Phantasien zu produzieren. Bild- und Musikbetrachtungen sind also, je nach der Eigenart der Begabung zu Phantasieinhalten optischen und akustischen Typs, alternativ zu üben. Man sollte zunächst die Betrachtungsweise auswählen, im Raum derer es leichter fällt, Phantasien hervorzubringen.

Die Phantasieinhalte können aber auch »plastisch« ausgedrückt werden, vor allem, wenn entsprechendes Material (etwa Knetmasse) zur Verfügung steht oder abstrakte Plastiken betrachtet werden.

Endlich kann sich das Unbewußte auch in tänzerischen Bewegungen ausdrücken. Solche »Tanzphantasien« können vor allem in modernen Tänzen geübt werden.

In jedem Fall ist es wichtig, daß das, was aufgestiegen ist, objektiviert wird. Man kann es aufschreiben, aufzeichnen, malen, bewegungsmäßig gestalten oder mit anderen durchsprechen und so festmachen und festhalten.

Man kann zu den Phantasieprodukten zwei verschiedene Einstellungen einnehmen. Die erste führt zu einer differenzierten (mitunter gar künstlerischen) Gestaltung. Die andere zeigt sich in einer recht intensiven Beschäftigung mit dem Phantasieinhalt. Beide Einstellungen bergen die Gefahr eines Irrweges (die zweite mehr als die erste):

- Der Irrweg, im Formalen steckenzubleiben oder die künstlerische Gestaltung als Ziel der AI zu sehen: Die AI muß möglichst von allen Zwecken frei bleiben. Sie hat nur ein Ziel: das Unbewußte in seinen Inhalten auftauchen zu lassen.
- Der Irrweg, sich durch intellektuelle Analyse und Deutung dem In-

halt der Phantasie zuzuwenden: Jetzt wird der Phantasieinhalt von intellektuellen (und damit bewußten) Inhalten gesteuert, überlappt und recht oft sehr verstellt und verändert. Die Inhalte des Unbewußten tauchen nur mehr als sehr blasse, oft auch selektierte Bilder auf. Die möglichst freie Aktion des Unbewußten ist gehemmt.

Nicht jedoch sollte man sich die Analyse oder Gestaltung *nach* der Betrachtung verbieten. Im Gegenteil: sie ist wesentlicher Bestandteil der Betrachtung, obschon nicht mehr unmittelbar zur Betrachtung gehörig. C. G. Jung meint:

> Wenn es geglückt ist, den unbewußten Inhalt zu gestalten und den Sinn des Gestalteten zu verstehen, dann erhebt sich die Frage, wie das Ich sich zu dieser Sachlage verhalte. Damit hebt die Auseinandersetzung zwischen dem Ich und dem Unbewußten an. Dies ist der zweite und wichtigere Teil der Prozedur. (7,99 f)

Wird der Phantasieinhalt als innere Stimme wahrgenommen, kann sich so etwas wie ein Dialog zwischen Bewußtem und Unbewußtem entwickeln. Da beide oft »verschiedener Ansicht« sind, muß ein Konflikt ausgetragen werden, der stets mit einem Kompromiß – und nicht mit dem Niederschlagen des einen »Partners« enden sollte. Das Unbewußte soll jedoch nicht so weit konkretisiert werden, daß kein Unterschied mehr zwischen Phantasie und »Wirklichkeit« (Wach-Wirklichkeit) erkannt wird. Bewußtes und Unbewußtes sollen *zwei* Realitäten bleiben, die sich wechselseitig relativieren.

Wird der Phantasieinhalt nur in einigen wenigen Bildern (und nicht szenisch ablaufend) manifest, ist es schwierig, in den Dialog einzutreten. Man sollte sich dann fragen: »Wie wirkt das Bild auf mich?« Die Frage kann zu einer phantasiegesteuerten Antwort führen, vor allem, wenn sie sehr spontan und unkontrolliert gegeben wird. Mit dieser Antwort kann man nun in den Dialog eintreten.

Immer aber will der Phantasieinhalt sehr ernst genommen sein. Ein verspieltes Spiel mit Phantasieinhalten ist dem Geschäft der Betrachtung fremd – ja es zerstört den Ernst des betrachtenden Spiels.

Mitunter befällt diejenigen, die sich auf den so autonom ablaufenden Phantasieprozeß einlassen, Angst und Unsicherheit. Da die Faszination, die von Phantasiebildern (vor allem des »kollektiven Unbewußten«) ausgeht, bei psychisch angeschlagenen Menschen zu einer Ablösung von der Wach-Wirklichkeit führen kann, ist es notwendig, daß der Betrachtende vor allem in der sozialen Wach-Welt fest verankert ist.

Jung bezeichnet das intensive Erleben solcher Phantasieinhalte als eine vorweggenommene Psychose. Die »echte Psychose« sei ein unkontrollierbar gewordenes Überschwemmen von Phantasieinhalten. Bei der AI handelt es sich jedoch um eine »freiwillige Verwicklung in diejenigen Phantasieereignisse, welche die individuelle und besonders auch die kollektive Bewußtseinslage kompensieren« (14, 309). Wird jedoch die Produktion von Phantasiebildern durch Drogen (LDS ...) unterstützt, kann es auch zu »echten Psychosen« kommen. Solche Drogen dürfen also nur vom Arzt verabreicht werden.

Übt man sich in der AI längere Zeit, wird der Symbolreichtum der Phantasieinhalte größer und kann jedes Darstellungsvermögen sprengen. Das zunächst chaotische Vielerlei der Inhalte (vor allem der Bilder) verdichtet sich im Verlauf der Betrachtungspraxis zu bestimmten Motiven und Formelementen, die nicht selten bei vielen Individuen recht ähnlich sind. Jung versuchte, diese Bilder als Inhalte des kollektiven Unbewußten zu interpretieren. Besonders häufig stehen am Ende der Entwicklung im Rahmen der AI Vierheits- und Kreissymbole (Viereck, Kreuz, Kreis, Kugeln).

Diese Darstellung soll u. a. auch deutlich machen, daß Betrachtung eine ernste Sache ist, die man nicht »einmal ausprobieren« kann. Sie hat erhebliche psychische Umorientierungen zur Folge. Der Betrachtende muß bereit sein, sie zu akzeptieren und daraus Konsequenzen zu ziehen.

Jetzt mag auch deutlich werden, warum wir in der Einleitung so ausführlich auf die Personengruppen eingegangen sind, die nicht betrachten *dürfen.* Zustände psychischer Labilität oder Erkrankung können, wenn die Betrachtungspraxis nicht durch einen fachkundigen Therapeuten geleitet wird, zum Ausbruch einer Erkrankung führen. Stellen sich in den Zeiten, in denen Sie nicht betrachten, anormale, beunruhigende Bewußtseinszustände ein, sollten Sie das Betrachten unverzüglich abbrechen und einen Arzt konsultieren.

2. Die Gruppenbetrachtung

Die Betrachtung in Gruppen ist heute sehr modern geworden. Zu einer Zeit, da alles Heil von Gruppeninteraktion erwartet wird, sollte das nicht verwundern. Wir wollen hier zunächst (in Anlehnung an die Ausführungen Th. Wilhelms* einige gewichtige Bedenken gegen den Gruppenkult nennen, um dann aufzuzeigen, wo die Möglichkeiten und Grenzen der Gruppenaktivität beim Betrachten liegen.

Bedenken gegen Gruppenaktivitäten
»Gruppe« wird hier verstanden als Primärgruppe, d. h., die Gruppenbindungen sind emotionaler Art (und nicht durch reine Zwecke zustande gekommen). Sie sind vom Wir-Bewußtsein getragene kollektive Integrationsstufen, die sich primär und wesentlich ins Gruppeninnen richten. Oft ist mit der Gruppenbildung ein starkes Solidaritätsgefühl verbunden.

- Gruppen können recht aggressiv sein gegen Nicht-Gruppen-Mitglieder oder gegen Individuen, die sich gegenüber einem ähnlich Gruppenengagement verschließen. Törichte Übersteigerungen des kollektiven Selbstwertgefühls (Elitebewußtsein . . .), die im Regelfall auf ein gestörtes Selbstwertgefühl ihrer Mitglieder zurückgehen (die nur in der Gruppe ihre Werthaftigkeit erfahren und die Bestätigung durch die Gruppe brauchen, um vor sich selbst bestehen zu können), sind nicht selten.

- Außenseiter der eigenen Gruppe werden meist durch sozialen Rollenabstieg oder Zuwendungsentzug bestraft, bis sie sich von der Gruppe lösen. Dann können sie zu einem Objekt werden, auf das sich aggressive Stimmungen richten. Auch zu enge Bindungen zwischen einem Teil der Gruppe können zu ähnlichen Auflösungserscheinungen führen.

- Das Individuum kann von der Gruppe für deren Gesetzlichkeiten und Zwänge vereinnahmt werden. Es gibt wesentliche Inhalte der eigenen Ichstruktur auf zugunsten von kollektiven (Pseudo-)Ichstrukturen der Gruppe. Die Gruppe wird zu einem Kollektiv und reagiert auf nicht kollektiv gebilligte Verhaltensweisen recht allergisch bis aggressiv. Das neue Pseudo-Ich unterwirft das Individuum seinen kollektiven Normen und einer (mitunter unerbittlichen) gegenseitigen Kontrolle. Was Befreiung sein sollte, wird zur Selbstentmündigung. Die Ich-Regulation des Verhaltens wird beschränkt auf geduldete Verhaltensmuster. Die Desorientierung des Individuums fällt nur deshalb nicht auf, weil das desorientierte Verhalten von der Gruppe erwartet und belohnt

* *Jenseits der Emanzipation*, Stuttgart (Metzler) 1976.

wird. Das ändert aber nichts daran, daß der objektive Tatbestand der Desorientierung mit allen seinen Gefährdungen für die psychische Gesundheit eher verstärkt wird. Man kann nicht ungestraft die Funktion der individuellen Mitte an die einer kollektiven delegieren. Hier wird offensichtlich, daß Gruppenaktivitäten und Meditation miteinander unvereinbar sein *können.*

- Die Geborgenheit in einer Gruppe wird stets erkauft mit Abhängigkeiten und Zwängen, etwa durch die Verpflichtung, an Gruppenaktivitäten teilnehmen zu *müssen,* sich gruppenkonform verhalten zu *müssen,* eigene Vorstellungen nur in einem beschränkten und von der Gruppe tolerierten Rahmen äußern und realisieren zu *können.* Nicht selten ist das Leben in einer Gruppe zu einer neuen Form der Sklaverei geworden: Die Gruppe wird zum Sklavenhalter ihrer Mitglieder.

- Gruppen können alle sozialen Potenzen ihrer Mitglieder absorbieren. Das soziale Leben spielt sich (fast) ausschließlich in der Gruppe ab. Wenn Leben in einer Gruppe mehr psychische Kräfte absorbiert als freisetzt nach außen, ist es sicherlich von Übel.

- Zusammen mit der Ich-Schwächung kann die individuelle Gewissensinstanz auf die Gruppe übertragen werden. Das Wort »Mündigkeit« – eine verbreitete Kurzformel für das emanzipatorische Gruppenethos – wird zum baren Hohn. In dem Maße, wie das individuelle Gewissen geschwächt wird und Ethik im Gruppenethos untergeht, verliert das Individuum sein Selbst (das ist aber gerade dem emanzipatorischen Selbstfindungsprozeß, der durch die Meditation eingeleitet wird, kontradiktorisch entgegen). Der Vorgang des Mündigwerdens verwandelt sich in einen kollektiven Lernprozeß, »in dem niemand mündig ist, sondern jeder des anderen Pädagoge, Psychotherapeut und Vormund im Namen des gemeinsamen Ideals der Emanzipation« (Spaemann).

- Der »Betreuungsschoß der großen Mutter des Kollektivs« (Schelsky) wird zum Ort einer Art von embryonaler Geborgenheit vor allem für Menschen, die sich selbst niemals gefunden haben oder die der Unbill dieses Lebens ausweichen möchten (soweit als möglich). Die harte Konfrontation mit der Wirklichkeit wird nicht gewagt. Die Wirklichkeit ängstigt das Individuum so, daß es in den bergenden Schoß des Kollektivs flüchtet.

- Besonders kurios wird es, wenn Gruppenaktivitäten im religiösen

Raum stark favorisiert werden (und das ist heute fast die Regel). Es gibt Gruppen, die in und durch Gruppenaktivität eine Wiederholung des Pfingstereignisses erträumen (»Pfingstler«). Dabei wird aber Religion zu einer Art von »Opium des Volkes«, genauerhin der Gruppe. Der Gruppenvollzug wird zu einer Art der kollektiven Selbstbefriedigung. Die Erfahrung des »Überichs« Gruppe wird naiv identifiziert mit einer vermeintlichen Erfahrung des Göttlichen. Gott aber kann nur gefunden werden im Schweigen und in der Einsamkeit. Die mystische Erfahrung des »Überichs« Gruppe führt bei Labilen nicht selten zu hysterischen Ausbrüchen (sog. »Zungenreden« und anderen pseudoekstatischen Eruptionen).

- Nicht selten wacht die Gruppe eifersüchtig darüber, daß keiner sich besonders hervortut. Wagt er es dennoch, so wird über Neidmechanismen, die oft nicht einmal bewußt werden, erhebliches aggressives Potential freigesetzt und der Betreffende entweder als Kuriosität akzeptiert oder durch Abstieg in der sozialen Rolle oder Zuwendungsentzug bestraft. Gruppen neigen also nicht selten zu einer schlechten Gleichmacherei.

- Andererseits entwickeln Gruppen oft hierarchische Strukturen. Dabei wird vor allem der bestangepaßte Aktivist – zumeist ehrgeiziges Mittelmaß – Leitungsrollen übernehmen. So können Gruppen einerseits zum Führungsinstrument menschlich wenig geeigneter »Führer« und andererseits zu Schutzzonen derer werden, die sich selbst gerne führen lassen, weil sie sich selbst nicht führen können.

- Arbeit in Gruppen kann zwar Anregung und Leistungslust steigern, doch ebenso häufig begegnen wir Motivationszerfall und Apathie. Statistisch signifikant läßt in einer Mehrheit von Gruppen, die einen erheblichen Teil der physischen und psychischen Kräfte ihrer Mitglieder beanspruchen, die Fähigkeit zur sprachlichen Differenzierung und zur dauerhaften, individuellen sozialen Bildung nach.

Es geht uns hier nicht um die Verteufelung der Gruppenarbeit. Doch sollte man nicht dem Gruppenmythos verfallen. Das Geheimnis einer positiven Gruppenwirkung liegt in ihrer Dosierung – und die kann nur individuell verschieden verabreicht werden. Nicht geleugnet sei, daß die relativ lockeren Gruppenbindungen in der Pubertät und Adoleszenz wichtig sein können und i. a. auch sein werden für die psychische Entwicklung des jungen Menschen. Die individuelle Mitte kann oft nur über das Zwischenstadium einer kollektiven Mitte ausgebildet werden. Vor allem wird der Jugendliche in der »homoerotischen Phase« so vor nicht immer zu begrüßenden Selbstfixierungen verschont bleiben können. Doch sollte man hier wohl besser nicht von Gruppe, sondern von »Horde« sprechen.

Nicht von unseren Bedenken betroffen sind Zweckgruppen (sekundäre Gruppen), wie etwa »Arbeitsgemeinschaften«, die durchaus geeignet sind,

- den Konkurrenzdruck zu mildern,
- die Fähigkeit zur gegenseitigen Hilfe zu entwickeln,
- die Fronten zwischen Leiter und Geleiteten zu entschärfen.

Möglichkeiten und Grenzen der Betrachtung in einer Gruppe

Vor allem für junge Menschen (Adoleszenten) und sozial scheue und gehemmte Personen kann die Betrachtung in der Gruppe ein wichtiges Einstiegsmittel sein. Auf die Dauer gesehen besteht jedoch der emanzipatorische Zweck der Gruppe darin, sich selbst überflüssig zu machen.

Ebenfalls hat die Gruppe, wenn sie von einem Fachmann geleitet wird, erhebliche therapeutische Aufgaben bei der Behebung mancher Neurosen oder neurotischer Fehlorientierungen. Bei psychisch Labilen (Suchtgefährdeten oder Suchtkranken etwa) hat auch ein nicht fachlich geführter Gruppenzusammenschluß u. U. einen hohen therapeutischen oder prophylaktischen Wert (»Anonyme Alkoholiker«). Wer jedoch ohne Gruppe gehen kann – sie ist stets als eine Art psychischer Prothese zu verstehen –, sollte (auch beim Betrachten) seinen Weg alleine gehen.

Die ursprüngliche Form der Primärgruppe ist die Familie. Sie ist nicht von diesen Überlegungen betroffen. In der Familie sollte sich die emotionelle und soziale Begabung eines Menschen entfalten. Gruppen anderer Art können allenfalls zeitweise als Familienersatz herhalten und Familienfunktionen (beschränkt) übernehmen. Die Familie ist aber – schon allein wegen der Altersdifferenzen zwischen Eltern und Kindern – meist nicht der Platz, auf dem das Betrachten, über eine anfängliche Einführung hinaus, geübt werden könnte. Sie soll daher in unseren folgenden Überlegungen nicht berücksichtigt werden. Der Ehepartner dagegen kann mitunter ein recht geeigneter Trainingspartner bei den ersten Schritten im Bereich der Betrachtung sein.

Die Betrachtungen in einer Gruppe sind also zu empfehlen:

- für Jugendliche (Adoleszenten),
- für psychisch Labile, wenn ihnen das Betrachten nicht verboten ist,
- für Anfänger, um aus den Erfahrungen der anderen zu lernen, um

eigene Erfahrungen im Gespräch zu objektivieren, um ein Korrektiv bei abwegigen Betrachtungstechniken und -inhalten zu haben (wichtig: wenn kein ausgebildeter Betrachtungsleiter zur Verfügung steht!).

Doch kann auf die Dauer die Gruppenbetrachtung *niemals* die Einzelbetrachtung ersetzen, vor allem dann nicht, wenn die Betrachtungsphase in die Meditationsphase übergehen soll. In der Meditation ist jeder auf sich allein verwiesen (und allenfalls auf das Gespräch mit dem Meditationsleiter). Selbst wenn man in Gruppen meditiert, ist das Gespräch über die Meditationserfahrungen in der Gruppe tunlichst zu unterlassen.

1. Die Musikbetrachtung

Für alle Betrachtungen von »Kunstwerken« (Musikstücken, Gemälden, Plastiken, Gedichten . . .) gilt, daß es nicht primär auf die Erkenntnis des *Inhalts* ankommt, sondern auf die des *Gehalts.* Die Erschließung des Inhalts kann rational nach rechtem Beobachten oder Hinhören geschehen, der Gehalt aber entfaltet sich nur dem, der etwas von sich selbst hergibt. In leichter Abwandlung eines Goethewortes stellen wir fest:

> Den Inhalt erkennt gar wohl leicht ein jeder.
> Den Gehalt nur der, der etwas von sich aus dazuzutun hat.
> Doch die Form bleibt ein Geheimnis des meisten.

Die Form ist das Instrument, durch das der Künstler Inhalte ausdrückt, die sich in der Gegenstandssprache nicht mitteilen lassen. Das Verstehen eines Kunstwerkes setzt aber nicht die Beherrschung künstlerischer Syntax (der »Form des Kunstwerkes«) voraus. Ausgangsraum des Betrachtens eines Kunstwerkes ist also das Erfassen des Gehalts. Was aber soll man von sich aus dazutun? Nicht etwa ein rationales Bedenken oder eine kritische Auseinandersetzung, sondern genau das, was die Aktive Imagination hinzuzutun verlangt: die eigene Phantasie, das eigene Gefühl und Gespür. So gibt es also keine objektiv verbindliche Gehaltsinterpretation eines Kunstwerks, wenn man über es betrachtet (vermutlich auch sonst nicht).

Die Bedeutung der Musik für die Mitteilung sprachlich nicht kommunikabler Inhalte ist schon sehr früh erkannt worden. Vor allem in religiösen Ausdrucksformen des Menschen begegnete uns die Musik schon vor einigen Jahrzehntausenden – und heute ist das nicht viel anders geworden. Gerade für die Menschen, die noch ein unverstelltes Verhältnis zum »Heiligen«, zum Numinosum haben, spielt die Musik eine erhebliche Rolle. Sie teilt etwas mit, das sprachlich nicht mitgeteilt werden kann. Das »Heilige« läßt sich aber nicht sprachlich adäquat fassen und wiedergeben. Da eben dasselbe auch für die Inhalte des Unbewußten gilt, bietet sich die Musik (wie auch andere künstlerische Aussageformen) als Auslöser an, Inhalte des Unbewußten »zur Sprache zu bringen«.

1. Übung
Diese erste Übung ist alternativ zur Übung »Hören lernen« (Seite 112 f.) zu trainieren.

Zielgruppe
Vor allem akustisch begabte oder orientierte Personen. Ein inneres Verhältnis zu Musik ist wertvoll, aber nicht unbedingt notwendig. Nicht verlangt wird eigentliche Musikalität.

Übungsziel
Es soll gelernt werden, differenzierte Emotionen zu produzieren, zu objektivieren und auszudrücken. Eine gewisse Sensibilisierung für AI kann erreicht werden.

Dauer der Übung
Die Dauer der Übung hängt von der Disposition des Übenden ab. Sie soll anfangs fünf Minuten nicht überschreiten. Endziel ist eine Übungsdauer von etwa 20 Minuten (dazu kommen je etwa fünf Minuten für Einstellungs- und Ausklangsphase).

Häufigkeit der Übung
Wird diese Übung nicht mit anderen verbunden, empfiehlt sich tägliches Üben zu festgelegten (nicht variierenden) Zeiten (etwa abends vor dem Schlafengehen). An ein und demselben Tonstück sollten Sie etwa vier- bis höchstens zehnmal üben, um dann zu wechseln.

Hilfsmittel
Sie benötigen zu dieser Übung ein Wiedergabegerät und einige Schallplatten oder Kassetten mit geeigneten Aufnahmen. Geeignet ist vor allem rhythmisch deutliche Musik, die Ihnen nicht schon die Gefühle vorschreibt, die sie haben sollen. Instrumentalmusik ist meist geeigneter als Vokalmusik.

Übungsverlauf

- Bewegen Sie sich rhythmisch zur Musik (in Art des Tanzens). Versuchen Sie, sich selbst dabei ganz zu vergessen – lassen Sie sich los. Geben Sie sich ganz der Musik hin. Beziehen Sie sich selbst ein in den Rhythmus. Wenigstens an drei Tagen wiederholen mit derselben Musik.
- Setzen (oder legen) Sie sich nun ganz entspannt hin. Hören Sie die Musikpassage, zu der Sie an den Vortagen »getanzt« haben, noch einmal an. Versuchen Sie jetzt aber, die Gefühle und Bilder, die Sie beim Zuhören haben, zu objektivieren (versuchen Sie also eine Bestimmung des »Gefühls«, eine Fixierung der Bilder). Ebenfalls wenigstens an drei Tagen mit derselben Musik zu wiederholen.
- Setzen Sie sich nun entspannt hin, hören noch einmal dieselbe Musik und schreiben Sie nach dem Abhören Ihre Eindrücke, Stimmungen, Gefühle, Bilder nieder. Sie können sie aber auch mit einem Menschen, vor dem Sie sich nicht schämen, »Gefühle« auszudrücken, zu verbalisieren versuchen. Das Sprechen ist dem Schreiben unbedingt vorzuziehen. Sie werden bemerken, daß man »Gefühle«, »Stimmungen« ... nur mitteilen kann, wenn man sie verbal und somatisch ausdrückt. Man kann über Gefühle ... nicht referieren wie über eine Bilanz. Üben Sie das so lange, bis Sie den Eindruck haben, der Partner habe zureichend »verstanden«, was Sie fühlen, meinen, sich vorstellen ... Das kann u. U. häufigere Versuche voraussetzen. Dabei ist zu empfehlen, daß Sie sich das Musikstück zusammen mit dem Partner anhören.

Gruppenübung?

Diese Übung läßt sich auch in einer Gruppe durchführen. Dabei müssen Sie anfängliche Ausdruckshemmungen überwinden. Das ist vor allem dann nützlich, wenn Sie emotional nur schwer aus sich herausgehen können. Im Regelfall sollten Sie jedoch zunächst an wenigstens zwei oder drei Musikpassagen privat den ganzen Übungsverlauf durchspielen, ehe Sie sich einer Gruppe stellen. Eine solche Gruppe sollte keinesfalls in Ihrer Teilnehmerzusammensetzung längere Zeit fixiert werden, da dann die *Gefahren* der Gruppenarbeit oder des Gruppenspiels (vgl. Seite 127 f.) manifest werden können. Bemerken Sie eine solche Fehlorientierung in der Gruppe, sollten Sie sich – wenn möglich – unverzüglich von ihr lösen. Diese Übung ist als mögliche (nicht notwendige) Vorübung zur folgenden zu verstehen.

2. Übung

Zielgruppe

Wie bei erster Übung, doch sollte entweder die vorgestellte Übung oder die Übung zum Hören-Lernen erfolgreich abgeschlossen sein.

Übungsziel
Beginn Aktiver Imagination

Dauer der Übung
Sie ist abhängig von der psychischen Disposition des Übenden und seiner Fähigkeit, Phantasievorstellungen zu produzieren und sich zu konzentrieren. Im allgemeinen sollte die Übung wenigstens fünf, aber nicht mehr als 20 Minuten dauern (dazu kommen Einstellungs- und Abklingphase).

Häufigkeit der Übung
Wird sie nicht von anderen Übungen begleitet (es ist zu empfehlen, sie anfangs nicht mit anderen Betrachtungsübungen zu mischen), ist möglichst tägliches Üben empfohlen. Das gilt vor allem für die Einstiegsphase. Wird die Übung beherrscht, kann sie, mit anderen wechselnd, seltener (etwa einmal wöchentlich) durchgeführt werden.

Hilfsmittel
Wie bei vorhergehender Übung. Als besonders geeignet haben sich »langsame« Sätze aus Symphonien, Orchesterkonzerten, Kammermusik, Sonaten . . . erwiesen. Bewußt sollten Sie schwierigere Stücke mit starker Melodik auswählen*

J. S. Bach, *Sonate für Flöte solo, a-moll* (BWV 1013),
W. A. Mozart, *Phantasie in c-moll* (KV 475),
L. van Beethoven, *Streichquartett Nr. 16 in F-dur* (op. 135),
Cl. Debussy, *Die Kurzfassung für Orchester zum »Martyrium des Heiligen Sebastian«*,
G. Mahler, *Symphonien* (außer der 4.),
A. von Webern, *Fünf Stücke für Streichquartett* (op. 5),
B. Bartók, *Konzert für Orchester*,
J. S. Bach, *Toccata in F-Dur* (BVW 540).

Übungsverlauf
In Indien, dem alten Siam, im Reiche der Khmer, in China und Japan ist 2000 Jahre lang Musik vor allem Meditation gewesen – ohne Ufer,

* Vgl. R. Bleistein u. a., *Türen nach Innen*, München 1974, S. 41

ohne Grund, ohne Schwere: Töne, die den blauen Wölkchen brennender Räucherstäbchen nachschweben, tiefe Gongschläge, helle Flöten ... Die Menschen des Ostens wußten darum, daß die Musik die Augen, die nach außen blicken, schließt und die Tore nach innen öffnen kann. Für uns Westler ist »westliche Musik« geeignet, das gleiche Ziel zu erreichen.

• Versuchen Sie nur zu hören. Solange Sie daran denken, was oder wie oder wer da gespielt wird, geschieht nichts. Sie müssen von der Musik umströmt werden, um sich dann von ihr durchdringen zu lassen. Sie entsteht endlich in Ihnen, ist nichts Äußeres mehr (obschon die Geräuschquelle »draußen« bleibt – aber Musik ist mehr als eine Abfolge von akustischen Schwingungen; sie entsteht tatsächlich erst in uns). Versuchen Sie diese Übung in irgendeiner beliebigen entspannten Lage durchzuführen. Erfühlen Sie, wie Musik in Ihnen entsteht oder Sie in sich einbegreift, gehen Sie zur zweiten Phase über.

• Spielen Sie ein und dasselbe Stück mehrmals ab. Legen Sie sich dabei auf den Rücken, ein Kissen stützt den Kopf oder den Nacken, die Arme liegen locker zur Seite, die Handflächen weisen nach unten. Nun lassen Sie die Musik kommen – bleiben ganz passiv. Wenn die Musik Sie so durchströmt, daß Sie sie nicht mehr bewußt wahrnehmen, beginnen Phantasievorstellungen aufzukommen, zuerst flüchtig und blaß; im weiteren Übungsverlauf (vielleicht nach drei oder vier Wochen täglichen Übens) lebhaft, plastisch, farbig. Ihr Unbewußtes beginnt sich einen Ausgang zu schaffen. AI wird möglich.

• Notieren Sie sich die wichtigsten deutlichen Phantasievorstellungen, die harmonischen wie die disharmonischen (störenden, beunruhigenden), vor allem dann, wenn sie sich um ein bestimmtes Thema zu zentrieren beginnen. Mehren sich beängstigende Vorstellungen, sollten Sie diese Übung unverzüglich abbrechen. Längere Zeit wiederholt, sollte sich eine Stimmung der Ausgeglichenheit und inneren Ruhe einstellen.

Gruppenübung?
Diese Übung ist als Gruppenübung nicht geeignet. Doch ist ein Begleiten durch einen erfahrenen Meditationsleiter oder Psychotherapeuten nützlich.

2. Die Bildbetrachtung

Das Bild läßt den »Möglichkeitssinn« über den Wirklichkeitssinn triumphieren. Das Ist wird von einer Fülle von möglichen Wirklichkeitsangeboten in Zweifel gezogen, in seiner Enge, Beschränktheit, Ausschnitthaftigkeit bewußt gemacht. Die »Wirklichkeit« ist anders, als wir sie im Umgang mit unserer Welt sehen (dafür legt die moderne Physik beredtes Zeugnis ab). Die Initiative geht vom Machen und Entdekken auf das Finden über. Doch hier liegt auch eine Gefahr: Der Wille zur Veränderung verharrt in spektakulärer Selbstbefriedigung – die Wirklichkeit bleibt unangetastet. Die Idee kann sich selbst genügen und Kompromisse fürchten, die Taten zur Folge hätten. Die bloße Materialisation der Phantasie darf niemals genügen. Die Betrachtung drängt in die Tat – bleibt ohne sie unwirklich, unwirksam.

Das Kriterium aller gelungenen Betrachtung ist eine Änderung der Einstellung zur Welt. Sie hat sich auszuweisen nicht in egozentrischer Nabelschau, sondern im sozialen Tun. Dieses sollte jedoch nicht unter dem Zwang der Suche nach dem eigenen Selbst geschehen. Das kann nur im Innen gefunden werden. Doch das Innen muß nach außen weisen. Der Weg nach außen ist integraler Bestandteil jeder Betrachtung.

Falsch wäre es jedoch, den Weg ins Außen zu gehen, ohne sich zunächst selbst verändert zu haben. Revolutionäre sind meist recht unreife Menschen, die ihr Innen im Außen suchen. Sie möchten ein ideales Innen herstellen, nachdem sie zunächst ein ideales Außen produziert haben. Gerade das aber ist der falsche Weg. Alle Veränderung beginnt beim konkreten Menschen (und nicht bei *den* Menschen). Veränderung des konkreten Menschen ist aber zunächst und zuerst Veränderung des Bewußtseins, dann erst Veränderung des Seins. Die Veränderung des Bewußtseins setzt aber, wenn sie wirkungsvoll sein will, eine optimale Harmonie zwischen Unbewußtem und Bewußtem voraus, denn sonst wird es stets zu Protestaktionen des Unbewußten kommen, die zu irrationalen und unkontrollierten, jedenfalls nicht zielorientierten Handlungen führen.

L. Wittgenstein meinte einmal: »Es gibt keine Ordnung der Dinge a priori.« Und K. Marx schrieb: »In unserer Zeit ist jedes Ding mit seinem Gegenteil schwanger.« Obschon diese Sätze in einem anderen Kontext als dem der Bildbetrachtung gebraucht wurden, gelten sie auch für die Bildbetrachtung. Niemals sollte man eine bestehende innere oder äußere (etwa soziale Ordnung) für normativ vorgegeben halten. Ein absolutes Ideal, das für alle Menschen verbindlich wäre, gibt es nicht, wenn man einmal von einigen wenigen formulierten ethischen oder sozialen Grundsätzen absieht. Jedes Ding, auch jedes Bild, enthält in sich einen Widerspruch, es geht mit seinem Gegenteil schwanger. Diesen Gegensatz gilt es aufzuspüren und aufzuheben (zu verwahren, zu erheben und aufzulösen). Das kann aber nicht Sache des bloßen Denkens sein. Es ist sehr vielmehr Sache des menschlichen Vollziehens, in dem neben dem Verstand auch das Wollen und »Fühlen« angesprochen und angefordert werden.

Für viele Menschen ist die Bildbetrachtung zur wichtigsten Form »schöpferischer Meditation« geworden. Sehr oft sind Phantasievorstellungen optisch oder doch wenigstens auch optisch. Der Mensch ist ein »Augenwesen«. So mag es sein, daß gerade Bilder, die uns nicht schon vorschreiben, was wir gehaltlich sehen sollen (selbst, wenn der Inhalt recht fixiert ist), das Spiel des Unbewußten merkbar machen. Die Phantasie beginnt sich zu regen, kreist um Themen – um endlich *ein* Thema, wenn wir ein Bild längere Zeit betrachten.

Nicht von ungefähr ist das Wort »Betrachtung« der Sprache des sehenden Vollzuges entnommen, während wir zumeist das Unvorstellbare in räumlichen Metaphern ausdrücken. Doch auch das Räumliche ist für die meisten Menschen an die Augensinnlichkeit gebunden. Die Bildbetrachtung macht sich diesen optischen Primat zunutze, sie öffnet oft besonders leicht das Tor nach innen, die Tür zum Unbewußten.

Wie bei der »akustischen Betrachtung« ist auch bei der optischen (wobei die optischen oder akustischen Signale als Auslöser, als Schlüssel dienen) die *Gehalts*betrachtung wesentlich – und nicht die des Inhalts. Drängt ein Bild seinen Inhalt so in den Vordergrund, daß er den Zugang zur Erfassung des Gehalts verhindert, ist es zur Betrachtung nicht sonderlich geeignet. Besonders geeignet sind Bilder, die freie Assoziationen auslösen. Das Auslösen von freien Assoziationen (anknüpfenden Gedanken, Vorstellungen, Bildern) ist zumeist der Beginn der Tätigkeit *aktiver* Phantasie. Die Vorstellungskraft (und zwar die produktive) wird angesprochen – und nicht der Verstand.

1. Übung
Über konkrete Motive
Die erste Übung knüpft unmittelbar an die Übung zum Sehenlernen (Seite 109 f.) an und kann alternativ oder im Wechsel mit ihr geprobt werden.

Zielgruppe
Alle, besonders optisch orientierte Personen. Ein inneres Verhältnis zu Malerei ist nicht erforderlich, kann nützlich wie schädlich sein. Nütz-

lich ist es, wenn es schon vor der gezielten Bildbetrachtung zur Produktion von Phantasieaktivitäten kam, schädlich, wenn man gewohnt war, Bilder kritisch, rational aufzulösen. Dennoch *kann* die rationale Arbeit am Bild, besonders für rational orientierte Menschen, zunächst notwendig sein, um den rationalen Anspruch ein für allemal zu befriedigen und aufzuheben. In diesem Fall ist durchaus zunächst einmal eine rationale Interpretation angebracht, damit sie nicht immer wieder in der Gehaltsbetrachtung ins Spiel kommt. So kann es durchaus nützlich sein, ehe man den Gehalt des Bildes erfaßt, seinen Inhalt »verstehen« zu wollen oder zu verstehen versuchen. Im Vorfeld des Inhaltsverstehens können etwa die fünf Grundbegriffspaare E. Wölfflins (1831–1908): linearisch-malerisch, Fläche-Tiefe ... eine Hilfe sein.

Übungsziel
Anfangs: freier Assoziationsfluß, später AI. Sie sollten bei beiden lernen, Emotionen zu entwickeln und nicht zu unterdrücken. Assoziation und Imagination sind nur selten emotionsfrei.

Dauer der Übung
Die Übungsdauer hängt von der Disposition des Betrachtenden ab. Im Regelfall sollten 15 Minuten nicht unterschritten werden. Eine 20 Minuten überschreitende Bildbetrachtung ist anfangs nicht anzuraten. Im fortgeschrittenen Stadium der Betrachtungsfähigkeit kann man jedoch so lange beim Bild verweilen, bis der Assoziationsfluß nachläßt.

Viele Übende haben zu Anfang Schwierigkeiten, den Assoziationsfluß überhaupt erst in Gang zu bringen – ihnen sei angeraten, ohne irgend etwas erzwingen zu wollen, das Bild ruhig zu betrachten, sich ganz auf es einzustellen und zu warten. Ohne die Fähigkeit, geduldig warten zu können, ist Meditation meist zum Scheitern verurteilt.

Häufigkeit der Übung
Wird diese Übung nicht mit anderen alternativ trainiert, ist eine tägliche Übung anzuraten. Wird die Übung beherrscht, ist es dennoch empfehlenswert, mitunter eine Bildbetrachtung in andere Betrachtungs- und Meditationsformen einzulagern.

Hilfsmittel
Sie benötigen Bilder. Das können bei dieser Übung durchaus auch Fotos sein. Mehr an Formen als an Farben orientierte Menschen

können dabei anfangs durchaus mit schwarzweißen Reproduktionen üben. Später sollte man, wenn das »Original« farbig ist, nicht auf eine Farbreproduktion verzichten (das gilt entsprechend auch für Fotos).

Geeignet sind u. a. folgende Motive (sie sollen sich möglichst einsilbig verbalisieren lassen):

Weg	Berg	Haus
Baum	Ast (Zweig)	Mensch
Tier	Stein	See (Meer)
Luft	Turm	Rad
Kreuz	Steg	Tor (Tür) . . .

Es handelt sich also um Motive, die vom Inhalt her eindeutig sein sollen. Dennoch kann eine gewisse Verfremdung hilfreich sein*

Sie finden in beinahe jeder »Kunstgeschichte« zahlreiche Bilder, die Sie zum Meditieren anregen können. Dabei sollten Sie nicht Bilder bevorzugen, die ihnen auf den »ersten Blick« etwas sagen, oder die Ihnen »gefallen«. Auch sind Bilder zu vermeiden, die zu reich an Inhalt sind (das kann die Gehaltserkenntnis erschweren). Sehr wohl aber sind Bilder geeignet, die Sie ästhetisch ansprechen.

Übungsverlauf

Sie sollen sich entspannt hinsetzen und jede Bewegung vermeiden. Je nach Größe des Bildes wählen Sie eine Distanz zum Bild, die wenig andere Gegenstände ins Blickfeld kommen läßt.

- Stellen Sie sich auf das Bild ein. Bei einem Gemälde können Sie sich bei der ersten Betrachtung zunächst fragen, was der Maler mit dem Bild ausdrücken wollte. Dann überlassen Sie sich ganz dem Spiel Ihrer Assoziationen, Vorstellungen und Imaginationen (Phantasien). Kommt kein rechter Assoziationsfluß in Gang, können folgende Methoden helfen:
  - Sie stellen sich das Bild als Einzelbild aus einer längeren zeitkohärenten Serie vor (etwa als Einzelbild aus einem »Film«). Versuchen Sie nun die Ereignisse, Szenen . . . zu reproduzieren, die unmittelbar

* Beispiele:
Baum: Vincent van Gogh: »Blühende Bäume« (1888), »Blick auf Arles« (1889).
Ast (Zweig): Motive japanischer Malerei.
Luft: van Gogh: »Sternennacht« (1889), »Weg mit Zypresse und Stern« (1890).
Mensch: Chagall: »Frau mit grünem Esel« (1961), »Josef, Hirte« (1931); Gauguin: »Vahine no te Vi« (1892), »Der Mann mit der Axt« (1891); Kokoschka: »Professor Forel« (1910).
Kreuz: Klee: »Ein Kreuzfahrer« (1929); Chagall: »Christus« (1950).

vor und nach dem Bild liegen. Diese Übung können Sie dehnen, bis die Dauer des Filmabspielens etwa zehn Minuten währt. Das betrachtete Bild sollte irgendwo in der Mitte des Szenenablaufs liegen.

- Sie vertiefen sich in die Gedanken, Gefühle, Wollungen einer Person, die auf dem Bild (auch) abgebildet ist. Versuchen Sie herauszufinden, was sie tun wird oder tun sollte. Identifizieren Sie sich endlich mit der Person, um so ins Bild hineinzukommen.
- Stellt das Bild keine Personen vor, betrachten Sie es als Darstellung einer Theaterbühne, auf der die abgebildete Szene spielt. Treten Sie nun ins Bild, so als wären Sie ein Schauspieler, der vor der Kulisse des Bildes seine Rolle zu spielen hat. Spielen Sie in Gedanken diese Rolle durch. Dabei darf sich das Bild durchaus in Ihrer Phantasie ändern.
- Bei »abstrakten Bildern« können Sie genauso verfahren wie zuvor, doch müssen Sie eine Phase der Produktion von Gestalten in Inhalten vorschieben. Betrachten Sie also das Bild so lange, bis irgendwelche Gestalten, Szenen ... deutlich werden, und gehen Sie dann in das Bild hinein, indem Sie mitspielen oder sich mit einer der Gestalten identifizieren.

- Verweilen Sie bei dem Bild, solange die Assoziationen, Imaginationen »fließen«. Stellt sich eine Häufung von längeren beunruhigenden Phantasien ein, sollten Sie ein anderes Bild wählen. Führt das andere Bild Sie auch nicht zu einer positiveren Stimmung, brechen Sie (vorläufig) die Bildbetrachtungen ab.
- Versuchen Sie »ins Bild zu kommen«, indem Sie sich oder Ereignisse Ihres Lebens im Bild wiedersehen, wiedererleben.
- Machen Sie sich nach der Betrachtung (eventuell in der Ausklangsphase) kurze Notizen zum Inhalt Ihrer Assoziationen oder Imaginationen, besonders, wenn diese sich auf ein Thema fixieren oder das Betrachtungserlebnis intensiv ist.
- Wechseln Sie das Bild nur aus vernünftigen Gründen (»Es sagt nichts mehr«, »Es beunruhigt mich« ...). Sie sollten möglichst lange bei einem Bildthema bleiben.

Gruppenübung?

Das Üben in einer kleinen (höchstens fünf Mitglieder umfassenden) Gruppe kann zu Anfang der Übung nützlich sein. Sobald jedoch die Gruppe irgendwelche Zwänge (gruppenspezifischer oder inhaltlicher Art) auf Sie auszuüben beginnt, sollten Sie sich von der Gruppenbetrachtung lösen. Lernen Sie aber in der Gruppe, über Ihre Gefühle,

Phantasien ... zu sprechen. Die Objektivation in einer Gruppe oder zusammen mit einem Partner ist meist gründlicher und ergiebiger als eine schriftliche Fixierung.

2. Übung
Über Farben
Diese Übung sollte zunächst in einer Gruppe trainiert werden. Die Zahl der Gruppenmitglieder kann zwischen vier und zehn schwanken. Alter und Geschlecht spielen keine Rolle, doch sollen die Gruppenmitglieder nicht emotional gehemmt sein – jeder soll seine Gefühle, Eindrücke, Gedanken ... frei äußern können, ohne sich sorgen zu müssen, auf Widerspruch, Spott ... zu stoßen. Die Gruppe muß als Gruppe bereit sein, in der Haltung des Spiels »Zweckloses« zu akzeptieren.

Zielgruppe
Alle (Kinder ab etwa zwölf Jahren) können mitmachen. Besonders geeignet sind optisch orientierte Menschen.

Übungsziel
- Wiederentdecken psychischer Vorgänge und Abläufe, die oft unbewußt gesteuert werden.
- Im Vergleich mit anderen sich besser kennenlernen.
- Das Gefühl für das Kreative wächst.
- Spannungen können sich lösen. Die innere Ruhe soll zu gesteigerter Handlungsbereitschaft führen.
- Steigern der Erlebnisfähigkeit und der Ausdrucksmöglichkeiten.
- Vorbereitung auf die AI.

Dauer der Übung
Die eigentliche Übung sollte wenigstens zehn Minuten währen, in denen alle Übungsteilnehmer schweigen und sich auf die Farbe einstellen. Dabei sollten (anfangs) Notizen gemacht werden. Für die Besprechung der Übung sind je nach Teilnehmerzahl etwa dreißig Minuten bis eine Stunde anzusetzen. Auf keinen Fall sollte die Übung unter irgendwelchem Zeitdruck ablaufen.

Häufigkeit der Übung
Etwa wöchentlich einmal. Sie kann alternativ mit anderen Formen der Betrachtung geübt werden (Individualbetrachtung!).

Hilfsmittel

Eine einfarbige Fläche (mit kräftigem Farbausdruck), auf der alle Übungsteilnehmer Platz haben, die aber zumindest die Fläche zwischen den Teilnehmern ausfüllt. Das kann ein Teppich sein oder ein nichtfleckiges einfarbiges Papier ...

Übungsverlauf
Alle setzen sich im Kreis auf (oder vor) die farbige Fläche auf den Boden. Die Sitzhaltung ist nicht unbedingt wichtig, doch sollten die Beine möglichst angezogen sein, wenn man keine typische Meditationshaltung beherrscht (sonst ist diese zu wählen). Eine gleiche Sitzhaltung aller Teilnehmer ist nicht erforderlich.

• Am besten beginnt man mit der Farbe »Blau« (sollte kräftig, satt sein). In die Mitte lege man ein großes Tuch, ein Papier ... das uni blau gefärbt ist und den Kreis, den die Gruppe bildet, ganz ausfüllt. Besser noch wäre eine so große Blaufläche, daß sich die Teilnehmer auch auf sie setzen können. Die Blaufläche bleibt ansonsten ganz leer. Nun läßt jeder Beteiligte schweigend und in ruhiger emotionaler Verfassung das Blau auf sich wirken. Jedem muß soviel Zeit gelassen werden, daß er sich ganz auf »Blau« konzentrieren und einstellen kann.

• Führt diese Farbbetrachtung zu irgendeiner Vorstellung, einem Bild, einem vergessenen Erlebnis, einem Gefühl ..., schreiben Sie es in Stichworten nieder. Allen ist genug Zeit zu lassen – niemand darf sich irgendwie gedrängt fühlen. Keiner sollte auch gezwungen werden, irgend etwas niederzuschreiben.

• Erst jetzt darf gesprochen werden. Der Reihe nach berichtet jeder an Hand seiner Stichworte über seine »Erlebnisse«. Ist ein Übungsleiter vorhanden, sollte er darauf achten, daß weder der Produktivste noch der Unproduktivste mit seiner Darstellung beginnt. Auch auf vorsichtige, tastende, unsichere Beiträge soll die Gruppe voll eingehen. Bei unklaren Darstellungen darf ein Gruppenmitglied, das schon gesprochen hat (oder besser: der Übungsleiter), kurze Rückfragen stellen.

Im allgemeinen treten drei Typen von Eindrücken auf:

• Naheliegende Gedankenverbindungen (Assoziationen) wie: blauer Himmel, blaues Meer, blaues Kleid, blaue Augen, blaue Naturfarben (Glockenblumen ...).

• Empfindungen und Stimmungen wie: »von einem Mantel schützend umhüllt«, »aus sich herausgezogen«, gelöst, sehnsuchtsvoll in die Ferne gezogen, kühl oder kalt ...

• Handlungsanforderungen wie: angeregt sein, zu schweigen, dem Bedürfnis, sich hinzulegen, die Hände zu falten, in sich zu gehen, wegzulaufen ... Geeigneten Handlungsanforderungen (Hinlegen, Hinundhergehen, Hände falten ...) sollte man bei der Besprechung nachkommen. Doch sollte der Sprechende in jedem Fall in der Runde sitzen.

Zu Beginn können Assoziationen so überwiegen, daß es nicht zu Empfindungen, Phantasiebildern ... oder Bewegungen kommt. Bei häufigerer Wiederholung wird jedoch jeder zu Empfindungen, Bildern, Bewegungen ... gelangen.

• Wird eine Farbe unergiebig (»langweilig«), kann man zu einer anderen übergehen (Rot, Gelb, Grün ...), doch ist darauf zu achten, daß die Farben möglichst kräftig sind (Rosa, Lila, Grau, Braun ... sind meist weniger geeignet).

Einzelübung?

Die Übung kann auch als Einzelübung gemacht werden. Doch ist es meist ratsam, zunächst mit Gruppenübungen zu beginnen. Das Übungsziel ist erreicht, wenn Sie während der Betrachtung »erfahren«, daß Bewegung und Kräfte in der Innen- oder Außenwelt wirksam sind, die in den Farben wie in einem Gleichnis in Erscheinung treten.

Es kommt also darauf an, zu erfassen, daß einer Farbe eine »geistige Kraft«, ein Wollen, eine Handlung entspricht. Zu diesem Erfassen kommt es durch intensive Konzentration auf eine einzige Farbe, die in der Psyche wachruft, was die Farbe an Vorstellungen, Bildern, Vergleichen, Gefühlen ... auslöst. Diese Übung wurde von I. Johanson entwickelt.*

3. Übung

Über abstrakte Bilder

Haben Sie die erste Übung mit Erfolg absolviert, können Sie zur dritten übergehen. Diese Übung ist gezielt auf die Produktion von Phantasievorstellungen gerichtet. Man kann mit ihr die ersten Schritte in die Aktive Imagination gehen lernen.

* Vgl. in R. Bleistein, *Türen nach Innen*, München 1974, 49–50; 217–220. Sind die Teilnehmer aufeinander eingespielt, kann man auch an Farbkompositionen üben. Man hängt ein großes weißes Blatt an die Wand. Jedem sollten Wasserfarben und Pinsel zur Verfügung stehen. Alle dürfen sich von Anfang an bei den Vorhaben und Vorstellungen des anderen beteiligen.

Ein Teilnehmer malt nun auf die weiße Fläche in beliebiger Farbe eine beliebige Struktur. Er erklärt, was er will oder meint, sich dabei denkt. Der nächste ergänzt die anfängliche Struktur wieder in beliebiger Farbe mit beliebiger Gestalt (wiederum erklärend warum und wieso). Die Farben sollen zueinander sprechen.

Diese Übung hat jedoch eher gruppendynamische als betrachtende Funktion.

Sie kann auch als »Spiel« in der Gruppentherapie verwendet werden.

Abstrakte Bilder vermitteln kaum mehr Inhalt, sondern fast ausschließlich Gehalt (über Farbe und Form). Obschon *jedes* Kunstwerk an sich das Resultat einer Abstraktion eines Natur- oder Vorstellungsbildes ist, verstehen wir unter »abstrakter Kunst« das ausgedrückte Bemühen des Künstlers um eine Darstellung gegenstandsfreier Inhalte (oder Gehalte). Formen und Farben besitzen eine eigene nicht auf die Sinnesrealität bezogene Autonomie und Logik. Bahnbrechend waren Frank Kupka und Wassily Kandinsky (»Improvisation« 1910). Kandinsky hat in seiner Schrift »Über das Geistige in der Kunst« (1912 veröffentlicht) der abstrakten Malerei ihre erste Theorie gegeben. Er orientiert sich dabei an der Darstellung der Musik (die ja auch Tonfolgen vorstellt, wie sie in der Sinneswelt nicht vorkommen).

Im abstrakten Expressionismus scheint die abstrakte Malerei ihre stärkste Ausdrucksweise gefunden zu haben. »Abstrakter Expressionismus« kennzeichnet eine Stilphase, die die Malerei der fünfziger und frühen sechziger Jahre in Europa und Amerika weitgehend bestimmte. Im Gegensatz zur frühen abstrakten Kunst konzipiert der Künstler sein Werk nicht mehr nach konkreten Formprinzipien, sondern legt sein Interesse auf den kreativen Gestaltungsprozeß, der aus Farben und Formen entwickelt wird. Viele dieser Bilder können – wie auch die Bilder von psychotisch Kranken – als ziemlich unverstellter Ausdruck unbewußter Strebungen interpretiert werden.

Diese informelle Gestaltungsweise, die vor allem die Eigenwertigkeit der Farben im spontanen kreativen Akt in den Vordergrund stellt, führte viele Künstler notwendig in die Nähe des von den meisten Kubisten theoretisch geforderten »Automatismus«. »Automatismus« bezeichnet einen künstlerischen Schaffensprozeß, der alle Bewußtseinsinhalte ausschalten soll. A. Breton (1896–1966) definierte in seinem »Ersten surrealistischen Manifest« (1924):

> Reiner psychischer Automatismus, durch den man mündlich oder schriftlich oder auf jede andere Weise den wirklichen Ablauf des Denkens auszudrücken sucht, (geschieht ohne) Denkdiktat oder jede Kontrolle durch die Vernunft, jenseits jeder ästhetischen oder ethischen Überlegung ... Der Surrealismus beruht auf dem Glauben an die höhere Wirklichkeit gewisser, bis dahin vernachlässigter Assoziationsformen, an die Allmacht des Traumes, an das zweckfreie Spiel des Denkens.

Breton hat mit vielen anderen einsehen müssen, daß dieses Programm nicht ideal zu verwirklichen ist. Am nächsten kommen ihm wohl die sog. »Frottagen« von Max Ernst. Der abstrakte Expressionismus hat hier einen Kompromiß geschlossen, der dem Ideal weitgehend entspricht.

Künstlerisch werden solche Bilder aber erst, wenn sie nicht nur die aktiven Imaginationen des Künstlers objektivieren, sondern eine gewisse, wenigstens auslösende Allgemeingültigkeit haben, d. h. auch beim Betrachter einen aktiven Imaginationsprozeß in Gang setzen (so unterscheiden sich die Bilder der Kunst von denen mancher Psychotiker, deren Imaginationen uns fremd anmuten und abstoßen).

Zielgruppe
Personen, die – optisch begabt – gelernt haben, die Vorformen der Aktiven Imagination (etwa nach den beiden vorgenannten Übungen) zureichend zu beherrschen. Gewarnt werden muß hier noch einmal ausdrücklich von der Gefahr, die durch nicht von einem Therapeuten geleitete Imaginationsübungen auf psychisch Labile oder Kranke ausgehen kann.

Übungsziel
Aktive Imagination.

Dauer der Übung
Anfangs etwa zehn Minuten zuzüglich je fünf Minuten Einstimmungs- und Ausklangsphase. Diese Zeit kann nach persönlichen Bedürfnissen und Fähigkeiten bis zu 30 Minuten ausgedehnt werden. Die Übung ist abzubrechen, wenn man nicht mehr den Strom der Phantasievorstellungen bremsen kann oder sich überwiegend emotional negativ besetzte Vorstellungen ergeben (Angst, Niedergeschlagenheit, Sorge ...). Die Übung ist zu unterlassen, wenn sich auch nach der Betrachtung unkontrolliert Phantasiebilder einstellen (das gilt nicht, wenn die Übung unter Anleitung eines Therapeuten gemacht wird).

Häufigkeit der Übung
Ein- bis zweimal wöchentlich, wenn rege Phantasiebilder auftauchen, sonst ist (vor allem anfangs) gegen ein tägliches Üben nichts einzuwenden. Diese Übung sollte nicht zur gleichen Zeit mit anderen Betrachtungsübungen unternommen werden (es sei denn auf fachkundlichen Rat).

Hilfsmittel
Möglichst nicht zu kleinformatige Reproduktionen (farbig!) abstrakter Künstler. Anfangs sind die »Improvisationen« Kandinskys recht ge-

eignet. Schon fast klassisch geworden ist die 19. Improvisation (1911), die im Handel als Meditationsbild angeboten wird (etwa über den Christopherus-Verlag Herder, Freiburg). Das Bild soll plan aufgespannt werden. Später können Sie auch zu schwierigeren Bildern übergehen (etwa: Willem de Kooning »Vorort in Havanna« (1958). In Frage kommen vor allem Bilder des abstrakten Expressionismus, die relativ großflächig gemalt sind. Gute Reproduktionen dieser Stilepoche finden Sie in jeder nicht zu kleinen Kunsthandlung.

Da Sie ohne Schwierigkeiten oft monatelang bei einem Bild verweilen können und die Bilder als Wandschmuck durchaus geeignet sind, lohnt sich oft die Anschaffung einer originalgroßen Reproduktion.

Übungsverlauf

Setzen Sie sich ruhig hin, entspannen Sie sich, schalten Sie ab. Beherrschen Sie eine typische Meditationshaltung, sollten Sie sie einnehmen. Schauen Sie nichts an als das Bild. Konzentrieren Sie sich ganz auf das Bild. Bald werden Emotionen, Erwartungen, Wünsche auftauchen. Lassen Sie sie wie Wolken am Sommerhimmel vorüberziehen. Nach einigen Betrachtungen stellen sich zumeist recht lebhafte Phantasiebilder ein, für die das Bild nur noch als Auslöser dient. Versuchen Sie niemals, etwas zu erzwingen. Kommen lassen, abwarten, ist alles bei diesen Übungen.

Sie sollten sich nicht auf ein bestimmtes Phantasiebild willentlich fixieren. Schalten Sie also Ihren Willen (wie schon zuvor Ihre kritische Rationalität) möglichst aus.

Häufiger wiederkehrende Phantasiebilder oder Phantasiebilder, die Sie recht intensiv erleben, sollten Sie beschreibend notieren (nach der Betrachtung).

Gruppenübung

Nicht anzuraten, es sei denn, Sie verwenden das Bild im Sinne der ersten Übung und nicht in dem der AI.

3. Gedichtmeditationen

Die lyrischen Gestaltungen waren ursprünglich eng an den musikalischen Ausdruck gebunden (»Lyra«) und haben diese Bindung nie ganz verloren. Neben Epik und Dramatik hat die Poetik hier ihren Platz. Der poetische Ausdruck verdichtet sich im Gedicht. Über die Form des Gedichts vermittelt der Dichter Gehalte, die nicht schon durch die bloße Wortkettung nach syntaktischen Regeln mitgeteilt werden können.

Die Verhaftung ans Wort macht es jedoch den meisten Betrachtenden nicht ganz leicht, sich vom Inhalt zu lösen und den Gehalt zu erfahren. Dennoch kann die Gedichtbetrachtung – vor allem gegenständlich orientierten Menschen – einen Einstieg in die Technik des Betrachtens geben. Hier sind es vor allem wieder expressionistische dichterische Ausdrucksformen, die sich zur Betrachtung eignen. Weniger geeignet sein dürften für die meisten *abstrakte* expressionistische Aussageformen, da die Kettung an das Wort hier weitgehend gebrochen erscheint, die Ablösung von der Semantik der Umgangssprache beinahe vollständig wird. Das Einstimmen auf solche Wortfolgen setzt ein grundsätzlich anderes Verhältnis zum Wort voraus, als es die Umgangssprache vermittelt.

Wenn ein Gedicht gefällt, sollte man sich um nichts anderes kümmern. Man sollte es lesen und in sich hineinhorchen. Dann wieder lesen und horchen. Man sollte sich tragen lassen von der Poesie wie Vögel vom Wind.

Ist das Gedicht fremd und läßt es seinem Gehalt nicht aufs erste (langsame) Lesen erkennen, sollte man »von außen« beginnen: zuerst den Inhalt des Gedichtes zu erfassen suchen, um sich erst langsam seinem Gehalt zuzuwenden.

Gedichte beschreiben Szenen, die nicht nur im Außen spielen. Szenen werden aber symbolisch abgehandelt. Es kommt darauf an, den Symbolgehalt zu erfahren. Solche Erfahrung wird immer ein Zusammenspiel zwischen eigener psychischer Disposition (und dazu rechnet auch die des Unbewußten) und von außen kommender Anregung sein.

Wir unterscheiden zwischen bewußten und unbewußten Repräsentationen von Objekten; die bewußten nennen wir Symbole, die letzteren Klischees. Im Symbolgefüge der Objektrepräsentanzen gibt es eine Kettung, die mit wachsender Bewußtwerdung, mit zunehmender Fähigkeit zur verbalen Artikulation von Vorstellungssymbolen entfernt. Die Vorstellungssymbole, bewußt, aber nicht verbalisierbar, sollen in der Gedichtbetrachtung ausgemacht und erlebt werden. Sie siedelt also an den Grenzen der Isolierung des Gegenstandes vom Selbst, ohne daß die Grenze zwischen Gegenstand und Selbst ganz aufgehoben werden dürfen. Symbole können und sollen mit Inhalten besetzt werden, aber es sind nicht die Inhalte der Vernunft, sondern eher die des Fühlens, der Stimmung.

Die unbewußten Repräsentationen von Objekten nennen wir Klischees. Auch sie können von erfahrenen Objekten besetzt werden. Die

Begegnung von erfahrenem Objekt und Klischee mag uns dazu dienen, Harmonie zwischen Bewußtem und Unbewußtem herzustellen. Während Symbole gegenüber dem erfahrenen Objekt relativ autonom, willkürlich sind, bleiben Klischees meist recht fest an ihr Objekt gebunden. Deshalb laufen Handlungsimpulse aus Klischees unverzögert und spontan ab. Die durch Klischees in Gang gesetzte Szene läuft weitgehend unkontrollierbar ab. Klischeehafte Abläufe werden zumeist im nachhinein rationalisiert, obschon sie sich jeder rationalen Erklärung, solange sie nicht unbewußte Orientierungen ins Spiel bringt, entziehen. Solche Klischees (sie haben einiges mit den Archetypen C. C. Jungs gemein) dürften ontogenetisch recht alt sein: Sie werden vor Symbolen gebildet.

Ein Mensch, der die Unterscheidung von Klischee und Symbol nicht realisiert hat, wird stets die Bilder, die, vom Unbewußten angeregt, aufsteigen, symbolhaft deuten. Das gilt selbst für die Psychologie des Traums, die oft ausschließlich eine symbolische Deutung versucht. Klischees symbolisieren aber nichts, obschon sie sich ganz ähnlich wie Symbole vorstellen, sondern sind reiner Ausdruck des Unbewußten.

Symbole können zu Zeichen (Worten, Gesten) werden. Klischees nur mittelbar, insofern sie Symbole aufrufen, wecken, ausdrücken. Hinter den Bildern der Phantasie dürfen wir also nicht bloße Symbole vermuten. Der Grund, aus dem sie kommen, ist oft das Unbewußte – ihr Inhalt klischeehaft.

Im Gedicht wie in der Begegnung mit dem Gedicht werden also keineswegs nur Symbole aufgerufen. Es wäre demnach falsch, nach symbolischen Bedeutungen zu suchen, denn sie gehören noch zur Oberflächenerkenntnis des Inhalts. Die Tiefenerkenntnis ist nur möglich, wenn man sich dem Gedicht einfach aussetzt, sich ihm überläßt, dann können Klischees wirksam werden, ihren objektbesetzten Ausdruck finden – und über spontane Symbolbildung der produktiven Phantasie erfahrbar werden. Klischees können nur »erfahren« werden, wenn man ihnen ein Objekt anbietet, an das sie sich anheften können. Das Klischee wird dann im und durchs Objekt erfahren. Unser Objekt ist aber das Gedicht.

So von Klischees ausgelöste Symbolstrukturen sind nicht adäquat verbalisierbar. Man merkt im Versuch, *solche* Symbole zu beschreiben, das völlige und grundsätzliche Ungenügen der Sprache.

Gute Gedichte bringen, bei allem Ungenügen, solche Klischees über Symbole zu Sprache. Da aber der Bestand an Klischees bei vielen Menschen recht ähnlich ist, kann ein gutes Gedicht viele Menschen ansprechen. Sie finden sich in ihm wieder, ohne genau zu wissen, warum.

Strenggenommen kann die Sprachlosigkeit des Klischees wohl nur in der Traumarbeit symbolisch zur Sprache kommen – doch sind Gedichte (wie auch manche Musikstücke und Malereien) »eingefrorene Träume« von nicht nur individueller Bedeutung. Hinter den Symbolen des Gedichts stehen Klischees.

Sicher wird diese Interpretation der Poesie bei manchen berufsmäßigen Interpreten auf Widerstand stoßen. Doch ein Gedicht ist eben nicht nur ein germanistisches Faktum, sondern vor allem auch ein psychisches.

1. Übung:
Gedichtbetrachtung
Diese erste Übung zum Erlernen der Gedichtbetrachtung orientiert sich unmittelbar an Gedichten. In einer zweiten Übung werden wir versuchen, auf die einfachste Form des Gedichts zurückzugehen: das »Ein-Wort-Gedicht«.

Zielgruppe
Die Zielgruppe dieser Übung sind Menschen, die ein positives und ausgebildetes Verhältnis zur Sprache haben.

Übungsziel
Das Erfahren von Klischees der eigenen Psyche in ihren symbolischen Ausdrücken und Ausformungen. Die Übung kann unter Umständen in die AI übergehen. Dieser Übergang ist nicht wünschenswert für psychisch labile oder kranke Menschen.

Dauer der Übung
Abzüglich der Einstimmungs- und Ausklangsphase wenigstens 20 Minuten.

Häufigkeit der Übung
Die Übung sollte zwei- bis dreimal wöchentlich gemacht werden. Selbst wenn sie mit anderen Übungen alterniert, ist auf wenigstens eine Übung pro Woche nicht zu verzichten. – Dabei sollten Sie wenigstens fünf- oder sechsmal dasselbe Gedicht betrachten. Wählen Sie zu Anfang eines aus, das Sie »aufs erste Lesen« anspricht. Später können Sie auch Gedichte wählen, die Ihnen fremd und unergiebig zu sein scheinen.

Hilfsmittel
Sie sollten eine gute Anthologie deutschsprachiger Gedichte besitzen. Fragen Sie Ihren Buchhändler. Zu bevorzugen sind expressionistische Gedichte. Wir werden in einem Anhang zu dieser Übung einige Gedichte vorstellen, die es Ihnen zu prüfen erlauben, ob für Sie eine Gedichtbetrachtung in Frage kommt.

Übungsverlauf
Setzen Sie sich ruhig hin. Bewegen Sie sich nicht mehr als notwendig (Ermüdungsbewegungen sind wegen der relativ langen Dauer der Übung nicht zu vermeiden). Beherrschen Sie einen Meditationssitz, sollten Sie ihn wählen.

Nun konzentrieren Sie sich ganz auf das Gedicht (nur eines!). Zuerst lesen Sie es einmal langsam und vernehmlich laut, darauf noch zwei- oder dreimal leise. Jetzt lesen Sie eine Zeile oder eine Strophe. Dann schließen Sie die Augen und lassen das Gelesene auf sich wirken. Stellen sich keine Phantasiebilder ein (diese haben oft nichts unmittelbar und erkenntlich mit dem Inhalt des Gedichtes zu tun), lesen Sie nach einigen Minuten die Zeile oder Strophe noch einmal (leise und sehr behutsam-langsam). Es kann sein, daß sich erst nach mehrmaligem Üben an einem Gedicht sein symbolvermittelter Gehalt in Phantasievorstellungen erschließt. Geben Sie also nicht zu früh auf. Die jeweilige Übungszeit müssen Sie in jedem Fall durchstehen.

Stellen sich auch nach mehreren Übungen keine Phantasievorstellungen ein, wählen Sie ein anderes Gedicht. Führt auch das nicht nach einiger Zeit zu dem gewünschten Imaginations-Erfolg, sollten sie von der Gedichtbetrachtung zu einer anderen Betrachtungsform wechseln.

Da sich bei der Gedichtbetrachtung meist seltener beängstigende oder deprimierende Assoziationen (und in deren Gefolge Phantasievorstellungen) einstellen, ist hier der Rat, bei länger dauernden oder heftigeren Ängsten oder Verstimmungen die Betrachtung oder gar die Betrachtungstechnik abzubrechen, weniger dringend, dennoch aber aktuell.

Gruppenübung?
Gruppenübung ist weniger zu empfehlen, da die Fähigkeit, über Symbole zur Erfahrung von in der Tiefe der Psyche angelegten Klischees zu gelangen, recht verschieden entwickelt ist. Die Ansprechbarkeit durch Gedichte ist ebenfalls recht unterschiedlich und oft abhängig von der Art (der Form und dem Inhalt) des Gedichts. Dennoch kann ganz zu Anfang eine Gruppenübung mitunter von Nutzen sein, um überhaupt einmal die Fähigkeit zur Symbolerkenntnis zu steigern.

Anhang: Gedichte zur Meditation

Uns ist kein Sein vergönnt. Wir sind nur Strom,
Wir fließen willig allen Formen ein:
Dem Tag, der Nacht, der Höhle und dem Dom,
Wir gehn hindurch, uns treibt der Durst nach Sein.

(H. Hesse, »Klage«)

Im Leeren dreht sich, ohne Zwang und Not,
Frei unser Leben, stets zum Spiel bereit,
Doch heimlich dürsten wir nach Wirklichkeit,
Nach Zeugung und Geburt, nach Leid und Tod.

(H. Hesse, »Doch heimlich dürsten wir«)

Wie jede Blume welkt und jede Jugend
Dem Alter weicht, blüht jede Lebensstufe,
Blüht jede Weisheit auch und jede Tugend
Zu ihrer Zeit und darf nicht ewig dauern.

Es muß das Herz bei jedem Lebensrufe
Bereit zum Abschied sein und Neubeginne,
Um sich in Tapferkeit und ohne Trauern
In andre, neue Bindungen zu geben.

Und jedem Anfang wohnt ein Zauber inne,
Der uns beschützt und der uns hilft zu leben.
Wir sollen heiter Raum um Raum durchschreiten,
An keinem wie an einer Heimat hängen,
Der Weltgeist will nicht fesseln uns und engen,
Er will uns Stuf' um Stufe heben, weiten.

Kaum sind wir heimisch einem Lebenskreise
Und traulich eingewohnt, so droht Erschlaffen,
Nur wer bereit zu Aufbruch ist und Reise,
Mag lähmender Gewöhnung sich entraffen.

Es wird vielleicht auch nicht die Todesstunde
Uns neuen Räumen jung entgegensenden,
Des Lebens Ruf an uns wird niemals enden . . .
Wohlan denn, Herz, nimm Abschied und gesunde!

(H. Hesse, »Stufen«)

Ich kreise um Gott, um den uralten Turm,
und ich kreise jahrtausendelang;
und ich weiß noch nicht: bin ich ein Falke, ein Sturm
oder ein großer Gesang.

(R. M. Rilke)

Du Dunkelheit, aus der ich stamme,
ich liebe dich mehr als die Flamme,
welche die Welt begrenzt,
indem sie glänzt
für irgendeinen Kreis,
aus dem heraus kein Wesen von ihr weiß.

Aber die Dunkelheit hält alles an sich:
Gestalten und Flammen, Tiere und mich,
wie sie's errafft,
Menschen und Mächte.

Und es kann sein: eine große Kraft
rührt sich in meiner Nachbarschaft.

Ich glaube an die Nacht.

(R. M. Rilke)

Ich finde dich in allen diesen Dingen,
denen ich gut und wie ein Bruder bin;
als Samen sonnst du dich in den geringen
und in den großen gibst du groß dich hin.

(R. M. Rilke)

Ich aber will dich begreifen
wie dich die Erde begreift;
mit meinem Reifen
reift
dein Reich.

(R. M. Rilke)

Er neigte sich, als bräche er sich entzwei,
und warf sich in zwei Stücken auf die Erde,
und jetzt an seinem Mund wie ein Schrei
zu hängen scheint und so als sei
sie seiner Arme wachsende Gebärde.
Und langsam ging sein Fall an ihm vorbei.

(R. M. Rilke)

Da leben Menschen, weißerblühte, blasse,
und sterben staunend an der schweren Welt.
Und keiner sieht die klaffende Grimasse,
zu der das Lächeln einer zarten Rasse

in namenlosen Nächten sich entstellt.

Sie gehn umher, entwürdigt durch die Müh,
sinnlosen Dingen ohne Mut zu dienen,
und ihre schönen Kleider werden welk an ihnen,
und ihre schönen Hände altern früh.

(R. M. Rilke)

Und ihre Stimme kommt von ferneher
und ist vor Sonnenaufgang aufgebrochen
und war in großen Wäldern, geht seit Wochen
und hat im Schlaf zu Daniel gesprochen
und hat das Meer gesehen, und sagt vom Meer.

(R. M. Rilke)

Aus unendlichen Sehnsüchten steigen
endliche Taten wie schwache Fontainen,
die sich zeitig und zitternd neigen.
Aber, die sich uns sonst verschweigen,
unsere fröhlichen Kräfte – zeigen
sich in tanzenden Tränen.

(R. M. Rilke)

Und du wartest, erwartest das Eine,
das dein Leben unendlich vermehrt;
das Mächtige, Ungemeine,
das Erwachen der Steine,
Tiefen, dir zugekehrt.

(R. M. Rilke, »Erinnerungen«)

Die Blätter fallen, fallen wie von weit,
als welkten in den Himmeln ferne Gärten;
sie fallen mit verneinender Gebärde.

Und in den Nächten fällt die schwere Erde
aus allen Sternen in die Einsamkeit.

Wir alle fallen. Diese Hand da fällt.
Und sieh dir andere an: es ist in allen.

Und doch ist einer, welcher dieses Fallen
unendlich sanft in seinen Händen hält.

(R. M. Rilke, »Herbst«)

Der Tod ist groß.
Wir sind die Seinen

lachenden Munds.
Wenn wir uns mitten im Leben meinen,
wagst du zu weinen
mitten in uns.

(R. M. Rilke, »Schlußstück«)

Nah ist nur Innres; alles andre fern.
Und dieses Innere gedrängt und täglich
mit allem überfüllt und ganz unsäglich.
Die Insel ist wie ein zu kleiner Stern

welchen der Raum nicht merkt und stumm zerstört
in seinem unbewußten Fruchtbarsein,
so daß er, unerhellt und überhört,
allein

damit dies alles doch ein Ende nehme
dunkel auf seiner selbsterfundenen Bahn
versucht zu gehen, blindlings, nicht im Plan
der Wandelsterne, Sonnen und Systeme.

(R. M. Rilke, »Die Insel«)

Du bist wie von Träumen
von Sonne und Glück.
Wie ein Bote aus Räumen,
die lange zurück . . .
Tanzender Falter im Dämmern
der Wälder;
Ahnen von Liebe im Hämmern
der Pulse.
Spielen für Stunden, für Tage
und Nächte;
Spielen wie Traum und Sage
und Märchen . . .
Bis dann ein Windhauch
ein Windhauch nur –
Wischt wie der Tod, ernst
fort jede Spur.

(»Der Schmetterling«)

Bricht dein strahlendes Auge
Entzückt und bebend,
Wie wallender Saitenton,
Der gebannt an der Lyra
Sinnend geschlummert,
Empor durch den Schleier

Urheiliger Nacht,
Dann blitzen von oben
Ewige Sterne
liebend hinein.

(K. Marx, »Erwachen I«)

Dein Erwachen
ist unendliches Aufgehn,
Dein Aufgehn
Ewiger Fall.

(K. Marx, »Erwachen III«)

Vater,
Dein Name ist »Heilig«,
Sei alles in allem.
Überall geschehe Dein Wille.
Hilf uns Sorgen tragen.
Vergib, wenn wir vergeben.
Schütz' in Gefahren und
Breche die Fesseln.

2. Übung:
Worte

Die Übung mit Worten sollte auf die Übung an Gedichten folgen. Das sprechende Wort ist die dichteste Form symbolischer Vermittlung. Es trägt nicht nur semantische Bedeutung, deutet also nicht nur auf einen Gegenstand, sondern kann auch zugleich den Gegenstandsbezug auf mannigfache Weise überschreiten: Es kann außer der Vordergründigkeit der Sinnlichkeit die Untergründigkeiten von Emotionen, Symbolen und Klischees mit sich haben.
In den Meditationsübungen des Ostens und einigen des Westens hat das Wort verschiedene Funktionen: Es kann die Rationalität und Emotionalität in sich absorbieren, so daß der Weg zum eigenen Unbewußten unverstellt durch Verstand, Wollen und Gefühl möglich wird. Es kann aber auch der Träger der Gedanken und Gefühle sein, der Sie zu ihrer Quelle zurückträgt. Dazu ist es nötig, daß das Wort »stark« genug ist, alle rationale Tätigkeit und alle emotionale Stimmung auf sich zu ziehen und sich selbst immer wieder zu reproduzieren ohne bewußte Eigenaktivität der Betrachtenden. In den Meditationstechniken des Ostens wird das Wort dem Übenden zumeist vom Lehrer gegeben. Sie müssen zunächst herausfinden, welches Wort für Sie die stärkste absorbierende und tragende Kraft hat.

Das Wort sollte einfach und einsilbig sein. Einige solcher Wörter haben wir schon vorgestellt (vgl. Seite 140). Die Liste sei hier noch durch einige »abstrakte Wörter« ergänzt:

Nichts	All	Sinn
Welt	Tag	Licht
Bild	Maß	Kreis

Anm.: In der »Transzendentalen Meditation« erhält der Übende ein Mantra, das mitunter dem Sanskrit nahesteht, ohne daß der Übende um die Bedeutung des Wortes wüßte. Mantras sind ein- bis dreisilbig. Sie sind für den Übenden jedoch reine Nonsense-Worte.

In der Übung mit einem Wort sollten Sie ein Wort wählen, das Sie vom *Klang* her anspricht. Sollte es zu stark emotional besetzt sein, bleibt das Interesse beim Wort und den mit ihm verbundenen Bildern, Vorstellungen, Gefühlen haften. Das aber gilt es zu vermeiden. Sicherlich werden sich Bilder, Vorstellungen und Gefühle beim Orientieren auf ein Wort einstellen, doch sollten Sie sich nicht länger als nötig damit beschäftigen. Lassen Sie also die Bilder, Vorstellungen und Gefühle (wie schon bei anderen Übungen die auftauchenden Gedanken) vorüberziehen, ohne daran festzuhalten. Dabei soll sich das Wort gleichsam unter den Gedanken (oder das Gefühl . . .) schieben und es tragen zu seinem Ursprung: dem »Nichts« oder der Leere. Ist das unmöglich, bleibt also ein Bild, eine Vorstellung, ein Gefühl oder ein Gedanke über längere Zeit haften, sollten Sie sich darüber Notizen machen. Wird die Fixierung auch dadurch nicht behoben, wählen Sie bei der folgenden Übung ein anderes Wort. Haben Sie ein Wort gefunden, das beide Funktionen

- Absorption von Gedanken und Gefühlen,
- Evokation frei fließender Gedanken, Gefühle, Vorstellungen, Bilder . . .

ausübt, sollten Sie für einige Monate bei diesem Wort übend verweilen.

Zielgruppe
Diese Übung gelingt oft besser, wenn Sie einige Erfahrung in der Technik der AI besitzen. Als Einstiegsübung in die Betrachtung ist sie beschränkt geeignet.

Übungsziel
Von konkreten Inhalten sich ablösende Betrachtung (als unmittelbare Vorstufe zur Meditation) kann bei längerem Üben erreicht werden.

Nahziel ist es, Raum (mit Gegenständen) und Zeit (mit Nötigungen) zu »vergessen«. Es soll sich ein Gefühl der Leere einstellen, aus der heraus sich zunehmend weniger Bilder, Gefühle, Vorstellungen ins Bewußtsein schieben. Diese Leere gilt es aushalten zu lernen.

Mitunter haben antriebsschwache Personen schon oft ein solches Gefühl der Leere. Diese Form der Leere ist aber nicht Übungsziel. Antriebsschwache sind also nicht für diese Übung geeignet. Das Gefühl der Ausgeglichenheit und Ruhe soll einhergehen mit Antriebsstärke außerhalb der Übung. Führt die Übung zur Antriebsschwäche (die nicht verwechselt werden darf mit Reduzierung von Aktivismus), sollte sie abgebrochen werden.

Dauer der Übung
Anfangs beginnt man mit knapp zehn Minuten reiner Übungszeit, die langsam auf das Doppelte gesteigert werden können. Bei dieser Übung ist es vor allem wichtig, die Einstimmungs- und Ausklingzeiten (etwa je fünf Minuten) einzuhalten.

Häufigkeit der Übung
Anfangs kann diese Übung mit Übungen zur AI alternativ durchgeführt werden (etwa drei Übungen zur AI, dann eine zur Wortbetrachtung; bei täglicher Übung also etwa zwei Wortbetrachtungen je Woche). Klingt der Strom der Phantasieinhalte während der Übungen zur AI langsam ab, kann man entweder zur Meditation oder zur Wortübung als Regelübung übergehen.

Hilfsmittel
Keine.

Übungsverlauf
In der Einstimmungsphase sollten Sie sich bewußt positiv stimmen (anfangs am ehesten zu erreichen, indem man an etwas denkt, das Freude machte, macht oder machen wird). Die positive Einstimmung ist gerade für diese Übung sehr wichtig. Kommen Sie nicht von Ihren Sorgen, Nöten, nicht von Ihrem Kummer, Ärger, Leid los, sind Sie nicht zur Übung disponiert. Wählen Sie eine andere! Gelingt aber die positive Einstimmung, so setzen Sie sich gerade (Oberkörper soll in sich ruhen) hin; die Handflächen sollen nach oben weisen; der Blick ist zu senken, ohne die Augen zu schließen. Beherrschen Sie eine Meditationshaltung, wählen Sie diese.

Haben Sie sich so vorbereitet und eingestimmt, sprechen Sie das

Wort leise einige Male beim Ausatmen vor sich hin und verweilen in der Pause bis zum nächsten Einatmen beim Wort, seinem Klang, seiner Bedeutung. Anschließend wiederholen Sie zunächst das Wort bei jedem Ausatmen »innerlich«. Dabei sollen Sie sich stärker auf das Atmen konzentrieren als aufs Wort. Es begleitet Ihren Atem – Sie geben es im Ausatmen von sich, entlassen es aus sich, beladen mit Gefühlen und Bedeutungen. Dabei sollten Sie jede intellektuelle Überlegung zum Wort und seine Bedeutung zurücktreten lassen. Atmen Sie aus, geben Sie etwas aus sich her, dazu soll auch das Wort gehören mit allen Besetzungen intellektueller oder emotionaler Art.

Achten Sie dabei nicht auf tiefes oder ruhiges Atmen, sondern überlassen Sie sich vielmehr dem Atemrhythmus. Die Konzentrationsphase gilt ganz dem ruhigen gleichmäßigen Ausatmen, an dessen Anfang Sie laut oder innerlich sprechend das Wort stellen.

Beherrschen Sie die vorgenannte Übung einigermaßen (mitunter genügen etwa zehn Übungen), können Sie die Übung *weiterführen.* Während die vorgestellte Atemübung in ihrem Hauptteil etwa zehn bis zwölf Minuten dauert, soll die reine Wortübung die volle Übungszeit (etwa 20 Minuten) durchgehalten werden. Doch auch wenn Sie die Hauptübung (die Übung am Wort) trainieren, sollten Sie einige Minuten der »Atemübung mit Wort« voranstellen.

Die bloße Wortübung verläuft so:

Legen Sie ein Blatt Papier (DIN A 4) vor sich hin, auf dem nur Ihr Betrachtungswort groß geschrieben steht (am besten in Kleinbuchstaben). Entfernen Sie alle anderen Gegenstände aus Ihrem unmittelbaren Blickbereich.

Sprechen Sie einige Male (drei-, viermal) das Wort ruhig und klingend aus (zwischen jedem Aussprechen ist eine Pause von einigen Sekunden zu empfehlen). Und nun schweigen Sie im Wort. Orientieren Sie sich auf den Klang, nicht auf die Bedeutung des Wortes. Aufkommende Bilder, Stimmungen ... sollten Sie wie oben beschrieben aufnehmen. Wenn Sie feststellen, daß Sie sich nicht mehr am Klang des Wortes orientieren, wiederholen Sie das Wort (innerlich oder äußerlich). Doch diese Orientierung am Wortklang ist nicht das Wesentliche; sie soll nur auftauchende Bilder, Gefühle, Gedanken tragen – besser gesagt: Bilder, Gefühle und Gedanken sollen sich wie in einem Brennpunkt in dem Wort sammeln. Dann legen Sie das Wort beiseite und mit ihm die in ihm gesammelten Inhalte. Denken Sie an nichts. Gedanken, Gefühle, Bilder lassen sich niemals ganz ausschalten – lassen Sie sie ziehen: *Es* denkt, *es* produziert Gefühle und Phantasiebilder (nicht *Sie*).

Diese Ablösung des Ich von Bewußtseinstätigkeiten während der

Übung ist Übungsziel. Sie sollen lernen, über den Sachen (Besitz, Beruf . . .) und gar über sich selbst zu stehen und nicht in Sachen oder den Ansprüchen des Bewußtseins oder Bewußtwerdens unterzugehen. Das Heraustreten aus sich selbst und den Zwängen, die unsere Gefühle, Stimmungen, Denkgewohnheiten (Vorurteile) uns auferlegen, ist wichtiges Bildungsziel allen meditativen Bemühens. So ist der Sinn dieser Betrachtung auch Befreiung von Zwängen, innere Freiheit, die auch von sich selbst absehen kann.

Gruppenübung?
Die Übung ist als Gruppenübung nicht geeignet. Allenfalls können Vorübungen zu dieser Übung in Gruppe vorgenommen werden. Wichtige Vorübungen können sein:

- Wortklänge empfinden zu können,
- Wortbedeutungen von ihrer Vordergründigkeit zu lösen,
- freies Assoziieren zu lernen.

Bei diesen Vorübungen gibt ein Gruppenmitglied (oder der Gruppenleiter) ein Wort vor, das, einige Male von allen vorgesprochen, in seinen Bedeutungen, Bezügen und Dimensionen von allen schweigend bedacht wird. Dem Bedenken folgt dann – nach etwa zehn Minuten – eine Kommunikationsphase (deren Dauer von der Gruppengröße abhängt), in der jeder seine Bilder, Vorstellungen, Stimmungen, Assoziationen zum Wort mitteilt.

Die Übung setzt voraus, daß die Gruppenmitglieder keine Hemmungen haben, über ihre Vorstellungen, Bilder, Gefühle . . . zu sprechen. Das wird oft nur der Fall sein, wenn sich die Mitglieder schon recht gut kennen, etwa aus anderen, einfacheren Formen des Besinnens.

4. Textbetrachtung oder die Erwägung

Die Textbetrachtung ist eine Betrachtung an Hand von profanen oder sakralen Texten. Betrachtet wird der Inhalt, der Anspruch, das Bild des Textes. Betrachtung im engeren Sinn schließt immer auch die Sinnlichkeit (Phantasie, Gedächtnis, Vorstellungsvermögen als »innere Sinne«) mit ein. Es wird ein vorgestellter Gegenstand oder Sachverhalt »betrachtet«. Tritt jedoch das Nachdenkende, das Nach- oder Besinnende in den Vordergrund, wird also der Verstand aktiv tätig, spricht man geeigneter von »Erwägung«. Wir werden im folgenden voraussetzen, daß in der Textbetrachtung »Erwägung« und »Betrachtung im engeren

Sinne« miteinander verbunden werden (in verschiedenen Anteilen). Das aber bedeutet, daß der betrachtete Text (die Betrachtung mit Texten) Bildelemente mit sich hat und keine bloß rationale Reflexion vorstellt.

Zur Geschichte der Textbetrachtung

Die Betrachtung mit Texten (oder anläßlich von Texten) ist seit dem 16. Jahrhundert die verbreitetste Betrachtungsform im Westen. Sie verdrängte weitgehend die zuvor üblichen Formen der Meditation. Vor allem durch Iñigo von Loyola (1491 bis 1556) wurde sie systematisch und praktisch in seinem Buch: »Die Exerzitien« entfaltet. Iñigo definierte Exerzitien als »geistige« Übungen dazu hin, sich selbst zu überwinden und sein Leben zu ordnen, ohne sich durch irgendeine Neigung, die ungeordnet wäre, bestimmen zu lassen« (21). Die Exerzitien wurden zum wichtigsten Instrument der Gesellschaft Jesu in der religiösen Auseinandersetzung mit dem jeweiligen Zeitgeist. Ziel der in den Exerzitien vorgestellten Betrachtungspraxis ist es, zur »simplicitas animi«, zur Einfachheit des Geistes, zur religiösen Integration von Intellekt, Wollen und Gefühl zu führen.

Iñigo orientierte sich in seinen Exerzitien vor allem an den Evangelien. Dazwischen werden einige Erwägungen (consideraciónes) eingestreut, die für die Gesamtstruktur der Exerzitien von erheblicher Bedeutung sind und gleichsam den Rahmen und das Ziel der Betrachtungen zur Schrift festmachen. In einiger Anlehnung an Iñigo wollen wir exemplarisch drei solcher Erwägungen (mit Betrachtungselementen) vorstellen:

1. Erwägung: Prinzip und Fundament (der Exerzitien)

Das Ziel und der Zweck des Menschen ist nicht er selbst.

Sein Leben verweist auf ein Ziel: den Grund seines Lebens (Gott). Gott ist also das Ziel und der Zweck des Menschen.

Will der Mensch sich selbst nicht verlieren, muß er bei seinem Grund bleiben, sich auf ihn hin als sein Ziel ausrichten.

Alle anderen Dinge sind hingeordnet auf den Menschen (Materie, Pflanzen, Tiere, Staaten, Ökonomien, Kirchen ...) und haben ihm auf seinem Weg zum Ziel zu dienen.

Deshalb muß der Mensch gegen alle diese Dinge und Ereignisse einen gewissen Gleichmut besitzen, damit er niemals in ihnen das Ziel seines Lebens, sondern nur Mittel zur Erreichung des Zieles sieht. Sie alle haben keinen absoluten, sondern einen bloß relativen Wert: sie sind werthaft, insofern sie dem Menschen helfen, sein Ziel zu erreichen.

2. Erwägung: Der Ruf
Nach einem Vorbereitungs- und Einstimmungsgebet stelle sich der Betrachtende die Schauplätze des Wirkens Jesu (Straßen, Dörfer, Synagogen ...) möglichst plastisch und in Bewegung (einbezogen die Aktivitäten Jesu) vor.

Nun stelle er sich Jesus vor, an den und dessen Botschaft heute mehr als eine Milliarde Menschen glauben. Sein Wort und seine Botschaft haben bisher alle politischen, ökonomischen, gesellschaftlichen, weltanschaulichen ... Wandlungen begleitet, ohne sich zu verändern. Nichts anderes, was der Mensch an wirkkräftigen Gedanken je hatte, währte so lange. Die Botschaft Jesu hat ökonomische und politische Machtstrukturen überlebt.

Hören wir jetzt Jesus sagen: »Geht in alle Welt und befreit alle Menschen von den Fesseln der inneren und äußeren Bosheit und macht sie mir zu Jüngern.«

Wer bereit ist, sich unter diesen Auftrag zu stellen, muß bereit sein, zu leben wie Jesus:

- in Armut und Anstrengung,
- in Verachtung und Verleumdung,
- in Mißerfolg bis zum Tode,
- in Angst und Verzweiflung,
- in Gehorsam und Treue gegen den Auftrag.

Nun überlege man, ob man sich unter das Gesetz der Vergänglichkeit (Ehre, Reichtum, Macht) oder unter das der Unvergänglichkeit (Nachfolge Jesu) stellen will.

Ist man bereit, in der Nachfolge Jesu zu leben, kann man die Exerzitien fortsetzen.

3. Erwägung: Erlangung der Liebe
Nach einem Vorbereitungsgebet vergewissere man sich der Gegenwart Gottes, der in allen Dingen, also auch in mir und um mich herum ist.

Nun erinnere man sich an alles das, was man Gott verdankt:

- Leben und Gesundheit,
- Intelligenz und Willenskraft,
- das Vermögen, zu lieben, zu trauern, sich zu freuen ...

Gott gab mir alles, was ich bin und habe. Aus mir selbst bin ich nichts. Nun erwäge man, wie Gott in den Dingen ist:

Er gibt der Materie Dasein,
er gibt den Pflanzen Leben,
er gibt den Tieren Fühlen,
er gibt den Menschen Einsicht,
er gibt den gesellschaftlichen Gebilden ihre Aufgabe.

Nun sehe ich mich selbst in Einheit mit allen Geschöpfen. In allem meinem Dasein, Leben, Fühlen, Erkennen ... wirkt Gott, ohne den nichts wäre, noch sein könnte.

Alles, was gut ist, kommt von ihm. Ohne ihn ist nichts gut, wahr, schön. Von ihm kommt alles Gute – auch das, was ich tue.

Die Erwägung schließt mit einem Gebet:

Nimm Dir, Herr, und übernimm
Meine ganze Freiheit, mein Gedächtnis, meinen Verstand, meinen Willen,
Mein ganzes Haben und Besitzen.
Du hast es mir gegeben. Zu dir, Herr, wende ich es zurück.
Alles ist Dein. Verfüge über alles nach Deinem Willen.
Gib mir Deine Liebe.
Das ist genug.

Neben diesen inhaltlich ausgesprochenen Erwägungen gibt Iñigo eine Reihe von Hinweisen zur *Betrachtungstechnik*:

- Vor dem Einschlafen soll man sich noch einmal kurz des Gegenstandes der kommenden Betrachtung vergewissern.
- Nach dem Erwachen soll man sich sogleich wieder auf das Thema einstellen.
- Die erste Betrachtung (des Tages) soll möglichst bald nach dem Aufstehen und Ankleiden gemacht werden, noch ehe sich der Intellekt mit einer anderen Sache beschäftigt hat.
- Unmittelbar vor der Betrachtung stimme man sich auf das Thema ein. Vor allem vergewissere man sich der Gegenwart Gottes.
- Nun gehe man langsam zum Betrachtungsort. Die Betrachtung soll in einer Körperhaltung geschehen (Knien, Liegen ...), in der sie am besten durchgeführt werden kann.
- Während der Betrachtung soll man ruhig beim Thema für die festgesetzte Zeit (Iñigo schlägt eine Stunde vor) verweilen, ohne sich durch irgend etwas ablenken zu lassen.
- Nach der Betrachtung lasse man die erkannten Inhalte noch einmal vor sich vorüberziehen. Danach soll man sich überlegen, ob sich aus der Betrachtung irgendwelche Handlungs- oder Verhaltenskonsequenzen ergeben.
- Die Betrachtung soll täglich genau zur gleichen Zeit gemacht werden. Iñigo schlägt drei Weisen der Betrachtung mit vorgegebenen Texten vor, von denen vor allem die zweite und dritte auch heute in der Meditationsliteratur behandelt werden.

1. Thema: Gebote; die physischen oder psychischen Vermögen.
Vor dem Eintritt in die Betrachtung soll der Geist zur Ruhe kommen. Bei der Einstimmung kann man gehen, sitzen, liegen ... Dabei soll man überdenken, zu welchem Zweck man betrachtet.

Jetzt erbitte man Einsicht, um zu erkennen, was man recht und was man falsch gemacht hat in bezug auf die Gebote, bei Verwendung und Einsatz physischer oder psychischer Vermögen.

Die Besinnung schließt mit einem Gebet des Dankes oder der Reue und einem Vorsatz, wie man sich künftig verhalten will.

2. Thema: Ein beliebiges formuliertes Gebet.
Nach Sammlung spreche man in geeigneter Haltung das erste Wort oder den ersten Sinnabschnitt des Gebets.

Dabei verweile man so lange, als das Wort, der Sinnabschnitt Bedeutungen,

Vergleiche, Hinweise hergibt oder Emotionen induziert. Zu Ende der Betrachtung überlege man wieder, welche Konsequenzen sich aus dem Erkannten, Erahnten, Erfühlten für die Praxis des Lebens ergeben.

Bei der folgenden Betrachtung zum gleichen Text beginne man an der Stelle, bei der man das letzte Mal aufgehört hat.

3. Thema: Ein beliebiges formuliertes Gebet.
Nach Sammlung und Einstimmung spreche man das erste Wort oder die erste kleinere Wortgruppe zwischen zwei Atemzügen (in der Phase der Atemruhe nach dem Ausatmen). Während des Atemholens und Ausatmens achte man auf die Bedeutung, den Sinn, den Anspruch . . . des Wortes.

Man verweile so lange bei einem Wort (oder einer Wortgruppe), so lange sich während der Atemphasen neue Erkenntnis, Erweiterung der Erkenntnis, Emotionen . . . einstellen. Dann gehe man zum nächsten Wort über.

Zu Ende der Betrachtung verfährt man wie in der vorhergehenden Weise vorgestellt.

Bei dieser Übung sollte man sich nicht auf den Atem oder das Atmen konzentrieren, sondern auf das Wort. Der Atem gilt als rhythmisches Metrum.

Mutatis mutandis kann man diese drei Betrachtungsweisen auch auf Texte oder Inhalte anwenden, die nicht eigentliche Gebete sind. Für den nicht religiös orientierten Menschen wird es nicht immer leicht sein, geeignete Texte für die zweite oder dritte Übung zu finden. Mitunter können aber Gedichttexte hier weiterhelfen.

Die Praxis der Textbetrachtung

Die Textbetrachtung dient vor allem der Assimilation und emotionalen wie willensmäßigen Aneignung eines Textes, dessen Inhalt zumeist rational schon erfaßt wurde (wenigstens in seiner Oberflächenstruktur). Der Text soll nicht abstrakt sein, sondern auch der Bildphantasie Raum lassen.

1. Übung:
Über die Vermögen

Diese Übung soll mit den Kräften des eigenen Körpers und der eigenen Psyche vertraut machen – und lehren, sie zu sinnvollem Einsatz zu bringen.

Zielgruppe
Alle, vor allem Anfänger.

Übungsziel
Sinnvoller Einsatz der eigenen physischen und psychischen Vermögen.

Dauer der Übung
Etwa 20 Minuten zuzüglich Einstimmungs- und Ausklangsphase.

Häufigkeit der Übung
Etwa eine Woche lang täglich, dann, mit anderen Übungen alternierend, etwa einmal wöchentlich.

Hilfsmittel
Keine

Übungsverlauf
Man wähle zunächst ein mehr physisches oder psychisches Vermögen aus, über das man betrachten will. Es können das sein:
- Die Fähigkeit zu sehen (zu hören, zu sprechen ...),
- die Fähigkeit zu arbeiten (Bewegung der Hände, der Beine ...),
- die Fähigkeit zu denken (zu wollen, zu fühlen ...),
- die Fähigkeit zu lieben (zu hassen, zu trauern, zur Freude, zur Hilfe, zu hoffen, zu vertrauen, zu leben ...).

Wir wollen dies, für die Fähigkeit zu sehen, etwas ausführen:
- Sie bedenken, was man alles sehen kann (Formen, Farben, Menschen, Gebäude, Städte, Straßen, Texte, Bilder, Filme, Licht ...).
- Nun versuchen Sie einmal bei geschlossenen Augen sich vorzustellen, wie sich Ihre Welt darbieten würde, wenn Sie nicht sehen könnten (Beschränkung auf die anderen Sinne). Lassen Sie die Armut dieser Welt auf sich einwirken.
- Denken Sie an schöne Dinge (Menschen, Landschaften, Bilder, Filme ...), die Sie schon einmal sahen. Denken Sie an ein Ding, das Ihnen besonders viel gegeben hat. Reproduzieren Sie ein Bild möglichst plastisch in Ihrer Phantasie, und freuen Sie sich darüber.
- Danken Sie dafür, daß Sie sehen können, daß Sie dieses oder jenes sehen durften. Es ist nicht selbstverständlich, daß Sie sehen können. Es gibt viele Menschen, denen dieses Tor zur Welt verschlossen ist.
- Überlegen Sie nun, wann Sie von Ihrer Fähigkeit zu sehen falschen Gebrauch gemacht haben. (Nicht-sehen fremder Not, Übersehen von Menschen, Sehen von minderwertigen Filmen, Lesen von minderwertiger Literatur, falsches, neugieriges Sehen, nur den Vordergrund sehen ...) Überlegen Sie, was sich zu sehen lohnt.
- *Wollen* Sie dieses sehen.

Zum Schluß danken Sie noch einmal (Wenn Sie können: Gott) für die Gabe des Sehenkönnens.

Gruppenübung?
Diese Übung ist vor allem für Anfänger auch als Gruppenübung geeignet, wenn die Gruppenmitglieder in etwa dieselbe religiöse Grundstimmung besitzen. Doch sollte man sie einige Male zunächst alleine machen.

In der Gruppenübung kann jeder berichten, was ihm von den sichtbaren Dingen besonders gefällt und warum. Ein jeder soll aber auch offen sagen können, bei welcher Gelegenheit er seinen Gesichtssinn weniger sinnvoll gebrauchte. Dabei ist jedoch darauf zu achten, daß die Grundstimmung der Übung positiv bleibt.

Obschon diese Übung nicht unmittelbar an Texten orientiert ist, sollte sie eigentlichen Textbetrachtungen vorgeschaltet werden.

2. Übung:
Über Texte
Hierzu wählen Sie am besten Texte, die vielen Menschen etwas gaben und geben. Dazu zählen Gebetstexte oder Texte aus den heiligen Schriften der Offenbarungsreligionen. Letztere sind auch durchaus geeignet für Menschen, die nicht an Gott glauben können. Wir wollen einige weniger solcher Texte vorstellen:

Jesus ging in den Tempel und viel Volk kam zu ihm. Er setzte sich auf den Boden und belehrte sie.

Da brachten einige Schriftgelehrte ein Mädchen herbeigeschleppt, das beim Ehebruch ertappt worden war. Sie stellten sie vor Jesus.

Sie sprachen: »Meister, diese Frau ist in flagranti beim Ehebruch erwischt worden. Das Gesetz befiehlt, sie zu steinigen. Was sagst du?«

Jesus bückte sich nieder und schrieb mit dem Finger in den Staub. Da wiederholten sie ihre Frage. Er antwortete:

»Wer von euch ohne Sünde ist, werfe den ersten Stein.«

Dann bückte er sich wieder und schrieb Zeichen in den Staub. Da gingen alle fort. Nur Jesus blieb bei dem Mädchen.

Dann richtete er sich auf und fragte sie: »Wo sind sie? Hat dich niemand verurteilt?«

Sie antwortete: »Keiner, Herr!«

Jesus antwortete: »Auch ich verurteile dich nicht. Geh jetzt. Sündige nicht mehr.«

Und der Wind verweht die Zeichen im Staub.

(J 8,2–11)

Jesus sprach:

Ein Mann hatte zwei Söhne. Der jüngere bat den Vater: »Gib mir meinen Anteil an meinem Erbe.«

Wenige Tage danach packte er alles zusammen und zog in ein fremdes Land. Dort vergeudete er sein Vermögen. Er verdingte sich als Schweinehirt. Dennoch hatte er Hunger.

Da sprach er zu sich: »Meines Vaters Arbeiter haben genug zu essen. Ich will zu meinem Vater gehen und ihm sagen: Ich habe vieles falsch gemacht, nimm mich als Tagelöhner.«

Er machte sich auf und ging zum Vater.

Als er noch weit weg war, sah ihn der Vater, ging auf ihn zu und umarmte ihn.

Er sagte zum Vater: »Ich habe vieles falsch gemacht, nimm mich als Tagelöhner auf.«

Der Vater befahl seinen Mitarbeitern: »Bringt ein gutes Gewand und kleidet ihn, gebt ihm Schuhe und zieht sie ihm an, holt das Mastkalb und schlachtet es. Wir wollen essen und froh sein.«

Zum älteren Bruder aber, der neidvoll blickte, sprach er: »Jetzt müssen wir froh sein und feiern, denn dein Bruder war tot und lebt wieder, er war verloren und ist wieder zu Hause.«

(Lk 15,11–21)

Jesus sprach:

Eines reichen Mannes Land hat gut getragen.

Da überlegte er: »Was soll ich tun? Ich habe nicht Platz, alles unterzubringen. So will ich größere Scheunen bauen und darin meine Ernte lagern.

Dann kann ich sagen: Ich habe viele Güter, nun kann ich ausruhn, essen und trinken und es mir wohl sein lassen.«

Da aber sprach Gott zu ihm: »Du Narr, noch heute nacht wirst du sterben. Was soll alles dieses Häufen?«

So geht es dem, der für sich Reichtum sammelt, aber [vor Gott] arm geblieben ist.

(Lk 12,13–21)

Jesus sprach:

Selig sind, die vom geistigen Besitz nicht besessen werden, denn für sie ist das Himmelreich.

Selig sind, die trauern können, sie werden getröstet werden.

Selig sind, die nicht zürnen und hassen, sie werden die Erde besitzen.

Selig sind, die sich um Gerechtigkeit mühen, sie werden sie erlangen.

Selig sind, die barmherzig sind, sie werden Barmherzigkeit erlangen.

Selig sind, die Frieden bringen, sie werden Gott sehen.

Selig sind, die ungerecht verfolgt werden, denn sie werden das Himmelreich besitzen.

(Mt 5,3–10)

Die heiligen Schriften der Juden, Christen und Muslims kennen viele Texte, die alle Menschen ansprechen, denn in ihnen hat sich die Weisheit der Menschheitsgeschichte gesammelt wie in einem Kristall. Warum aber sollten diese Kenntnisse und Einsichten nicht auch Ihnen helfen, ein menschlicheres Leben zu führen: ein Leben in Freiheit und ohne zersetzende Ängste. Machen Sie sich diese Weisheit zunutze, indem Sie die Texte, in denen sie sich sammelte, betrachten. Dazu muß man nicht Christ sein.

Mitunter können auch dichterische Versuche, Texte der heiligen Schriften zu begreifen, helfen. So wird die Heilung eines Geisteskranken (vgl. Lk 8,26 ff.) von W. Wilms* so vorgestellt:

wußten sie schon, daß die nähe eines menschen
gesund machen, krank machen, tot und lebendig machen kann?
wußten sie schon, daß die nähe eines menschen
gut machen, böse machen, traurig und froh machen kann?
wußten sie schon, daß das wegbleiben eines menschen
einen anderen menschen wieder aufhorchen läßt . . .
denn ein mensch ohne den menschen ist das gespenst eines menschen.
als jesus also
diesen mann von gerasa
der da in grabeshöhlen
im isolationszentrum
dahinvegetierte
als jesus diesen mann befreien wollte
da ging er ganz nahe an ihn heran –
so nahe war seit langem keiner mehr
an diesen menschen herangekommen.
wer geht schon auf so etwas untermenschliches zu?

Ein Meditationsgebet zum zweiten Gebot (»Du sollst den Namen des Herrn, deines Gottes nicht mißbrauchen« – Ex 20,7–) legt Kurt Marti vor**:

die passion des wortes *gott*
das blutet uns aus allen wunden
das ist vergewaltigt worden von herrschern und herrscherinnen
das ist verraten zertrampelt zerschossen gefoltert geköpft gerädert
gevierteilt gezehnteilt worden
die verlorenen glieder wurden ersetzt durch monströse prothesen das ist sich selber und uns allen entfremdet
ist schizo und psycho und neuro

* Der geerdete Himmel, *Wiederbelebungsversuche*, Kevelaer 1974.
** Gott im Gedicht. Beispiel christlicher Lyrik heute. Hrsg. von D. Block, Hamburg 1972.

das ist zerstochen über und über (nadeln mit denen fremde substanzen injiziert worden sind)
das agonisiert ohne ende
ist vielleicht schon tot oder noch nicht oder das concilium der ärzte diskutiert noch zur zeit
und ALSO wurde das wort GOTT zum letzten der wörter zum ausgebeutetsten aller begriffe zur geräumten metapher zum proleten der sprache.

Auch solchte Texte über Worte der heiligen Schriften können Gegenstand der Betrachtung werden.

Zielgruppe
Alle, die suchen nach Menschlichkeit. Diese Betrachtungen können auch psychisch Labilen oder Kranken helfen.

Übungsziel
Entfaltung des humanen Wollens. Selbstbegegnung in den Texten.

Dauer der Übung
Anfangs etwa 20 Minuten (dazu Einstimmen und Ausklingen). Später auszudehnen auf etwa 40 Minuten, wenn es zeitlich möglich ist.

Häufigkeit der Übung
Wenn sie nicht mit anderen Übungen alterniert, ist tägliche Übung sinnvoll und zu empfehlen. Dazu sollte eine Zeit gewählt werden, die stets eingehalten werden kann. Besonders geeignet ist die Zeit vor dem Frühstück. Der von Iñigo von Loyola vorgestellte Rahmen kann behilflich sein (vgl. Seite 163), doch sollten psychisch labile Menschen ihn nicht verwenden.

Hilfsmittel
Ein »Neues Testament« (die Sammlung der heiligen Schriften der Christen), doch kann man auch ein »Altes Testament« (die Sammlung der heiligen Schriften der Juden, die auch von den Christen als Teil der Schrift übernommen wurde) wählen.

Prinzipiell sind auch gute Anthologien brauchbar, doch sind Sammlungen religiöser Texte vorzuziehen, weil sie nicht so sehr aus der Beliebigkeit des Autors sprechen.

Übungsverlauf
Wählen Sie am Vorabend einen Text für die Betrachtung des folgenden Tages aus.

Unmittelbar vor der Betrachtung stimmen Sie sich auf den Text ein. Zur Betrachtung wählen Sie eine Ihnen genehme Körperhaltung. Sie sollen sie für die Betrachtungsdauer ohne größere Haltungsveränderungen beibehalten können. Empfehlenswert (aber nicht notwendig) sind die erwähnten (Seite 122 f.) Meditationshaltungen.

Nun lesen Sie den Text ruhig und langsam durch.

Jetzt stimmen Sie sich mit der Phantasie auf den Text ein. Versuchen Sie sich die handelnden Personen, den Ort, seine Umgebung, die gesprochenen Worte möglichst deutlich vorzustellen, dabei können Sie Ihrer Phantasie ruhig einen Raum geben. Halten Sie diesen Vorstellungsrahmen möglichst während der ganzen Betrachtung wach. Dabei sollten Sie sich jedoch nicht auf den Rahmen konzentrieren, wenn Sie zur Textbetrachtung übergegangen sind.

Verweilen Sie nun bei jedem Satz oder Sinnabschnitt so lange, als er etwas emotional oder rational hergibt. Sie sollten nicht in der vorgegebenen Zeit den ganzen Text betrachten wollen. Wenn Sie irgendwo »hängenbleiben«, verweilen Sie dabei.

Gegen Ende der Betrachtungszeit sollten Sie sich überlegen, ob die Betrachtung ein konkretes Ergebnis für die Gestaltung Ihres Alltags haben kann.

Nach der Betrachtung sollten Sie sich diese Ergebnisse wie auch andere Einsichten oder Antriebe notieren.

Sie können getrost auch am nächsten Tag über denselben Text betrachten, wenn er Sie anspricht. Dennoch ist darauf zu achten, daß ein unergiebiger Text abgelöst werden sollte und nicht mehr als Vorlage der folgenden Betrachtung dienen soll. Langeweile ist der Tod der Betrachtung. Lassen Sie es also nicht dazu kommen.

Abschweifende Gedanken sollten Sie aber nicht willentlich verdrängen. Lassen Sie sie ruhig vorüberziehen. Anders, wenn Sie stark von irgendeinem Gedanken, einem Phantasiebild, einer Emotion angesprochen werden. Sind sie negativ, beunruhigend oder gar ängstigend, sollten Sie die Betrachtung abbrechen, den Sachverhalt notieren und erst nach einiger Zeit wieder zum gleichen Betrachtungsthema zurückkommen.

Zur Aufschlüsselung des Textes mögen Ihnen folgende Fragen dienen:

- Was sagt der Text über seine zeitgebundene Aussage hinaus?
- Was wollte der Autor damit sagen? Welche Handlungsanforderungen wollte er stellen?
- Gelten diese Worte auch für mich?
- Was ergibt sich daraus für meine Lebensgestaltung?

- Wie kann man diese Anforderungen realisieren?

Sie sollten sich jedoch niemals zu bestimmten Verhaltensmustern verpflichtet fühlen, sondern sie frei übernehmen. Fühlen Sie sich zu Ungewöhnlichem gedrängt, sollten Sie einen Betrachtungskundigen (Seelsorger, Therapeuten) um Rat fragen.

Denken Sie daran, daß durch Verpflichtungen, die Sie als Folge von Betrachtungen auf sich nehmen, niemand Schaden nehmen darf, keine berechtigten Fremdinteressen verletzt werden dürfen. Andererseits ist aber eine längere Zeit der Betrachtungspraxis, die nicht zu Resultaten (verändertes Verhalten zu Ihren Mitmenschen, zu Ihrem Verhältnis zum Haben und Besitzen) führt, ziemlich zwecklos. Das Ziel der Betrachtungspraxis ist Verhaltensänderung hin auf größere Humanität!

Eine längere Praxis der Übung über Texte wird wie von selbst meist in Formen der Betrachtung einmünden, die der Meditation näherstehen. Deshalb sollten Sie diese Art der Betrachtung nach einiger Zeit mit anderen Betrachtungsformen verbinden oder andere Betrachtungsformen alternativ eingestreut in der Betrachtungspraxis wählen. Die Betrachtung mit Texten ist für die meisten Übenden nur ein Zwischenstadium, an deren Ende die meditative Betrachtung (Kontemplation) oder die Meditation steht.

Gruppenübung?
Eine Betrachtung von Texten kann anfangs als Gruppenübung erfolgen. Schon nach einigen Übungen in der Gruppe werden Sie jedoch den Wunsch haben, für sich allein zu betrachten.

5. Betrachtung über den Sinn

Ob die Welt, die Menschheit, das Leben des einzelnen Menschen einen »objektiven« Sinn habe, ist oft und lange diskutiert worden. Wir wollen hier nicht voraussetzen, daß dem Menschenleben ein Sinn vorgegeben ist (obschon dessen Leugnung in die radikale Sinnlosigkeit führen und Leben unerträglich machen würde), denn solche Sinnvorgabe mündet irgendwann ein ins (wenn auch nicht theistisch) Religiöse.

Doch muß der Mensch seinen Lebenssinn suchen, muß seinem Leben Sinn geben, wenn er nicht den Zufälligkeiten und Willkürlichkeiten seiner Umwelt hilflos ausgeliefert sein will. Ein Mensch, der nicht seinen Sinn fand oder erkannte, ist kaum mehr als ein von sozialen Zwängen geleitetes Triebwesen. Sein Einsichtvermögen macht gerade an der Stelle halt, wo es seine eigentliche Funktion entfalten sollte, an der Erkenntnis seiner selbst und seines Ortes in Welt und Gesellschaft.

Viele Menschen zogen aus, den Sinn ihres Lebens zu greifen, und lernten das Fürchten. Viele zogen aus, die Schwelle zum Selbst zu überschreiten, und begegneten der bloßen Absurdität. Viele aber auch konstruieren sich einen Sinn nach ihren Wünschen und Idealen – einen Sinn, der zu groß und zu hoch war, um jemals Verhalten zu steuern. Das Ende der Expedition war ein verirrter, verwirrter, desorientierter Mensch. Die Fehlorientierung des Ich (vgl. Seite 47 f.) ist sicherlich eine der verbreitetsten psychischen Störungen.

Am Ende einer solchen pathogenen Entwicklung steht oft ein Mensch, der an der Schwelle zur psychischen Krankheit folgenden Symptomkomplex zeigt:

- Emotionen werden nur schwach und stereotyp wiedergegeben. Allenfalls kommt es zu gelegentlichen emotionalen Eruptionen (Zorn, Wut, Rührung).
- Die Stimmung ist (blasiert) gleichgültig (»So what?« – »Was solls?«) mit depressiven Grundtönungen.
- Sozialbindungen werden nicht mehr gepflegt (nach Extensität und Intensität) und können endlich fast völlig verkümmern.
- Meist ist der Antrieb schwach.

Dieses »So-what-Syndrom« zeigt eine Störung der personalen Orientierung an, das »Ich« wurde fehlorientiert aufgebaut, die Sinnfrage, wenn überhaupt, nur unzulänglich beantwortet.

Nun ist keineswegs jeder Mensch, der nicht die Frage nach dem Sinn seines Lebens beantworten kann, schon ichschwach oder desorientiert. Es kann auch eine Situation vorliegen, die L. Wittgenstein gut beschrieben hat.

> Wir fühlen, daß selbst, wenn alle *möglichen* wissenschaftlichen Fragen beantwortet sind, unsere Lebensprobleme noch gar nicht berührt sind. Freilich bleibt dann eben keine Frage mehr; und eben dies ist die Antwort. Die Lösung des Problems des Lebens merkt man am Verschwinden dieses Problems. (Ist nicht dies der Grund, warum Menschen, denen der Sinn des Lebens nach langen Zweifeln klar wurde, warum diese dann nicht sagen konnten, worin dieser Sinn bestand.) (Tr. 6.52 f.)

Doch dann sind die leitenden Werte meist recht bewußt. Der Mensch, der für sich seinen Lebenssinn entdeckte, weißt zumeist die wenigen obersten Leitwerte anzugeben, nach denen er sein Leben tatsächlich ausrichtet. Die orientierenden Leitwerte sind deutlich von den gewünschten, ideologischen zu unterscheiden, die zumeist dem Überich entstammen und wesentliche Inhalte des Ich-Ideals sind, das oft mit dem konkreten Ich wenig oder gar nichts zu tun hat.

Nun können aber auch die handlungsleitenden Leitwerte an der eigenpsychischen und sozialen Umwelt vorbei orientiert sein. Es kommt dann zu individuellen oder sozialen *destruktiven* Konflikten. Währen solche Konfliktsituationen sehr lange oder ist der Konflikt heftig, kann zumeist das dadurch freigesetzte Destrudo-Potential nicht sozial oder individuell erlaubt und beherrscht nach außen fließen. Es kann in der Psyche eines Menschen einen verheerenden Prozeß einleiten, an dessen Ende die mit dem »So-what-Syndrom« beschriebene Störung oder neurotische Verhaltensmuster stehen können, zu deren Auflösung es meist einer längeren Therapie bedarf.

Unsere Betrachtung über den Sinn hat also eine doppelte Aufgabe:

- Sie soll – im Sinne einer psychischen Hygiene – eine Lebensordnung aufstellen helfen, die, objektiv richtig (d. h. an den konkreten individuellen und sozialen Vorgaben orientiert), destruktive Individual- oder Sozialkonflikte vermeiden hilft.
- Sie soll beim »Aufbau der Person« mithelfen, indem sie, soweit als über Einsichtsleistung möglich, eine innere Mitte zu begründen und zu stärken hilft, um die sich die Person orientieren kann.

Die Betrachtung über den Sinn sollte zu Anfang des meditativen Bemühens gelegentlich wiederholt und ihre Ergebnisse aufgezeichnet oder mit einem Therapeuten oder Seelsorger besprochen werden. Nur über solche Objektivationen kann längerfristig ein harmonisierender Ausgang erwartet werden.

Sicherlich wird diese Frage nach dem Sinn niemals vollständig beantwortet werden können, doch sollten wir versuchen, sie approximativ zu füllen. Die Vorläufigkeit der Antwort hat zwei Gründe:

- es wechseln die individuellen und sozialen Bindungen, die sie zu beherrschen erlauben sollte,
- die Kenntnis der unbewußten Motivation ist nur unzulänglich möglich, und die orientierende Frage kann daher nur unzureichend beantwortet werden – doch wird diese Antwort klarer, objektiv richtiger ausfallen, wenn eine Harmonisierung von Bewußtem und Unbewußtem durch die Meditation erreicht wurde.

Die Sinnfindung ist das Ziel aller Bildung, das gilt ganz besonders auch für die Selbstbildung. Der zur Persönlichkeit gebildete Mensch hat seinen Lebenssinn gefunden, selbst wenn er ihn nicht artikulieren kann.

Diese Artikulationsschwierigkeiten gilt es zu beachten. Immer, wenn wir eine Formel finden, die den Sinn unseres Lebens einfangen soll, ist der Sinn schon jenseits der Formel. Er entzieht sich jeder adäquaten Verbalisierung. Deshalb kann man über den gefundenen Lebenssinn auch nicht recht sprechen. Selbst der Therapeut kann dem Patienten (etwa dem desorientierten) nicht einen verbalisierten Vorschlag machen, den er als für sich möglichen Lebenssinn prüfen soll, weil solche Vorschläge mit nichtkommunikablen Elementen und Aspekten besetzt sind. Auch er muß sich darauf beschränken, den Patienten seinen Lebenssinn selbst finden zu lassen – und kann dabei nur Hilfestellung leisten, die Geburtswehen des Ich verkürzen.

1. Betrachtung:
Über leitende Werte
Die Übung über die leitenden Werte ist als Vorübung zum bewußten Leben aus dem erkannten Sinn heraus zu verstehen. Sie ist die Grundlage für den Aufbau einer wirkkräftigen und orientierenden inneren Mitte. Sie soll Sie lehren, unabhängig von Lob und Tadel, Lohn und Strafe Ihr Leben zu leben. Sicher werden Sie nicht Konflikten ausweichen können – weder Konflikten mit dem eigenen Überich, noch Konflikten mit der sozialen Mitwelt. Doch werden es, bei richtiger Orientierung der Leitwerte, nicht destruktive Konflikte, sondern konstruktive sein, an denen Ihre Persönlichkeit wachsen kann.

Auf die Dauer werden Sie auch im Leben erfolgreicher sein, wenn Sie Ihre eigenen Werte (vorausgesetzt, Sie sind recht orientiert) realisieren und nicht den Wertvorstellungen Ihrer Mitwelt unkritisch anhängen. Ihr Selbstbewußtsein wird steigen, Ihre Erfolgsabhängigkeit wird abnehmen, Sie werden beginnen, Mensch zu sein – und nicht nur Glied in einer gesellschaftlichen Ordnung, die doch nur vordergründig den bestangepaßten Menschen favorisiert.

Doch hat das Leben nach festen und sicheren Werten auch seine Gefahren. Schuld*gefühle* können und werden sich einstellen – sie sind immer dann vorhanden, wenn Sie sich ungehorsam gegenüber den Ansprüchen des sozial bedingten Überich verhalten. Sie müssen also lernen, mit solchen Schuldgefühlen zu leben, wohl wissend, daß Schuldgefühle und Schuld*bewußtsein* nicht dasselbe sind. Schuldbewußtsein ist die Folge von Ich-Ungehorsam.

Eine andere Gefahr besteht darin, daß die Wertnormierungen, nach denen Sie Ihr Leben zu orientieren suchen, nicht an der konkreten Innen- und Außenwelt zureichend orientiert sind. Deshalb sollten Sie anfangs die Wertfixierung mit einiger Vorläufigkeit treffen

– schon der *Verdacht destruktiver Konflikte* sollte Sie zu einer Überprüfung Ihrer Wertordnung bringen.

Gefährlich ist es auch, unabhängig von neuen sozialen Situationen eine Werthierarchie, die in anderen festgemacht wurde, unbesehen und unkritisch durchsetzen zu wollen. Die Folge wären baldige destruktive Sozialkonflikte, die es zu vermeiden gilt, weil sie ein Indikator für falsche Wertorientierung sind. Eine Überprüfung der Wertordnung ist dann dringend angezeigt.

Auch sollte Ihnen die Kritik Ihrer Mitwelt nicht gleichgültig sein. Das »oderint dum metuant« (»Mögen Sie mich hassen, wenn sie mich nur fürchten«) des römischen Dichters Atticus, das Cicero (in De officiis) zitiert, ist keine sinnvolle soziale Einstellung. Das gilt auch für den scheinbar so heroischen Spruch: »Tue recht und scheue niemand«. Beide verweisen auf eine mangelnde soziale Anpassung. Zureichende soziale Anpassung und Anpassung um jeden Preis sind zwei sehr verschiedene Dinge. Sie sollten zwar keine Anerkennung suchen, wohl aber finden. Dazu möchte Ihnen diese Übung helfen.

Zielgruppe

Alle Menschen, die besonders abhängig von äußerer Zustimmung oder äußerem Erfolg sind. Vor allem aber wird diese Übung denen helfen, die gegenüber Kritik und Mißerfolg besonders verwundbar sind. Die wirkliche und währende Anerkennung ist die durch das eigene Selbst, das sich auch in schwierigen Situationen treu bleibt und sich und seine Ideale nicht vordergründigen Erfolgs oder vorübergehender Anerkennung willen verrät. Die Achtung vor sich selbst ist wichtiger als die Anerkennung durch andere.

Nicht geeignet für diese Übung sind Menschen, die mangelhaft überichgesteuert sind. Die Übung ist keine Strategie, mangelnde oder fehlende Überichregulation auszugleichen, sondern überstarke Überichbindung auf ein sinnvolles Maß zu reduzieren. Sittliches Verhalten ist nicht begründet im Überichgehorsam, sondern im Ichgehorsam.

Menschen, die habituell unter destruktiven Individual- oder Sozialkonflikten leiden, sollten diese Übung nur unter Anleitung eines Therapeuten machen. Oft gilt es hier zunächst einmal, eine zureichende Fähigkeit zur Sozialisation, ein rechtes Verhältnis zum eigenen Überich, zur eigenen Triebstruktur aufzubauen, das, wenn habituell verkehrt, kaum ohne fremde Hilfe entwickelt werden kann.

Ziel der Betrachtung
Begründung einer eigenen Mitte. Abfangen von anfänglichen Tendenzen zur Desorientierung. Ichstärkung und Ichorientierung.

Dauer der Betrachtung
Etwa eine Stunde zusätzlich Ein- und Ausklangphase.

Häufigkeit der Betrachtung
Zu Anfang (etwa drei- oder viermal) wöchentlich. Später, mit dem Ziel der Präzision und Modifikation, einmal monatlich. Die Übung sollte begleitet werden von anderen Betrachtungsübungen (an den freien Tagen).

Hilfsmittel
Eine Kladde, in die Sie Ihre Gedanken notieren. Bei der nachfolgenden Übung lesen Sie sich das zuvor Niedergeschriebene noch einmal durch und bringen Korrekturen, Erweiterungen ... an. Bei jeder Übung beginnen Sie mit einer neuen Seite.

Ideal wäre es, wenn Sie Ihre Gedanken hin und wieder einmal mit einem erfahrenen Seelsorger, Therapeuten, Meditationslehrer ... durchsprechen könnten.

Auf die schriftliche oder mündliche Objektivation Ihrer Gedanken dürfen Sie nicht verzichten.

Sehr zu empfehlen ist eine tägliche Erforschung Ihres täglichen Handelns vor dem Hintergrund Ihrer vorläufig gegebenen Wertefixierung. Fragen Sie sich, wann und *warum* Sie Ihrer Orientierung untreu geworden sind. Dieses Erforschen soll jedoch nicht in ein Grübeln ausarten, sondern muß stets im Rahmen rationaler Kontrolle bleiben. Für diese *tägliche* Erforschung Ihrer selbst und Ihrer Lebenspraxis genügen meist etwa fünf Minuten. Auch hier empfiehlt sich – zumindest anfangs – eine kurze Notiz Ihrer Ergebnisse. Die günstigste Zeit für diese Erforschung sind die ruhigen Abendstunden.

In jedem Fall aber sollten Sie Ihre Prüfung mit der des vorher in der eigentlichen Übungszeit Fixierten beginnen und eine gründliche Erforschung, ob die vorgestellten Werte Sie tatsächlich geleitet haben, anschließen. Wenn Sie die Frage verneinen müssen, fragen Sie sich, *warum* Sie Ihre Wertordnung verletzt oder vernachlässigt haben. Notieren Sie die Gründe.

Betrachtungsverlauf
In der *ersten* Betrachtung versuchen Sie herauszufinden, welche

Werte, Ziele, Wünsche bisher Ihr Leben begleitet und bestimmt haben. Es geht also zunächst darum, das IST festzumachen. Denken Sie dabei an entscheidendere Entschlüsse, die Ihr Leben beeinflußten – und was Sie dazu gebracht hat, so und nicht anders zu entscheiden. Notieren Sie sich das Ergebnis.

In der *zweiten* Betrachtung versuchen Sie herauszufinden, wer Sie eigentlich sein möchten, wie Sie handeln, entscheiden, führen, leben müßten, um der zu sein (oder zu werden), der Ihnen in Ihrem Idealbild von sich selbst vorschwebt. Suchen Sie also das SOLL auszumachen. Notieren Sie.

In einer *dritten* Betrachtung versuchen Sie herauszufinden, wann, wo und warum und in welchem Ausmaß Sie hinter Ihren Soll-Vorstellungen zurückgeblieben sind. Wiederum notieren.

Diese drei Übungen sollten Sie als Vorübungen zur eigentlichen Wertübung verstehen.

In einer *vierten* Betrachtung suchen Sie die Werte herauszufinden, die Sie Ihrer Überzeugung nach realisieren müßten, damit Ihr Leben ein erfülltes menschliches Leben wird. Wenn Sie nicht sehr jung sind (also etwa ab 24), ist es sehr hilfreich, sich in Gedanken an das Ende Ihres Lebens zu versetzen. Fragen Sie sich nun: Was müßte ich getan haben, wie müßte ich mein Leben gestaltet haben, damit ich einmal zu Ende sagen kann, das Leben hat sich gelohnt, es ist gelungen, es war ein menschliches Leben. Vieles, was Ihnen heute recht wichtig erscheint und Ihre faktische Wertordnung bestimmt, wird dann ganz unerheblich, und manches, was Sie bislang für nebensächlich hielten, wird Ihnen dann zur Hauptsache werden können. Notieren Sie sich Ihre Gedanken von einem erfüllten, geglückten, menschlichen Leben, indem Sie es von seinem Ende, seiner Erfüllung her betrachten. Diese Betrachtung vom Ende, vom Ausgang her hat nicht den Zweck, Sie zu deprimieren, sondern Sie zu lehren, auch Ihr Sterben als Teil Ihres Lebens in eben dieses Leben zu integrieren. Die Betrachtung des Endes *kann* eine sehr gute Hilfe sein, recht orientierte Werthierarchien aufzubauen.

In der *fünften* Betrachtung überlegen Sie, warum SOLL und IST in Ihrem Leben nicht zur Deckung kommen. Entspricht das SOLL Ihren konkreten individuellen und sozialen Vorgaben? Ist es vielleicht nur ein Idealbild vom eigenen Selbst, das mit der Wirklichkeit nichts zu tun hat, das es Ihnen aber erlaubt, mit sich selbst zu leben? Suchen Sie ausfindig zu machen, welche Erziehungseinflüsse dieses SOLL-Bild bestimmten. Versuchen Sie das abstrakte (von Ihrer konkreten Selbst-Wirklichkeit abgezogene und entfremdete) Ichideal abzubauen, indem Sie erkennen, daß es eine Folge von sozialen Zwängen und Nötigungen ist, die Sie selbst unfrei machen. Viele Menschen sind kaum etwas anderes als Sklaven ihres Ichideals – und das ist eine arge Sklaverei, ärger als die äußeren Herrschaftsverhältnisse, unter denen wir vielleicht leiden.

In einer *sechsten* Betrachtung betrachten Sie Ihr vergangenes Leben. Wie ist es verlaufen? Warum ist es so verlaufen? Wer hat die Weichen an den entscheidenden Stellen gestellt? Waren Sie es? War es der Zufall? Waren es andere Menschen? In Zukunft sollten Sie selbst die Weichen stellen lernen.

In einer *siebten* Betrachtung betrachten Sie Ihr zukünftiges Leben. Was müssen Sie in der nächsten Zeit (den nächsten Wochen, Monaten) tun, damit Ihre Wertordnung, die Sie in der vierten Übung als (vorläufig) richtig und weisend erkannt haben, realisierbar wird. Beginnen Sie mit kurzfristiger Planung Ihres Lebens nach Werten auch in relativ unwichtigen Dingen und Entscheidungen – nur so werden Sie lernen, auch in wichtigen Dingen sich an die von Ihnen als richtig erkannte Wertorientierung zu halten.

Die *folgenden* Betrachtungen dienen der Präzisierung und Korrektur der Ergebnisse der vierten und der Ausgestaltung der siebten Betrachtung. Beginnen Sie jede Betrachtung mit einer Überlegung zum IST und SOLL. Fragen Sie sich stets erneut, ob die SOLL-Orientierung realisierbar ist, vor allem, wenn Sie sie in concreto nicht realisierten. Wiederholen Sie gelegentlich die vierte und siebte Übung.

Nach etwa einem Jahr sollten Sie eine für Sie realisierbare Wertehierarchie erarbeitet haben, nach der Sie auch im allgemeinen Ihr Handeln und Entscheiden ausrichten.

Achten Sie darauf, daß Sie grundsätzlich zu jeder Übung Ihre Notizen machen. Gedanken und Einsichten, die Sie nicht schriftlich festmachen, bleiben meist recht wirkungslos.

Lesen Sie sich Ihr so entstehendes »Tagebuch« hin und wieder in Ruhe durch, auch wenn Sie keine Übungszeit angesetzt haben. So werden Sie allmählich eine Ordnung in Ihr Leben bringen, die sich um eine Mitte zentriert. Sie werden nicht mehr in den Tag hineinleben, sondern verantwortungsbewußt Ihr Leben in Ihre Hände nehmen lernen. Ihr Leben wird erfüllter, menschlicher und – erfolgreicher werden.

Denken Sie daran, daß *Sie* Ihr Leben leben müssen – und nicht andere. Denken Sie daran, daß Sie für Ihr Leben und seinen endgültigen Erfolg verantwortlich sind – und nicht andere.

Denken Sie daran, daß es darauf ankommt, vor sich selbst bestehen zu können – vielmehr als vor anderen.

Gruppenbetrachtung?
Betrachtungen sind als Gruppenübung nicht geeignet. Dennoch ist es nützlich, wenn Sie die Ergebnisse Ihrer Überlegungen mitunter mit einem erfahrenen Seelsorger, Meditationsmeister, Therapeuten durchsprechen.

2. Betrachtung:
Über den Sinn
Jedes Menschen Leben hat seinen Sinn. Er liegt nicht immer offen vor uns, mag verborgen sein, ist oft nicht recht bewußt. Wie sehr die Sinnerkenntnis verdunkelt ist, mag eine Befragung von 732 männlichen Studenten der ersten Studiensemester zeigen (Durchschnittsalter 20,1 Jahre): 81,9 % gaben an, während ihrer Pubertät oder frühen Adoleszenz schon einmal mit dem Gedanken an Selbstmord gespielt zu haben. Von diesen nannten 84,6 % die Sinnlosigkeitserfahrung als Grund. Das zeigt, daß unser Bildungssystem fast vollständig versagt. Obschon fast 90 % der befragten Studenten angaben, irgendwie religiös erzogen worden zu sein, konnte auch die vermittelte religiöse Grundorientierung keine zureichende Sinnerfüllung geben. Schule, Elternhaus, Kirchen scheinen also radikal vor dem elementaren Bildungsanspruch der Ich-Findung zu versagen. Dieses katastrophale Befragungsergebnis mag zeigen, wie wenig Menschen in den Entwicklungsjahren zu einer tragenden Sinnerfahrung geführt werden. Obschon die Befragung 1974 veranstaltet wurde, dürfte für die Älteren ähnliches gelten.

Nach meinen Erfahrungen geben auch viele der heute 30- bis 40jährigen, insofern sie nicht die unangenehmen Erfahrungen ihrer Entwicklungsjahre verdrängten, oft zu, eine Periode durchlaufen zu haben, in der sie mit dem Gedanken an einen Bilanzsuizid spielten, und sind oft nur durch einen animalischen Lebenswillen davon abgehalten worden, die Konsequenzen zu ziehen. Die psychische Labilität (mit depressiven Elementen) der Entwicklungsjahre ist oft überlagert durch rein externe Lebenszwänge: Erfolg, Arbeit, Pflicht. Die psychische Leere aber ist geblieben.

Sinn und Zweck dieser Betrachtung ist es, sie zu füllen.

Diese Übung schließt sich an die vorhergehende an. Haben Sie einmal leitende und tatsächlich regulierende Werte Ihres Handelns gefunden, können Sie beginnen, das nachzuholen, was Sie in den Jahren zwischen zwölf und achtzehn hätten leisten sollen: den Aufbau einer tragfähigen Mitte: die Begründung des Ich als handlungsleitender Instanz (neben Es und Überich).

Fast alle jungen Menschen, denen ich im therapeutischen Gespräch begegnete, leiden an erheblichen Desorientierungen. Sie wissen nicht, wie sie ihr Leben gestalten sollen, worauf es hinausläuft, wenn es ein menschliches, erfülltes und sinnvolles Leben sein soll. Die hohen Quoten der Studienfachwechsler an unseren Universitäten und Hochschulen in den vergangenen Jahren mögen von dieser vorpathologischen Desorientierung zeugen.

Sicherlich ist nicht der einzige Grund für die Suizidgedanken Jugendlicher die Erfahrung der Sinnlosigkeit. Die Gründe für solches Erfahren liegen tiefer: Mitunter ist die Identifikation mit der männlichen (bzw. weiblichen) Rolle nicht geglückt. Der Vater fiel entweder als Bildungsinstanz ganz aus, oder er versagte vor dem Bildungsanspruch. Der Anima-Anspruch wurde nicht integriert, die Belastbarkeit nimmt deutlich ab, regressive Verhaltensmuster (pubertäre aggressive und sexuelle Verhaltensmuster) stellen sich schon bei vergleichsweise leichten Streßsituationen ein, ein allgemeines Gefühl der Unzufriedenheit mit sozialen, gesellschaftlichen, ökonomischen, ekklesialen . . . Verfaßtheiten ist eher die Regel denn die Ausnahme.

Ichschwache Menschen sind ein dankbares Opfer aller möglichen Formen der Manipulation (der politischen, ökonomischen, der religiösen). Unsere Gesellschaftsordnung scheint zunächst stark überichgelenkte, vollständig an die bestehenden Verhältnisse angepaßte Menschen zu favorisieren, und erst in Positionen mit hoher Eigenverantwortlichkeit wird der ichstarke Mensch gesucht. Sozialisation wird zum Selbstzweck, Anpassung wird belohnt.

Das Wort »Sinn« wird heute zumeist als Eigenschaft einer Aussage definiert. Eine Aussage ist dann sinnvoll, wenn sie eine erhebbare Information trägt. Dazu ist nicht nötig, daß sie auch »Bedeutung« tragen muß. Eine Aussage trägt Bedeutung (hat Bedeutung), wenn sie einen auszumachenden Wahrheitswert (wahr, falsch, unentscheidbar) besitzt. Sinnvoll ist eine Aussage also nur dann, wenn sie ihr Ziel, das der Kommunikation, erreicht.

Was aber ist »Sinn des Lebens«? Wir legen fest, daß »Sinn des Lebens« meint, daß die einzelnen Ereignismomente des Lebens nicht ein amorphes Durcheinander darstellen, sondern in einem prinzipiell erlebbaren Strukturzusammenhang stehen. Sinnvoll ist also ein Leben, wenn es nicht eine bloße Anhäufung von Fakten, Abläufen, Ereignissen ist, sondern diese Ereignisse miteinander in einem Strukturzusammenhang stehen, derart, daß ein Ereignis irgendwie auf das andere bezogen werden kann. Die Sinnhaftigkeit des Lebens setzt also voraus, daß alle wesentlichen Ereignisse zu einer Einheit strukturiert sind – und dazu gehört auch das Sterben. Wird das Sterben als sinnlos vorgestellt, dann wird von daher auch der Teilsinn einzelner Lebensabschnitte in Frage gestellt. Die Erforschung des Sinns des Lebens darf also auf keinen Fall das Ende des Lebens ausklammern, sondern muß es integrieren.

Die Hilfe der vorhergehenden Übung, einmal sein Leben vom Ende her auf leitende Werte zu konzipieren, wird in der Sinnbetrachtung sehr viel zentraler sein. Ein Leben ohne Integration auch seines Endes wird kaum mehr als sehr vordergründige Sinnhaftigkeit besitzen. Sinn ist also nicht von Ziel abzulösen. Die Erkenntnis, daß wir alle auf unseren Tod hin leben, ist die Grundeinsicht einer Sinnbegabung des Lebens. Doch ist der Tod nicht als absolutes Ziel zu sehen. Der Sinn des Todes ist das Leben (wie das Ziel des Lebens der Tod ist). Wer seinen Tod nicht in sein Leben integrierte, wird kaum ein Sinnverhältnis in seinem Leben sehen können, es sei denn ein recht oberflächliches und vorläufiges. Erst wenn auch der Tod seinen Sinn hat, wird das Leben sinnvoll sein können.

Hier werden sich Menschen, die an eine Fortexistenz nach dem individuellen Sterben glauben, oft leichter tun als Menschen, die glauben, »mit dem Tod ist alles aus«. Zwar können auch sie ihrem Sterben – und damit mittelbar ihrem Leben – Sinn geben (so meinte K. Marx, der Tod des Individuums sei der harte Sieg der Gattung Mensch über das Individuum Mensch und müsse sein, damit sich die Gattung weiter bilde), doch sind bislang alle solche Sinnfindungsversuche ziemlich unfruchtbar verlaufen.

Manchen Menschen mag da die berühmte Wette *Blaise Pascals* (1623–62) helfen, der einem nicht religiös orientierten Menschen vorschlug, so zu leben, »als ob« es Gott und eine Fortexistenz nach dem Tode gebe. Sollte sich diese Annahme als falsch erweisen, habe er nichts verloren, sollte sie richtig sein, aber alles gewonnen. Tatsächlich kann diese »Gewinnstrategie« mitunter helfen – sie setzt jedoch voraus, daß man kein verstelltes oder entstelltes Bild von Gott hat. Theistische Religiosität muß sich in der Praxis daran ausweisen, daß sie das Leben – auch rein natürlich gesehen – menschlicher, erfüllter macht, andernfalls stimmt etwas nicht am Gottesglauben.

Mit der Sinnantwort entscheidet sich, ob ein Mensch theistisch religiös ist oder nicht. Spielt in ihr Gott ausdrücklich oder implizit eine Rolle, ist eine religiöse Grundorientierung gegeben. Religiös ist man also nicht, wenn Gott ausschließlich in der Überichstruktur als autoritäres Wesen auftaucht. Religiosität gründet sich also nicht auf Erziehung, sondern auf Einsicht. Sie sollten sich *vor* der Beantwortung der Sinnfrage nicht auf ein religiöses oder areligiöses Apriori festlegen. »Gott« ist für Sie sinnvoll, wenn seine Annahme es Ihnen erlaubt, ein menschlicheres, ein erfüllteres Leben zu führen. Ähnliches gilt übrigens für andere Elemente der Sinnantwort entsprechend.

Sorglichst ist darauf zu achten, daß die Sinnantwort auch soziale Bezüge begreift. Eine asoziale Sinnantwort (etwa eine egoistische) geht mit Sicherheit an der Weltwirklichkeit des Menschen vorbei, in der soziales Mit und Gegen eine erhebliche Rolle spielen. Eine asoziale Sinnantwort ist desorientiert und hat desorientierende Folgen.

Wir haben schon darauf verwiesen, daß die Sinnantwort weder subjektivistisch (in absolute Beliebigkeit gestellt) noch objektivistisch (aus einer ideologischen Vorgabe heraus) gegeben werden kann, denn sie hat die objektiven individuellen psychischen und sozialen Vorgaben, die für jeden Menschen andere sind, zu berücksichtigen. Andernfalls kann sie zu erheblichen Fehlorientierungen führen. Man darf also auch nicht, etwa mit dem Marxismus, den Sinn des Lebens des Individuums a priori unter den kollektiven Sinn der Menschheit stellen. Das wäre eine objektivistische Antwort, die die subjektiven Umstände und Vorgegebenheiten nicht zureichend berücksichtigt. Andererseits *kann* jedoch der Sinn der Menschheit durchaus eine erhebliche Rolle in der individuellen Sinnantwort spielen.

Dieses Verbot objektivistischer Sinnantworten (wie sie früher auch von den Kirchen favorisiert wurden) hat zur Folge, daß man keinem Menschen die Mühe, *seine* Sinnantwort zu finden, abnehmen *kann.* Es können hier also auch keine Vorschläge, wie eine solche Sinnantwort aussehen mag, vorgelegt werden.

Ferner ist darauf zu achten, daß eine verbal fixierte Sinnantwort erhebliche emotionale Momente in sich begreift und durch unbewußte Begleitumstände und unbewußte Inhalte mitbestimmt wird. So können durchaus zwei Menschen die gleiche Sinnantwort verbalisieren und dennoch etwas sehr Verschiedenes damit meinen. Die Bedeutung der Sinnantwort kann sich, selbst wenn die »Formel« jahrelang dieselbe bleibt, im Laufe eines Menschenlebens verschieben. Die Bedeutungsträchtigkeit der Sinnantwort macht sie weitgehend inkommunikabel, will heißen, sie hat ihre eigene hermeneutische Problematik mit sich: Ein anderer Mensch *kann* nicht den eigentlichen Bedeutungsgehalt von dem objektiven Bedeutungsträger, der Sinnantwort, unverstellt und unverschoben ablösen.

Ebenfalls ist darauf zu achten, daß Überichnormen die Freiheit der Sinnantwort weitgehend einschränken. Doch stellt ein nicht allzu repressives Überich einen Rahmen bereit, in dem eine orientierende Sinnantwort so gegeben werden kann, daß einzelne Elemente bei der Realisierung gegen Überichimperative verstoßen können. Es wäre also falsch, die Sinnantwort als bloße Emanation des Überich zu interpretieren. Die Sinnantwort hat ja u. a. die Funktion, Überichimperative kritisch zu prüfen und gegebenenfalls ihnen nicht zu gehorchen.

Diese *relative* Überichbezogenheit der Sinnantwort (und damit des Ich) kann dann eine steuernde und wirksame Ichbildung verhindern, wenn ins Überich starke Gebots- und Verbotsinstanzen, etwa »Gott« oder andere sanktionierende Stellen, eingebaut sind. Oft fällt es intensiv religiös erzogenen (das ist nicht dasselbe wie »religiös gebildeten«) Menschen schwer, zu einer wirksamen Ichkonstitution zu kommen. Die oben erwähnte Gruppe von Heranwachsenden mit ihren Sinnproblemen gibt darüber deutlichen Aufschluß. Oft sind es gerade strengreligiös erzogene junge Menschen, die, zum Überich-Ungehorsam unfähig, keine tragende Sinnantwort finden. Andererseits kann und wird eine vernünftige religiöse Erziehung es erlauben, auch eine theistische Sinnantwort zu geben. Die *Freiheit* zur Entscheidung *für* den Theismus ist wichtiges Bildungsziel. Jedem Menschen muß es freistehen, seine Sinnantwort auch theistisch zu geben. Eine apriorische Sperre gegen den Theismus wäre genauso schlecht wie eine apriorische Fixierung des Theismus.

Sie werden sicherlich beim Lesen dieser Zeilen ahnen, auf was Sie sich einlassen, wenn Sie die Sinnbetrachtung ernsthaft auf sich nehmen. Sie kann theistisch ausgehen – oder aber atheistisch. Manche infantilen Vorstellungsinhalte können zerbrechen. Zur konsequent geführten Sinnbetrachtung gehören erheblicher Mut und die Fähigkeit, von seinen Vorurteilen – das sind oft recht repressive Überichinhalte – zu lassen und sich seines Verstandes zu bedienen. Die Sinnbetrachtung steht im Dienste einer humanen Aufklärung. *I. Kant* beschrieb das so:

Aufklärung ist der Ausgang des Menschen aus seiner selbst verschuldeten Unmündigkeit. Unmündigkeit ist das Unvermögen, sich seines Verstandes ohne Leitung eines anderen zu bedienen. Selbstverschuldet ist diese Unmündigkeit, wenn die Ursache derselben nicht am Mangel des Verstandes, sondern der Entschließung und des Mutes liegt, sich seiner ohne Leitung eines anderen zu bedienen. Sapere aude! Habe Mut, dich deines eigenen Verstandes zu bedienen. (AA 8,35.)

Genau das ist die Absicht dieser Betrachtung, ihre Voraussetzung und ihr Ziel.

Erst der ichgesteuerte Mensch ist wirklich frei. Er hat die Ketten, die ihm Erziehung und soziale Mitwelt anlegten, zerbrochen. Er handelt aus Eigenverantwortung (und nicht nur aus dem bloßen Schein dieser Verantwortung). Wie alles meditative Bemühen Befreiung zum Ziel hat, so vor allem auch diese Betrachtung. Die Ketten, die uns fesseln, sind nicht primär diejenigen, die uns andere anlegten, sondern die, die wir nicht zerbrachen. Gefangener seiner selbst zu sein, ist ärger, als Gefangener anderer Menschen und mißlicher Umstände zu sein. Die Sinnbetrachtung ist vermutlich ein notwendiger Weg zur Befreiung. Zwar ist der Sinn nicht zu lösen vom Sollen. Doch dieses Sollen wird in Freiheit und aus Freiheit hervorgehen.

Es gehört eine gute Portion Mut dazu, sich dem Anspruch der Freiheit auszusetzen und in den neu gewonnenen Freiheitsträumen humanes Sollen zu siedeln. In meiner meditativen Führungspraxis ist es nicht selten vorgekommen, daß Männer, die Erfolg (gemeint ist der äußere, der anerkanntc) hatten in ihrem bisherigen Beruf, nach einigen Monaten der Betrachtung Ihres eigenen Lebens und seines Sinns, ihren Beruf aufgaben und einen ganz anderen wählten, der ihnen aber stets größere innere Freiheit und Zufriedenheit gab. Sie zerbrachen die Fesseln, die ihnen gesellschaftlich-konventionelle Zwänge anlegten – und wurden zufriedene, menschlichere Menschen. Sind Sie feige, sollten Sie sich hüten, sich dem Anspruch der Freiheit und Befreiung bedingungslos auszuliefern. Für Sie ist diese Betrachtung nichts.

Zielgruppe

Menschen, denen die Verwirklichung ihres Selbst, die Entwicklung ihrer Persönlichkeit ein höherer Wert ist als vorübergehende Anerkennung und vorläufiger Erfolg, sollten diese Betrachtung wagen. Kamen Sie in der vorhergehenden Übung zu dem Resultat, daß Ihnen Freiheit und Selbstverwirklichung als leitende Werte etwas Erhebliches bedeuten, sollten Sie die erste Übung in diese zweite übergehen lassen. Voraussetzung für diese Übung ist also der erfolgreiche Abschluß der vorhergehenden.

Wichtig ist, daß Sie eine positive Grundstimmung und Einstellung zum Leben mitbringen. Kennzeichnet das »So-what-Syndrom« nicht nur eine gelegentliche Anwandlung, sondern Ihre Grundstimmung, ist diese Betrachtung nichts für Sie.

Streng verboten ist die Übung Menschen, die pessimistisch gestimmt sind – oder gar häufiger mit Suizidgedanken umgehen (die pubertären und frühadoleszenten der Vergangenheit sind hier unwichtig). Ebenso ist diese Betrachtung ungeeignet für psychisch Labile oder Antriebsschwache.

Betrachtungsziele
Ichfindung und Ichstärkung, Verlagerung der Selbstwerteinschätzung von Außenbewertung auf Eigenbewertung. Befreiung von Leistungs- und Anerkennungszwängen (die zumeist auf ein lädiertes Selbstwertgefühl zurückgehen). Grundlegung einer eigenen »Mitte« – und eines Lebens aus der Mitte (und nicht an und aus der Peripherie). Selbstführung statt Fremdführung. Zielorientierung statt Desorientierung. Erwerb der Fähigkeit, Wichtiges von Unwichtigem zu unterscheiden. Freisetzen psychischer Energie für Wichtiges.

Dauer der Betrachtung
Anfangs etwa wöchentlich eine Stunde. Später eine gelegentliche (etwa monatliche) Überprüfung und Vergegenwärtigung der Ich-Inhalte. Diese Übung soll mit anderen Formen der Betrachtung und Meditation alternativ geübt werden. Die regelmäßige (am besten tägliche) Betrachtung oder Meditation allein sorgt dafür, daß die rationale und bewußte Ichbildung mit unbewußten Inhalten, Impulsen, Motivationen in Einklang gebracht werden kann, um so eine Selbstfindung zu gewährleisten.

Hilfsmittel
Die Übungsergebnisse sind regelmäßig in ein Heft einzutragen. Wichtig wird es sein, daß Sie auch gelegentliche (außerhalb der eigentlichen Übungszeiten) Gedanken zum Thema Sinnfindung und »Leben aus der Sinnantwort« nachtragen. Die Nachträge müssen bei der nächsten Betrachtung überprüft und bedacht werden.

Verlauf der Betrachtung
In einer *ersten* Betrachtung versuchen Sie die Frage zu beantworten: »Wer bin ich?«

In einer *zweiten* Betrachtung versuchen Sie herauszufinden, ob Sie schon unreflex Ihr Leben nach einer nicht-artikulierten Sinnantwort eingerichtet haben. Wenn Sie diese Frage bejahen können, versuchen Sie diese Antwort zu verbalisieren. Sie sollte sich um einen Satz zentrieren lassen. Wenn Sie diese Frage verneinen müssen, überlegen Sie sich die Gründe für die fehlende Sinnantwort (Erziehung, psychische Fehlorientierung, überstarke Überich-Regulation, starke Außensteuerung . . .).

In einer *dritten* Betrachtung beginnen Sie, ähnlich wie bei der vorhergehenden Übung, in aller Vorläufigkeit, eine Sinnantwort zu formulieren, indem Sie Ihr Leben von seinem Ende her konzipieren. Welchen

Sinn müßte ich meinem Leben *jetzt* geben, damit es einmal aufs ganze ein sinnvolles Leben sein wird?

Diese dritte Betrachtung sollten Sie einige Male wiederholen. Sind Sie mit Ihrer Antwort zufrieden, prüfen Sie in den folgenden Übungen, wie Sie Ihr Leben einrichten müssen, um der Sinnvorgabe gerecht zu werden. Fragen Sie sich, ob sich die Sinnvorgabe auch in der konkreten Lebenspraxis realisieren läßt. Wenn Sie die Frage verneinen müssen, beginnen Sie mit der Suche nach einer realisierbaren Sinnantwort von neuem. Eine Sinnantwort ist nicht allein schon deshalb unrealisierbar, weil der Realisierungsversuch Opfer und Mühen verlangt.

Ehe Sie sich jedoch zu irreversiblen Schritten entschließen, sollten Sie wenigstens ein halbes Jahr lang nicht mehr an der gefundenen Sinnantwort ernsthaft zweifeln.

Stellen sich *destruktive* Sozial- oder Individualkonflikte (hierher gehören nicht einfache *Schuld*gefühle ohne Schuldgewissen) ein, oder kündigen sie sich nur an, haben Sie Ihre Sinnantwort mit Sicherheit falsch gegeben. Sie müssen noch einmal von vorne anfangen.

Normalerweise ist nach etwa einem Jahr bei regelmäßiger Übung und begleitender Betrachtung oder Meditation eine zureichende Sinnantwort gefunden.

Denken Sie aber immer daran, daß eine Sinnantwort niemals absolute Endgültigkeit besitzen kann. Mit wachsender persönlicher Reifung und größerer Entfaltung Ihrer Persönlichkeit, sowie bei Veränderungen der Triebstruktur (Es) oder der sozialen Mitweltbedingungen muß die Sinnantwort neu gestellt und vor dem Hintergrund der schon gegebenen neu erarbeitet werden. Das Leben aus dem Sinn ist eine Lebensaufgabe.

Prüfen Sie (am besten täglich), ob Sie Ihrer Sinnantwort treu gewesen sind – und notieren Sie Erfolge und Mißerfolge. Wenn Sie vor Entscheidungen von einiger Tragweite stehen, sollten Sie *zuvor* sich überlegen, welche Strategie, welcher Entschluß oder Entscheid am ehesten Ihrer Sinnantwort gerecht wird.

Mit wachsendem Selbstbewußtsein und Selbstvertrauen sollten Sie die Übung dennoch nicht aufgeben, sondern gelegentlich wiederholen. Beachten Sie, daß in der Selbsterziehung Vertrauen niemals ausreicht, sondern permanente Kontrolle gefordert ist.

Bei dieser Übung ist sorglichst darauf zu achten, daß sich niemals Selbstvorwürfe oder irgendwelche Formen des Nachgrübelns einschleichen. Die Übung muß in allen Phasen von positiver Grundstimmung und einer gewissen Freudigkeit begleitet sein. In Phasen (depressiver) Verstimmungen sollten Sie die Übung aussetzen. Niemals aber dürfen in solchen Phasen irgendwelche Entschlüsse oder Entscheidungen von einiger Tragweite gefaßt werden.

Gruppenbetrachtung?
Wegen der Inkommunikabilität der Sinnantwort ist diese Betrachtung in der Gruppe völlig unmöglich. Dennoch ist es meist nützlich (wenn Sie nicht recht weiterkommen oder wenn sich destruktive Konflikte einstellen, sogar meist notwendig), daß Sie Ihre Gedanken, Vorstellungen, Entschlüsse ... mit einem meditationserfahrenen Therapeuten, Seelsorger oder Meditationsmeister durchsprechen. Diese Form der Objektivation ist bei Komplikationen oder in Zweifelsfällen der schriftlichen (im »Tagebuch«) vorzuziehen. Es ist möglich, daß Sie im Übungsverlauf bemerken, daß Sie Ihre Orientierungslosigkeit nicht selbst beheben können. Auch dann muß ein Therapeut oder Seelsorger helfen.

Angemerkt sei, daß auf den höchsten Stufen der Meditation die Sinnfrage jede Bedeutung verliert. Die Ablösung vom eigenen Ich ist dann so weit fortgeschritten, daß es (als bewußter Inhalt) unerheblich wird vor dem Anspruch des Absoluten.

Teil III
Meditationsweisen

Einführung

In diesem dritten Teil unserer Darlegungen kommen wir zum Zentrum unserer Überlegungen: der Meditation (im eigentlichen Sinne).

1. Die eigentliche Meditation ist das Ziel aller in den vorhergehenden Übungen des zweiten Teils vorgestellten Bemühungen. In ihr realisiert sich optimal das Zur-Mitte-Gehen und das Aus-der-Mitte-Kommen. Sie hat das Ziel, den Verlust der Mitte nicht nur zu kompensieren, sondern die Mitte bewußt finden zu lassen, um ein Leben aus der Mitte zu ermöglichen. Die Mitte einer Person aber ist mit einer Vielheit von unbewußten Inhalten besetzt (die bewußten treten meist zurück). Wir gehen zunächst in die Mitte, um hier Ordnung und Harmonie zu schaffen, um Konflikte zwischen Bewußtem und Unbewußtem aufzulösen. Erst die Behebung solcher Konflikte ermöglicht ein verantwortetes Leben aus der Mitte, ein aktives und bewußtes Leben aus einem Zentrum heraus, das so viele Menschen entweder heute ganz verloren haben oder aber es im Ersatz durch eine soziale Mitte, außerhalb des eigenen Selbst, zu finden versuchen.

2. Die harmonisierte Mitte ist das Selbst des Menschen. Der Aufbau des Selbst (die Individuation) ist das Ziel allen meditativen Bemühens. Es geht dabei jedoch nicht um die Lockerung sozialer Bindungen, sondern zuerst um ihre rechte und geordnete Einrichtung, die keineswegs über Gruppenaktivitäten (etwa gruppendynamische Übungen oder Gruppentraining) gefunden und erreicht werden kann. Die rechte soziale Aktivität ist ein Gehen aus der eigenen Mitte, das Ergebnis des Lebens aus der Mitte des Selbst.

Selbstvertrauen, Selbstfindung, Selbstverwirklichung setzen voraus, daß Sie aus der Mitte heraus leben können. Ohne Selbstfindung ist Selbstverwirklichung nichts als Täuschung, weil etwas anderes (etwa ein Ich-Ideal) verwirklicht wird, nicht aber das Selbst. Wenn heute Selbstverwirklichung bei Führungstheorien groß geschrieben wird, dann oft in völliger Verkennung der Voraussetzungen. Selbstverwirklichung setzt eine Selbstfindung voraus, die nur in einem langwährenden meditativen Prozeß geschehen kann (und nicht etwa durch Vollzüge, die zur Realisation von Begabungen, Fähigkeiten, Wünschen angeboten werden). Sicher sind auch diese für eine gesunde psychische Entwicklung vonnöten – doch hat das alles mit Selbstverwirklichung nichts zu tun. Das Individuum kann nur sich selbst verwirklichen – andere können das nicht. Sie können allenfalls Hindernisse, die der Selbstverwirklichung entgegenstehen, beheben.

3. Meditation ist ein erheblicher Eingriff in psychische Abläufe und muß als solcher verantwortet werden. Meditation ist also kein verspieltes Spielen, sondern ein Bemühen des Menschen, Mensch zu werden.

4. Im Gegensatz zu den Übungen im Vorraum der Meditation ist die Meditation selbst nicht an materielle Vorlagen (allenfalls an suggestive Vorgaben) gebunden.

5. Der wesentliche Unterschied aber des meditativen Tuns gegenüber dem vormeditativen liegt in der Bewußtseinsstimmung. Während die vormeditativen Übungen im wachen Zustand trainiert werden, ist für die Meditation ein außerwacher Zustand charakteristisch, der (nach einigem Training) als deutlich von anderer Bewußtseinszuständen unterschieden erfahren wird. Man kann auch mit *H. J. Urban* von einem Zustand des Überbewußtseins* sprechen, der dadurch gekennzeichnet ist, daß die eigene Leiblichkeit nicht mehr deutlich wahrgenommen wird, daß das Verhältnis zu Raum und Zeit deutlich geändert erscheinen. Im Yoga spricht man, wenn die höchste Stufe dieses Bewußtseinszustandes erreicht wird, vom »kosmischen Bewußtsein«. Solche überwachen Bewußtseinszustände können auch außerhalb der Meditation hergestellt werden; etwa in erotisch geführtem sexuellem Orgasmus, im LSD- oder Meskalinrausch, im Vollzug des Autogenen Trainings ... Im außerwachen Bewußtseinszustand ist eine Beeinflussung von Funktionen möglich, die sonst dem Willen unzugänglich sind (Gedächtnis, Willensbildung, Vegetativum ...).

Ein außerwacher Bewußtseinszustand ist auch physiologisch zu erfassen. So wird regelmäßig beobachtet:

- ein Absinken des Grundumsatzes (stärker als im Schlaf!) etwa um 15 %,

* H. J. Urban, *Das Überbewußtsein*, Innsbruck und Wien, 1950.

- ein deutliches Sinken der Atemfrequenz (um 25 %–40 %),
- ein gelegentliches Absinken des Herzminutenvolumens um bis zu 30 %,
- ein häufiges Absinken des Milchsäuregehaltes des Blutes,
- ein deutliches Ansteigen des Hautwiderstandes,
- ein verändertes EEG (harmonische 8 bis 9 Hz-Wellen im vorderen Gebiet der Großhirnrinde).

6. Der Zugang zur Meditation wird mitunter wie »von selbst« von Menschen gefunden, die sich – oft jahrelang – in den Vorhöfen der Meditation mühten, doch enden solche automatischen Eintritte in den Raum der Meditation meist bei den ersten Ansätzen zur Meditation. Um voll in das meditative Tun eintreten zu können, ist Fremdführung durch einen Meditationslehrer (einen »Meister«) in der Regel erforderlich, da konkrete Meditation so viele Varianten kennt, wie es meditierende Menschen gibt. Man kann also in einem Lehr- und Lernbuch allenfalls einige Linien und Grundzüge von Techniken aufzeichnen, die aber niemals den Lehrer ersetzen können.

Der Übergang von der Betrachtung zur Meditation ist zumeist gekennzeichnet durch zunehmende Vereinfachung der Betrachtungsinhalte. Schließlich konzentrieren sie sich auf einige wenige (mitunter auch nur auf einen). Die Verstandestätigkeit *und* der emotionale Anspruch treten zurück. Ist diese Phase der Betrachtung erreicht, sollte man mit dem Einüben der Meditation beginnen.

Es begegneten mir in den Jahren, in denen ich in die Meditationstechnik einzuführen versuchte, zahlreiche Menschen, die jahre-, ja jahrzehntelang regelmäßig (oft täglich) betrachteten, ohne die Schwelle zur Meditation erreichen zu können. Sie standen vor dem Tor, aber es blieb ihnen verschlossen, weil sie keinen Schlüssel besaßen, es zu öffnen. Dieser dritte Teil unserer Darstellung kann dem einen oder anderen einen solchen Schlüssel geben.

Mitunter wird auch eine einmal beherrschte, dem emotionalen Bedürfnis genügende Betrachtungstechnik so fixiert, daß sie beinahe zu einem Zwang wird. Gerade solche Menschen können, einmal von diesem Zwang befreit, schnelle Fortschritte in der Meditation machen.

Dennoch ist es richtig, daß der Meditationsphase im *Regelfall* längere Bemühungen im Betrachten vorausgehen werden. Wir Europäer können nicht leicht auf Anhieb die rationale Tätigkeit, das diskursive Vorgehen unserer Verstandeskräfte, den Bereich des Bewußten verlassen. Wir können nur schwer die Leere der Meditation aushalten, die – im Gegensatz zur Betrachtung – keine materiellen Vorlagen kennt. Wir können uns kaum von der Überzeugung lösen, daß es auf unsere Aktivität ankommt, daß bald etwas dabei »herauskommen« muß, um wirklich nützlich oder gar notwendig zu sein. Wir sind sehr auf Stimmungen und Gefühle verwiesen und bleiben gerne bei Techniken, die eine gefühlsmäßige Befriedigung und Erfüllung versprechen und oft auch erreichen. Alles das aber muß überwunden sein, ehe man mit dem Meditieren, mit Aussicht auf Fortschritt, beginnen kann.

7. Noch stärker als die Betrachtung oder andere Vorübungen zur Meditation ist die Meditation selbst auf die Verwendung bestimmter Techniken angewiesen, wenn sie auf die Dauer »glücken« soll. Hierher gehören Entspannung, Atmen, Sitzen . . .

Diese Techniken sollten also beherrscht werden, ehe man zu meditieren beginnt, damit die eigentliche Meditationsphase nicht noch zusätzlich mit dem Erlernen von äußeren Techniken belastet wird.

Dennoch sollte sich niemand von der Meditation abgehalten fühlen, wenn er die Techniken nicht *vollständig* beherrscht. Die Vollständigkeit wird sich im Verlauf der Meditationspraxis einstellen. Allgemein gilt:

Beginnen Sie zu meditieren, wenn Sie die Möglichkeit anderer Übungen (etwa der Betrachtung) zureichend erschöpft haben und sich zur eigentlichen Meditation hingezogen fühlen.

Dabei kann sich herausstellen, daß der Entschluß zu meditieren voreilig gefaßt wurde. Die Beherrschung der Techniken will, trotz allen Bemühens, nicht recht gelingen. Dann sollen Sie wieder zu der bisherigen Praxis (etwa der Betrachtung) zurückfinden, um – nach einiger Zeit – wieder mit dem Bemühen um Meditation zu beginnen.

8. Weisen der Meditation: Wir werden in diesem Teil drei Meditationsweisen vorstellen:

1. Die Aktive Imagination ohne Vorlage* Sie wird dem Anfänger besonders empfohlen.
2. Die Mantra-Meditation.
3. Die Zen-Meditation**

* Ich benutze für die Darstellung dieser Meditationsart folgende Literatur: L. Schlegel, *Grundriß der Tiefenpsychologie IV*, München 1973, 250–280.
R. Bleistein u. a. (Hrsg.), *Türen nach Innen*, München 1974, 116–136.

** Ich benutzte vor allem die Darstellungen von H. M. Enomiya-Lassalle, *Zen-Buddhismus*, Köln 1966, und Ph. Kapleau, *Die drei Pfeiler des Zen*, Zürich und Stuttgart 1969. Es gibt heute eine reiche Literatur zum Zen von sehr verschiedener Qualität. Es können noch empfohlen werden:
H. M. Enomiya-Lassalle, *Zen unter Christen*, Graz, Wien, Köln ²1974.
Fr.-A. Viallet, *Einladung zum Zen*, Olten 1975.
H. M. Enomiya-Lassalle, *Zen – Weg zur Erleuchtung*, Wien 1960.

1. Die Aktive Imagination

Wir haben schon im vorhergehenden Teil eine Einführung in die Theorie und Praxis der Aktiven Imagination (AI) gegeben. Die jetzt zu behandelnden Techniken unterscheiden sich von den genannten darin, daß sie keine materiellen Vorlagen als Auslöser benutzen. Ehe Sie sich – ohne Führung – an die hier vorgestellten Weisen der AI wagen, sollten Sie die AI an Hand von Vorgaben zureichend beherrschen. Die hier vorgestellten Weisen der AI haben sich in der psychoanalytischen und meditativen Praxis bewährt. Sie dürfen jedoch nur von psychisch Gesunden ohne Begleitung durch einen Therapeuten oder einen erfahrenen Meditationsleiter praktiziert werden.

Wir erinnern uns: Die von C. G. Jung seit 1916 entwickelte und 1956 (in: Mysterium Coniunctionis) dargestellte Methode der AI als einer dialektischen Auseinandersetzung mit dem Unbewußten ist eine der wirksamsten Formen der Meditation. Sie ist eine freie Produktion von Phantasieinhalten, durch nichts und niemanden verboten (wie auch immer die Produktionen aussehen mögen). Die AI ist eine Art inneren Selbstgesprächs, bei dem sich *alles,* was in uns ist, zu Wort oder Bild melden darf und soll.

Dieses uneingeschränkte Sich-Einlassen auf die Produktionen des Unbewußten, bzw. seine Reflexionen an der »Unterseite des Bewußtseins», ist nicht ungefährlich und muß sehr ernst genommen werden. Es sollte, zumindest anfangs, stets ein meditationserfahrener Therapeut oder Seelsorger die Meditationen begleiten. Dieser Leiter hat in der völlig freien AI nach Jung nur die Aufgabe, festzustellen, ob die Imaginationen »echt« sind oder ob sie doch insgeheim über den Intellekt gesteuert werden. Ebenfalls muß er die Imaginationsübung abbrechen, wenn Gefahren für die psychische Gesundheit des Übenden offenbar werden. Das aber ist auch alles.

Bei den Weiterentwicklungen der AI, über die wir vor allem berichten wollen, gibt der Trainer bestimmte Inhalte suggestiv vor, doch können sie auch autosuggestiv angeeignet werden. Die Kontrolle über Echtheit und Ungefährlichkeit der Übung muß, wenn kein Leiter oder Trainer zur Verfügung steht, vom Übenden selbst übernommen werden. Das aber kann er nur, wenn er zureichende Imaginationserfahrungen (etwa geübt an Vorlagen) hat.

Bei der AI wird der Mensch aufgefordert, in programmloser Freiheit mit sich selbst umzugehen. Doch soll sich der Meditierende nicht einfach seinen Phantasieproduktionen ausliefern, sondern mit ihnen in einen Dialog treten, der kritisch, fragend, prüfend sein kann. Diese Rückbindung an das bewußte Ich ist wichtig, damit nicht die Phantasien *uferlos* strömen und wuchern und beherrschbar bleiben in dem Sinn, daß ihr Strom abgebrochen werden kann. Nicht aber darf das dialogische Ich seinem Partner, der Phantasie, irgendwelche Themen vorschreiben oder verbieten.

Doch hat die Technik der AI auch andere Gefahren: So verweist Jung auf die Gefahr eines Ästhetizismus oder Intellektualismus, der Gefahr der Schönung oder des voreiligen Verstehenswollens der Bilder.

An einem einfachen Beispiel wollen wir vorzustellen versuchen, wie Jung selbst die Methode der AI handhabte. In einem Brief an einen ratsuchenden Patienten, der an einem Übermaß von Phantasien litt, schrieb er unter dem 2. 5. 1947:

Bei der Aktiven Imagination kommt es darauf an, daß Sie mit irgendeinem Bild beginnen, z. B. gerade mit dieser gelben Masse aus Ihrem Traum. Betrachten Sie das Bild und beobachten Sie genau, wie es sich zu entfalten oder zu verändern beginnt. Vermeiden Sie jeden Versuch, es in eine bestimmte Form zu bringen, tun Sie einfach nichts anderes als beobachten, welche Wandlungen spontan eintreten. Jedes seelische Bild, das Sie auf diese Weise beobachten, wird sich früher oder später umgestalten, und zwar aufgrund spontaner Assoziation, die zu einer leichten Veränderung des Bildes führt. Ungeduldiges Springen von einem Thema zum anderen ist sorgfältig zu vermeiden. Halten Sie an dem einen von Ihnen gewählten Bild fest und warten Sie, bis es sich von selbst wandelt. Alle diese Wandlungen müssen Sie sorgsam beobachten und müssen schließlich selbst in das Bild hineingehen: Kommt eine Figur vor, die spricht, dann sagen auch Sie, was Sie zu sagen haben und hören Sie auf das, was er oder sie zu sagen hat. Auf diese Weise können Sie nicht nur Ihr Unterbewußtes analysieren, sondern Sie geben auch dem Unbewußten eine Chance, Sie zu analysieren. Und so erschaffen Sie nach und nach die Einheit von Bewußtsein und Unbewußtem, ohne die es überhaupt keine Individuation gibt.

Man kann diesen Hinweis verallgemeinern:

Wenn Ihnen die folgenden »Methoden« der AI weniger zusagen, können Sie irgendeinen Trauminhalt wählen, der Ihnen noch bewußt ist. Reproduzieren Sie zunächst das Traumbild oder die Traumszene und beginnen Sie dann, in einem Zustand möglichst vollständiger körperlicher und psychischer Entspannung den Traum außerwach weiterzuführen. Sie imaginieren* also den Trauminhalt und führen ihn meditierend weiter aus.

* Wir verwenden das Verb »imaginieren« + Akk. hier und im folgenden etwas unüblich. Gemeint ist die Produktion von Bildern, Szenen ... durch das Vermögen der Phantasie. Die Produktion dient als Auslöser für Aktivitäten des Unbewußten, das diese imaginären Inhalte verändert und mit anderen legiert.

Jung vergleicht diese Art AI mit einem »Kampf mit dem Drachen« (dem eigenen Unbewußten). Wer daran nicht zugrunde geht, hat »wahrhaft Anrecht auf Selbstvertrauen, denn er hat sich dem dunklen Untergrund seines Selbst gestellt und damit sein Selbst gewonnen».

Nicht immer fällt der Zugang zur AI leicht. Viele haben es sich jahrelang verboten, mit den Vorstellungen und Bildern ihrer Phantasie zu korrespondieren, ihnen einen Wert, eine Aussage zuzubilligen. So wurde dann langsam der phantastische Quell, aus dem noch Kinder den Reichtum ihres Erlebens beziehen, zugedeckt. Es gilt, diese Quelle wieder zum Sprudeln zu bringen.

C. G. Jung berichtete einmal von einem Mann, der die Analyse dadurch erschwerte, daß er behauptete, nicht träumen zu können. Erst nach manchem Nachfragen erinnerte er sich eines Traumes: Er hatte eine Gemse unbeweglich an einem Geröllhang stehen sehen. Jung wollte ihn dazu führen, dieses Traumbild im Wachzustand zu imaginieren. Tatsächlich gelang die Bildreproduktion in der Imagination. Und die Gemse bewegte den Kopf. Das aber entsetzte den Patienten so sehr, daß er die gerade erst begonnene Therapie abbrach.

Haben Sie also keine Angst vor den Bildern Ihrer Phantasie. Sie sind auch in Ihnen, wenn Sie sich ihrer nicht bewußt sind. Manche Übende halten vor allem sexuelle Bilder und Vorstellungen für sündhaft und verdrängen sie wieder. Das ist ganz falsch. Es gilt, sich auch in seinen unbewußten sexuellen (oder aggressiven) Antrieben kennenzulernen, wenn man anstrebt, etwas Ernstliches von sich selbst zu erkennen.

Das, was Sie erleben und erfahren, ist Wirklichkeit der Psyche, Ihrer Psyche, nicht aber »nur Phantasie«.

Denn das, was auf der seelischen Ebene geschieht, ist real, wenn auch nicht konkret, so real sogar, daß Jung seinen Schülern verbot, sich bei der Aktiven Imagination lebende Personen der Umgebung vorzustellen, weil er beobachtete, daß dies eine . . . Wirkung auf den Betreffenden ausüben kann . . . Die Beibehaltung des Ich-Bewußtseins während der Imagination ist eine der schwierigsten Aufgaben, weil man eine subtile Mitte an der Schwelle des Unbewußten einhalten muß. Ist man zu hell bewußt, so bricht die Phantasie leicht ab, ist man es zu wenig, schläft man ein oder hat nicht mehr genug Kraft, um das Geschaute und Gehörte zu notieren. Im Anfangsstadium können viele nicht gleichzeitig imaginieren und aufschreiben. Eine andere Schwierigkeit ist, daß man lauscht, was einem das innere Gegenüber sagt, dann aber dem Eindruck erliegt, man hätte es bewußt gedacht (M. L. von Franz).

Jede Form der Aktiven Imagination setzt eine passive Einstimmung voraus. Das Bewußtsein muß von Willensimpulsen und diskursiven Überlegungen so weit als möglich befreit werden, damit die anfangs recht zarten Bildandeutungen des Unbewußten überhaupt recht bemerkt werden können. Viele Menschen klammern sich so sehr an ihre Rationalität und ihre Willenskraft, daß sie um kaum einen Preis dazu bereit sind, sie zurückzustellen oder zuzugeben, daß 90% ihrer Handlungen keineswegs primär aus Einsicht (gelenkt durch Verstand und Willen) zustande kommen, sondern durch Impulse des Unbewußten. Oft es sehr viel wichtiger, *diese* Quelle der eigenen Handlungsmotivationen zu erkennen als die kleine und schmächtige der bewußten Zonen. Vielen fällt es schwer, mit dieser Einsicht keine Selbst-Beleidigung zu verbinden: Sie wollen oder können nicht zugeben, daß sie mit ihrer Bewußtheit keineswegs Herr im eigenen Hause sind. Das führt dazu, daß alle Antriebe aus dem Unbewußten entweder säuberlich als irrational und damit als unerheblich verdrängt oder aber im nachhinein rationalisiert (verstandesmäßig so erklärt werden, als seien sie bewußt gesteuert worden) werden.

Da die meisten von uns, wenn auch nicht immer ganz so kraß, im Umgang mit sich selbst so verfahren, gilt es, sich im Vorhof des AI zuerst von sich (das heißt dem bewußten Sich) loszulassen und sich selbst dem Dunkel, der Schattenseite des Eigenen zu stellen.

Alle Übungen zur Aktiven Imagination setzen also voraus
- die Fähigkeit, von sich selbst etwas Abstand zu nehmen,
- die Einsicht, daß wir in den meisten unserer Handlungen und Entschlüsse nicht bewußt gesteuert reagieren oder agieren,
- sich möglichst vollständig körperlich entspannen zu können (etwa durch Autogenes Training [vgl. Seite 82 ff.],
- die Liebe zur Wahrheit (auch über sich selbst) und den ernsten Willen, sie zu erkennen und zu akzeptieren,
- viel Geduld mit sich selber.

Nicht umsonst möchte ich Ihnen daher raten, niemals selbst mit dieser meditativen Form der AI zu beginnen, sondern erst andere Formen der Betrachtung zu wählen, die in die AI einmünden können. Die meditative AI setzt schon einen fortgeschrittenen Lernprozeß voraus.

In diesem Kapitel möchte ich vier Weisen der meditativen AI vorstellen.

1. Das *Bildbewußtsein* (nach Carl Happich).
2. Der *gelenkte Tagtraum* (von Robert Desoille).
3. Die *Tiefenentspannung* (nach W. Fredeking).

4. Das *katathyme Bilderleben* (nach Hanscarl Leuner).

1. Übung:
Das Bildbewußtsein

Happich* unterscheidet innerhalb des Bewußten zwei Zonen: das Denkbewußtsein und das Bildbewußtsein. Im Denkbewußtsein lagern Vorstellungen in Form von Formulierungen und abstrakten Denkprozessen, im Bildbewußtsein aber in Form von (meist optischen) Bildern. »Bild« meint hier nicht Abbild, sondern – wie meist in der »Tiefenpsychologie« – Erscheinung. Doch sei nicht ausgeschlossen, daß auch die Erscheinung etwas abbildet, das in der psychischen Tiefenschicht normalerweise verborgen oder in sie abgedrängt wurde.

Im Bildbewußtsein nun spielen sich die Imaginationen ab. Dem Erleben in Bildern (Happich spricht von »bildern« als aktiver Tätigkeit im Bildbewußtsein) steht das Denkbewußtsein gegenüber. Im Gegensatz zum Denkbewußtsein arbeitet das Bildbewußtsein nicht logisch, nicht kausal knüpfend, kaum kritisch prüfend. Die Bilder des Bildbewußtseins wechseln dauernd ihre Inhalte und Gestalten. Das Bildbewußtsein ist auch der Bereich des Phantastischen, der Märchen, Mythen und Fabeln. Mitunter spricht Happich auch von einem »Denken in Bildern« im Gegensatz zum »Denken in Begriffen«.

Das Denken in Begriffen kann als eine Abstraktion und Reduktion des Bilderns, das Bildern als eine Konkretisierung des Denkens in Begriffen verstanden werden. Happich fragt sich, ob nicht etwa »das Zentrum der Persönlichkeit« eher im Bildbewußtsein als im Denkbewußtsein liege, ob nicht der Mensch eigentlich primär bildbewußt erlebe und nicht die Welt und sich selbst im begrifflichen Denken nur verkürzt und verstümmelt wahrnehme.

Happich setzt voraus, daß ein gesunder Mensch ohne weiteres seinen Bildvorlagen und Aufforderungen zur Produktion von Phantasieabläufen folgen kann. Er wird durch die Phantasieerlebnisse positiv gestimmt (beruhigend oder ermutigend). Treten aber Störungen auf (Unfähigkeit zur AI, nicht zu bewältigende beunruhigende Imaginationen), so liegt der Verdacht auf neurotische Fehlorientierungen nahe. Manchmal ist es möglich, solche Störungen innerhalb der imaginativen Welt zu überwinden (oder indem sie in einem nachfolgenden Gespräch bewußt gemacht werden). So kann man durchaus Inhalte von Phobien

* C. Happich, *Das Bildbewußtsein als Ansatzstelle psychischer Behandlung*, in: Zentralblatt für Psychotherapie 5 (1932) 663 ff.; *Bildbewußtsein und schöpferische Situation*, in: Deutsche medizinische Wochenschrift 65 (1939), 68 ff.

mit in den imaginierten Rahmen nehmen und sie in der AI selbst bewältigen lassen. Hier erinnert manches an die Praktiken der Verhaltenstherapie.

Beispiel: Ein Patient mit Gewitterphobien setzt sich in der Imagination einem Gewitter aus. Die bekannten Ängste stellen sich ein. Nun soll er sich ein Kreuz mit einem Kranz von Rosen umgeben vorstellen und sich an das Kreuz lehnen. Nach einigen wenigen Übungen war der – religiös gestimmte – Patient von seiner Phobie geheilt.

Happich vermutet eine Beziehung zwischen Bildbewußtsein und *Gedächtnis*, denn auch Erinnerungen werden oft bildhaft gespeichert. Wenn uns jemand auffordert, uns an unsere Mutter zu erinnern, als wir zur Schule kamen, werden einige oder mehrere Bilder auftauchen. Wir *sehen* unsere Mutter sprechen, was sie trug, wo sie stand, wie sie uns streichelte ... Die Umgangssprache spricht ganz zu Recht von »Erinnerungsbildern«. Ebenso vermutet Happich eine Beziehung zwischen Bildbewußtsein und *Halluzinationen*. Da zwischen dem Denk- und Bildbewußtsein ein Austausch stattfindet, können beim Kranken (Psychotiker) Bildvorstellungen als Halluzinationen das Denkbewußtsein überfluten, so daß er nicht mehr in der Lage ist, zureichend scharf zwischen beiden Bewußtseinssphären zu scheiden. Dem Nicht-Kranken ist dagegen eine solche Trennung zumeist problemlos möglich: Die beiden Bewußtseinsformen werden inhaltlich deutlich auseinandergehalten. Die im Begriff und die im Bild bewußten Inhalte vermischen sich nicht, die Labilität des Bildbewußtseins greift nicht auf das Denkbewußtsein über.

Happich stellt eine Identität zwischen Bildbewußtsein und *Traumbewußtsein* fest. Beim Einschlafen und beim Aufwachen passieren wir die Zone des Bildbewußtseins, so lange das Denkbewußtsein weitgehend ausgeschaltet ist. Solche Passagen vor dem Reaktivieren des Denkbewußtseins verstehen wir als Träume. Geschieht das Aufwachen und Einschlafen sehr plötzlich, meinen wir, wir hätten traumlos geschlafen, weil die Zone des Bildbewußtseins schnell durchlaufen wurde.

Diese Deutung der Genese des Traumgeschehens ist zweifellos heute nicht mehr leicht zu vertreten. Sicherlich gibt es so etwas wie ein Durchlaufen einer Bildbewußtseinsschicht vor dem Einschlafen und Aufwachen, doch die eigentliche Traumarbeit geschieht in den Tiefschlafphasen (REM-Schlaf) – hier gibt es kein Bildbewußtsein, sondern einfache Bildvorstellungen. Zugegeben sei allerdings, daß die Inhalte des Bildbewußtseins oft als Träume im eigentlichen Sinn interpretiert werden. Auch möchte ich es vermeiden, von »Traumbewußtsein« zu sprechen, denn das Bildbewußtsein kann eher in Analogie zum Begriffsbewußtsein verstanden werden als in Analogie zum Traum – trotz erheblicher *inhaltlicher* Parallelen und Entsprechungen.

Nach Happich ist das Bildbewußtsein der eigentliche Quell *schöpferischer Erkenntnis*. Diese geschieht nicht im Begriffsbewußtsein, sondern wird vom Bildbewußtsein ins Denkbewußtsein transferiert. Die Pflege des Bildbewußtseins ist also nicht meditatives Spiel, sondern dient zur Steigerung der kreativen Fähigkeiten.

Da man auch die Einsicht in die eigene Wesensart, die Selbsterkenntnis, schöpferisch nennen darf, schafft sie doch in und durch die Erkenntnis die eigene Individualität, spielt dieser Aspekt im folgenden eine besondere Rolle.

Im Gegensatz zu Jungs AI ist die von Happich nicht in gleicher Weise spontan. Dem Meditierenden werden feste Bilder vorgegeben, die er erst einmal zu imaginieren hat, um dann seine spontane Imagination zu entfalten. Doch ist diese Beschränkung für die Praxis der Meditation eher hilfreich.

Das Wesen der Aktiven Imagination besteht nach Happich darin, es auch dem nicht-schlafenden Menschen zu ermöglichen, in der Schicht des Bildbewußtseins zu verweilen und einen Teil der Traumarbeit, die für eine gesunde Psyche notwendig ist, erfahrbar deutlich zu halten. Davon kann nicht nur die Therapie gewinnen (vor allem wenn der Patient keine Traumerinnerung nennen kann), sondern auch die meditative Praxis.

Das Training des Bildbewußtseins ist heute – nachdem schon Happich gute therapeutische Erfolge hatte – in die analytische und meditative Praxis übernommen worden.

Zielgruppe

Wie für alle Übungen zur AI, die ohne Anleitung und Beaufsichtigung durch einen Therapeuten oder »Meister« unternommen werden, gilt:

- der Übende muß psychisch gesund und zureichend stabil (belastbar) sein,
- der Übende muß Betrachtungserfahrung (Bild-, Musik-, Wortbetrachtungen) haben und dabei die AI anhand von Vorlagen geübt haben,
- der Übende muß wissen, was ihn erwartet und welches Ziel diese Übungen haben,

- der Übende muß wenigstens etwas um die Psychologie des Unbewußten wissen.

Übungsziel
Koordination von bewußten und unbewußten Antrieben als Voraussetzung der Selbstfindung, der Selbstakzeptation und der Selbstverwirklichung.

Dauer der Übung
Anfangs etwa 20 Minuten, später beliebig, doch nicht über eine Stunde.

Häufigkeit der Übung
Anfangs ein- bis zweimal wöchentlich. Später in lockeren Abständen von bis zu zwei Wochen.

Wird diese Übung in therapeutischer Absicht durchgeführt, wird zwei- bis dreimal wöchentlich unter Anleitung eines Therapeuten geübt. Nach fünf bis zehn Wochen stellen sich meist gute Erfolge ein. Happich behandelte vor der Erstveröffentlichung 200 Patienten mit der Methode der Aktivierung des Bildbewußtseins nach der von ihm erarbeiteten Vorlage. Einige Patienten litten unter schweren Neurosen. Manche Patienten führten nach abgeschlossener Therapie diese Übung für sich jahrelang mit gutem Erfolg fort.

Hilfsmittel
Da das, was im Bild bewußt wird, nachträglich mit dem Denkbewußtsein in einen geordneten Zusammenhang gebracht werden muß, ist es unbedingt nötig, daß sich der Übende (anfangs) nach oder (später) während der Übung Stichwort-Notizen macht und so die Inhalte des Bildbewußtseins objektiviert und im Denkbewußtsein (durch den Versuch einer begrifflichen Fassung) vergegenständlicht.

Übungsverlauf
Vor *jeder* Übung ist eine möglichst totale somatische Entspannung (etwa durch Autogenes Training wenigstens der ersten Stufen) herbeizuführen. Dadurch sollen Denkprozesse und Wollensantriebe zurückgestellt werden. Der Übende soll ganz entspannt sitzen (vgl. Kutschersitz Seite 82 f.) oder liegen. Die Augen bleiben geschlossen. Zunächst soll bewußt und gleichmäßig (aber nicht gezielt tief) geatmet werden. In diesem Entspannungszustand soll sich der Übende nun bestimmte Situationen suggerieren.

1. Teilübung
Ich gehe über eine Wiese.

Happich interpretiert diese Übung als eine »Rückkehr zu den Anfängen, von welchen aus ein neuer Lebensinhalt geformt werden kann«. Der Meditierende erlebt die Wiese persönlich und eigenartig: frisch oder verdorrt, trocken oder feucht, mit hohem oder niederem Gras bewachsen, mit oder ohne Blumen, zertreten oder unberührt, wild oder gepflegt ... Der innere Zustand des Meditierenden wird schon recht gut in der Art des Erlebens des Wiesengangs erfahrbar deutlich.

Es können aber auch Erscheinungen auftreten, die diagnostisch bedeutsam sind. Happich berichtet:

Eine Patientin sah auf der Wiese nur verdorrtes Gras. (In der späteren Analyse des Bilderlebnisses sah sie ein, daß sie ihr ganzes Leben mit seiner Zukunft als verdorrt betrachtete. Grund: Ihr Mann, ein Beamter, beging in epileptischen Dämmerzuständen, von denen nur sie allein etwas wußte, alle möglichen entsetzlichen Dinge.)

Eine andere jungverheiratete Patientin konnte die Wiese nicht betreten und mußte auf dem Weg neben der Wiese bleiben. (In der Analyse ergab sich, daß sie sich in ihrer Jugend niemals zu einem entscheidenden Entschluß aufraffen konnte.)

Ein Patient, der unter Platzangst litt, konnte die Übung nicht weiterführen, weil sich die Wiese sofort mit einer Schar verführerischer nackter Frauen bevölkerte, vor denen er zurückschreckte.

Diese Übung soll so oft wiederholt werden, bis sie keine neuen »Erlebnisse« mehr zeitigt. An Hand der notierten Stichworte kann nach Übungsabschluß dann ein ausführlicheres Protokoll ausgearbeitet werden. Diese Regel gilt auch für die anderen Teilübungen.

Wird die erste Teilübung zureichend beherrscht, folgt die nächste:

2. Teilübung
Ich gehe über die Wiese und sehe hier einen altertümlichen Brunnen, neben dem eine alte Bank steht. Ich setze mich auf die Bank, betrachte die Wiese und höre, wie im Brunnen das Wasser rauscht.

Diese Übung dient zur Verfeinerung der Kunst des »inneren Schauens«. Happich versteht diese Übung als eine Art Verschnaufpause vor der anstrengenderen folgenden Teilübung. Er berichtet:

Ein Patient konnte sich nicht auf die Bank setzen, weil ein zänkischer, alter Mönch ihm den Platz verwehrte. (In der Analyse erkannte der Patient, daß diese Erscheinung auf ein mißratenes religiöses Gefühl verwies, das ihm dauernd große Schwierigkeiten machte.)

Bei den meisten Übenden ist jedoch dieser Schritt problemlos.

3. Teilübung

Ich wandere über meine Wiese und sehe vor mir ein Gebirge. Ich gehe auf das Gebirge zu, durchwandere einen Wald, steige einen Gipfel hinan. Auf dem Gipfel genieße ich einige Zeit den freien Rundblick. Dann gehe ich den gleichen Weg wieder nach Hause: steige die Felsen hinab, durchquere den Wald, wandere über die Wiese.

Diese Übung bedeutet nach Happich das schaffende Leben, die Tätigkeit und Leistung. Sie ist Prüfung und Erziehung, Störungen (Imaginationsstörungen, Ängste . . .) verweisen auf Störungen der Aktivität (sind mitunter aber auch auf die Reproduktion von realen Ängsten bei einem Bergsteigererlebnis zurückzuführen).

Wie der Meditierende den Aufstieg zum Berge vollzieht, ob ruhig oder eilend, ob froh oder sich ängstigend, ob auf steinigem oder glattem Weg, ob kletternd oder schreitend, ob gradlinig oder verschlungen auf Umwegen . . . kennzeichnet sein Verhältnis zum aktiven Leben. Alles ist eine Selbstdarstellung des Unbewußten. Der Meditierende wird dabei mit seiner inneren Verfassung, mit seinen Problemen, seinen Schwierigkeiten konfrontiert. Ganz ähnlich können Abweichungen beim Auf- und Abstieg innere – oft völlig unbewußte – Situationen deutlich werden lassen. Da die Analyse der Erlebnisse beim Auf- und Abstieg meist sehr unproblematisch ist, weil sich die Bilder leicht auf konkrete Haltungen und Stimmungen übertragen lassen, ist zu ihrer fruchtbaren Auswertung meist kein Analytiker erforderlich, der dem Patienten oder Meditierenden hilft, das Erlebte richtig zu interpretieren.

Happich berichtet:

Eine Patientin, die an Schlaflosigkeit litt, konnte von oben keine Landschaft erkennen, weil alles wie unter einem dichten Nebel erstickt schien. (In der Analyse deutet sie: Ihre Stellung in der Familie ist so schwierig, daß jeder Blick in die Zukunft unmöglich zu sein schien.) In einer Wiederholungsübung konnte sie aber auch die Landschaft erkennen. Mit dem Nebel war auch die Schlaflosigkeit verschwunden.

4. Teilübung

Ich gehe wieder über meine Wiese. Sehe den Brunnen und gehe an ihm vorbei. Ich gehe wieder auf den Wald zu, finde jetzt einen Weg, der nicht zur Höhe des Berges führt. Ich gehe ihn und komme zu einer Kapelle. Ich trete in die Kapelle ein und setze mich nieder. So verweile ich einige Zeit. Dann gehe ich auf demselben Wege, den ich gekommen bin, wieder zurück.

Diese Übung nennt Happich »Abschlußübung«. Sie induziert zumeist große

Ruhe und das Gefühl der Ausgeglichenheit. So wie der Bezug zur Kapelle erfahren wird, ist meist auch der Bezug zum eigenen geistigen Leben – und zu Gott. Manche sehen die Kapelle ohne Dach – das ist häufig bei Kirchenträumen (es kann bedeuten, daß der »geistige Raum« des Menschen verletzt ist, so daß sein Inhalt »ausfließt«), andere sehen die Kapelle mit Gerümpel angefüllt (vermutlich wurden Lebenserfahrungen nicht richtig aufgearbeitet), einige sehen in der Kapelle eine Sexorgie (die Triebkräfte drohen aus der Kontrolle auszubrechen), mitunter wird auch die Kapelle gänzlich leer gesehen (das kann Angst vor Entscheidungen und geistliche Leere bedeuten). Man sollte aber in der Kapelle die eigene Mitte in Ruhe erfahren lernen.

Die Übung ist daher solange fortzusetzen, bis die Kapellenvorstellung ungestört ist – man sich ungestört niedersetzen kann, um nachzudenken.

In einer fortgeschrittenen Phase dieser Übung kann man in der Kapelle eine Textbetrachtung machen.

Diese Übungen sind so lange fortzusetzen, bis keine Störungen mehr auftreten. Sorglichst ist darauf zu achten, daß die folgende Teilübung erst dann gemacht werden darf, wenn die vorhergehende störungsfrei beherrscht wird.

Wird diese Übung aus therapeutischen Gründen angesetzt, kann der Therapeut »Spezialübungen abzweigen«. Happich berichtet:

Ein Patient hatte wöchentlich einmal auf einer Konferenz zu referieren, wobei ihn jedesmal heftige Erwartungsangst plagte. Ich ließ ihn über die Wiese gehen und beim Gehen in Gedanken die Konferenz vorbereiten (nachdem die erste Übung voll beherrscht wurde). Das Kollegium sollte er sich ruhig vorstellen, die Interessen, Erwartungen und Stimmungen der Zuhörer zu erfassen versuchen. Nach einigen Übungen hatte der Patient jede Form der Erwartungsangst überwunden.

Den schon erwähnten Patienten mit seiner Gewitterangst (vgl. Seite 198) ließ er (nachdem die erste Übung voll beherrscht wurde) auf der Wiese ein Gewitter erleben. Nach einigen Übungen war die Gewitterangst nicht nur während der Imagination, sonden auch in der nicht imaginierten Erlebenswelt verschwunden.

Die Bilderlebnisse sind Selbstbegegnungen, die den Meditierenden auffordern, sich zu wandeln, um im Nebensächlichen das Wesentliche zu sehen.

Da sich bei jeder Wiederholungsübung veränderte Erlebnisse einstellen, kann sich der Meditierende in ziemlicher Breite selbst kennenlernen und beobachten, welche Fortschritte er bei der Integration seiner unbewußten Antriebe gemacht hat.

Stellen sich während der Übungen regelmäßige oder längerdauernde Ängste ein, ist die Übung abzubrechen. Sie darf dann nur unter Anleitung eines Therapeuten wieder aufgenommen werden.

Harmlos sind meditative Erfahrungen niemals. Die Konfrontation mit den unbewußten Tiefen der eigenen Psyche, mit ihren Wünschen und Abartigkeiten, ist für einen Menschen, der keine analytischen Erfahrungen hat, in jedem Fall stark bewegend.

2. Übung:
Der gelenkte Tagtraum

Diese Übung wurde von *Robert Desoille** unabhängig von der Technik der AI, wie sie C. G. Jung entwickelte, dargestellt und ist ihr dennoch recht verwandt.

Bewußtseinspsychologisch ist die Bezeichnung »Tagtraum« recht unglücklich gewählt. Es handelt sich hier nicht um unterwache, sondern, wie der Verfasser verschiedentlich beobachten konnte, um deutlich außerwache Zustände, die mit Traumzuständen nur manche inhaltlichen Aspekte gemeinsam haben. Das hier beschriebene Tagträumen ist also eigentliche Meditation.

Wie Jung erkennt auch Desoille bei seinen Patienten in der Entfaltung der gelenkten Tagträume einen Trend, dessen Ziel er mit Jung als »Selbst« bezeichnet. Während Jung seine Methode der AI besonders für Menschen geeignet hält, die entweder schon eine Analyse gemacht haben oder nach einer erfüllten Lebenshälfte unter dem Gefühl der Unrast, Unruhe oder Sinnlosigkeit leiden, glaubt Desoille, daß seine Methode für jeden geeignet ist und bei vielen Neurotikern eine Analyse ersetzen kann.

Völlig fremd ist Jung die Aufforderung Desoilles an seine Patienten, in den Träumen immer höher zu steigen oder zu schweben. Er bevorzugt denn auch konsequent den Begriff »Sublimation«, wenn es um die Darstellung seiner Therapieziele geht (während Jung von »Individuation« spricht).

Desoille gesellt dem Träumer gleich zu Anfang meist einen Führer durchs Land der Träume bei: Frauen eher ein männliches, Männern eher ein weibliches Wesen. Doch betont er entgegen Jung, daß man sich nicht nur mit dem anderen Geschlecht, sondern auch mit dem eigenen auseinanderzusetzen habe, um die Geschlechtlichkeit in ihren

* Robert Desoille berichtete 1931 zum erstenmal in *Action et Pensée* über seine Methode des gelenkten Tagtraums (rêve éveillé dirigé). 1938 erschien ein erstes zusammenfassendes Werk: »Exploration de l'affectivité subconcience«, 1945 ein zweites: »Le rêve éveillé en psychothérapie«. Desoille war kein akademischer Psychologe, wohl aber hatte er recht eindrucksvolle therapeutische Erfolge.

reinsten Formen zum Erleben zu bringen. Zum anderen hat der Führer (oder die Führerin) einige Funktionen zu übernehmen, die wir aus der Analyse kennen: Er wird zum Objekt verschiedenartiger Besetzungen.

Vor allem aber betont Desoille gegen Jung die mitmenschlichen, zu tätiger Mitverantwortung anregenden Impulse, die mit der Sublimation notwendig verknüpft seien.

Die Bilder und Szenen im Tagtraum sind nach Desoille insofern symbolisch, als ihre emotionale Bedeutung derjenigen eines im weitesten Sinne traumatischen Ereignisses oder einer traumatischen Kindheitsphantasie entspricht und entspringt. Die Gleichheit des emotionalen Gehalts verbindet also Symbol und Symbolisiertes.

In seinem ersten Werk warnt Desoille vor der Behandlung neurotisch Kranker. Bei ihnen treten viele Widerstände auf: Der Traumablauf kommt ins Stocken oder es macht große Mühe, überhaupt einen Einstieg zu finden. Konfliktszenen stehen im Vordergrund. Sie müssen zuerst überwunden, verarbeitet werden, ehe die Methode des gelenkten Tagtraumes anwendbar wird. Bei Neurotikern empfiehlt Desoille statt mit Aufstiegs- mit Abstiegsträumen zu beginnen, die von ihnen leichter realisiert werden können. Dabei werden Konflikte und Verdrängungen zur bildhaften Darstellung gebracht. Solche Bilder aber können nur zureichend richtig mit Hilfe eines Therapeuten gedeutet werden.

Bei Gesunden führt die Methode zu einer allgemeinen Erlebnisbereicherung und läßt sie eine neue Welt entdecken, die ebenso ihre ist wie die Wachwelt: die Welt des Unbewußten. Desoille legt Wert auf die Feststellung, daß die Methode des gelenkten Tagträumens zu eigentlichen religiösen Erlebnissen führt, die nicht mehr an infantile Elternprojektionen gebunden sind, wie das zumeist bei Nichtmeditierenden der Fall ist. Wegen ihrer dogmatischen Ungebundenheit ist sie jedoch auch Skeptikern durchaus zugänglich.

Desoille führte wöchentlich oder alle zwei Wochen eine Sitzung durch. Die Behandlung dauerte einige Monate bis zu zwei Jahren. Doch schon nach einigen Übungen können sich durchaus positive Ergebnisse einstellen: Die Grundstimmung wird positiver, die Konzentrationsfähigkeit nimmt zu, die Angstschwelle sinkt. Zwischen die Übungen wurden von Desoille allgemeine therapeutische Gespräche eingeschoben.

Um eine Einführung in die recht lockere Methode Desoilles zu geben, wollen wir aus vier Behandlungsprotokollen berichten:

1. Protokoll

K. hat eine Lehranalyse abgebrochen und steht nun in einer Lehrbehandlung. In der zweiten Sitzung aufgefordert, sich vorzustellen, D. käme aus der Höhe zu ihm herab, um ihn an der Hand zu fassen und hochzuziehen, nimmt K. die Suggestion auf und sieht sich bald in einem unwirklichen Garten. K. aber verweigert die Beschreibung, weil er sich durch die Anwesenheit D.s gehemmt fühle. K. soll nun ein Kreuzzeichen machen, er tut es, und die Führergestalt D. verschwindet. Nun wird die Übung von Anfang an wiederholt. K. glaubt sich diesmal nicht in einem Flug nach oben, sondern fühlt sich nach oben (von D.) gestoßen. Wieder gelangt er in einen Garten, der sich während der Beschreibung in einen Garten verwandelt, den K. aus seiner Kinderzeit kennt. In diesem Traum gelingt es K., die Unterlegenheitsgefühle, die – wie die nachträgliche Analyse zeigt, durch einen älteren Bruder ausgelöst wurden – im ersten Teil des Traumablaufs deutlich erkennbar sind, zu überwinden.

2. Protokoll

C. ist Künstlerin. Sie leidet an einer Phobie vor Blut und wird ohnmächtig, wenn sie eine Injektion erhalten soll. In den beiden ersten Sitzungen wird der Aufstieg durch eine dunkle Schattengestalt gehemmt. Beidesmal gelingt es D. durch magische Maßnahmen (Kreuzzeichen), die Schatten zum Verschwinden zu bringen. In der dritten Sitzung greift D. das Motiv der Schattenfigur auf. C. soll dieser Figur folgen. Sie führt sie zum Grab ihres Bruders und nimmt schließlich auch dessen Züge an. Nun soll C. die Szene verlassen, um den Aufstieg wieder vorzunehmen. Sie kommt zu einer angenehmen Vorstellung. In der nachfolgenden Analyse des Traums berichtet C. von einem Vergewaltigungsversuch, den ihr Bruder an ihr unternommen habe, als sie 18 Jahre alt war. Ob dieser Versuch tatsächlich stattgefunden hat oder Ausdruck einer Inzestphantasie ist, kann völlig offenbleiben und ist therapeutisch ohne Belang. D. kann C. nun den Grund ihrer hysterischen Angst aufweisen. D. legt ihr die Hand auf die Stirn, läßt sich C. ganz auf die Berührung konzentrieren. Nun kann der Arzt eine Injektion ausführen, ohne daß C. das Bewußtsein verliert.

3. Protokoll

Ein offenbar ihr feindlich gesinnter Mann kommt S. während eines Tagtraums von oben entgegen. D. fordert sie auf, Licht von oben herabzuwünschen und dies der Gestalt mit einem Spiegel ins Gesicht zu werfen. S. kommt dieser Aufforderung nach. Die Gestalt wandelt sich in ihren Vater, der jetzt einen freundlicheren Eindruck macht. In der nachfolgenden Analyse stellt sich heraus, daß S. unter Überichimperativen litt, die ihr vom Vater vermittelt wurden. Mit der Versöhnung mit dem Vater wurde die Überichpression gemildert.

4. Protokoll
O. leidet an Ängsten und Schlaflosigkeit. Sie selbst führt die Schlaflosigkeit auf Angst vor Schreckträumen zurück. Hinter den Schreckträumen steht, wie schon ein analytisches Gespräch ergab, die Angst, vergewaltigt zu werden. Im Verlauf eines Tagtraumes begegnet O. einem Tiger mit schrecklichem Blick. D. fordert O. auf, den Tiger einfach zur Seite zu schieben. Sie tut es. Nun begegnet ihr ein Mann, der sie mit einem Revolver bedroht. Sie soll ihn entwaffnen. Auch das gelingt. Nachdem O. mit ähnlichen Schreckgestalten fertig geworden ist, kann sie wieder ruhig schlafen.

Desoille kommt zu dem Ergebnis, daß nicht nur die Einsicht (wie bei der Heilanalyse Erwachsener), sondern auch ein bestimmtes Verhalten im gelenkten Traum erhebliche therapeutische Wirkung ausüben kann. So verschwanden bei O. die Krankheitssymptome, ohne daß sie sich des traumatischen Grundes ihrer Ängste bewußt wurde.

Offensichtlich setzt die Methode des gelenkten Tagtraumes, noch stärker als andere Formen der AI, einen geschulten Therapeuten als Partner voraus. Doch sind bestimmte Elemente der von Desoille entwickelten Technik auch in der individuellen Meditation zu verwenden. Die folgende Übung ist also in *Anlehnung* an die therapeutischen Erfahrungen Desoilles entwickelt worden und hat sich in der meditativen Praxis vor allem Fortgeschrittener bewährt.

Zielgruppe
Wer Tagträume selbst suggestiv beeinflussen will, muß schon eine reiche meditative Erfahrung mitbringen. So kann diese Übung als Fortsetzungsübung zur vorhergehenden praktiziert werden. In jedem Fall aber ist zu fordern, daß der Übende mit Erfolg die AI nach Vorlagen beherrscht. Bei pathologischen psychischen Störungen kann die Methode des gelenkten Tagtraums nur unter Anleitung eines speziell ausgebildeten Therapeuten Erfolg haben.

Übungsziel
Selbsterkenntnis und Bewußtseinserweiterung. Manche der klassischen Tagtraumbilder können auch durch Drogen (Meskalin, LSD ...) hervorgerufen werden, sind dann jedoch kaum, selbst nicht durch einen Therapeuten, zu lenken. Das Produzieren von Tagträumen selbst darf also nicht als Übungsziel betrachtet werden, sondern die Fähigkeit, aktiv in ebendiese Träume einzugreifen.

Dauer der Übung
Sie sollte zehn Minuten nicht unterschreiten und nicht länger als etwa

zwanzig Minuten dauern. Bei Fremdanleitung sind oft auch sehr viel kürzere Traumzeiten angebracht.

Häufigkeit der Übung
Die Übung sollte nicht häufiger als einmal wöchentlich unternommen werden. Das aber bedeutet, daß an Tagen, an denen nicht nach der Methode des gelenkten Traumes geübt wird, eine andere Form der Meditation oder Betrachtung gewählt werden kann und soll.

Hilfsmittel
Es empfiehlt sich dringend beim Üben ohne Therapeuten unmittelbar nach der Übung den Inhalt des Traumes und die lenkenden Eingriffe zu notieren. Die so mögliche rationale Verarbeitung erst bringt den gelenkten Traum zur Wirkung.

Übungsverlauf

- Entspannen Sie sich möglichst vollständig (etwa durch autogenes Training). Sie können dabei sitzen oder liegen.
- Nun suggerieren Sie sich eine Ausgangsvorstellung, die möglichst Ihrem Alltagsleben nahesteht: eine Vase, eine Blume, eine Szene, die Sie nicht beunruhigt (bei späteren Übungen haben Sie meist ein szenisches Repertoire aus vergangenen Träumen zur Hand) . . .
- Imaginieren Sie eine Führergestalt, die Ihnen sympathisch ist und die Ihnen helfen soll. Mit ihr zusammen sollen Sie in die eigentlichen Übungen einsteigen. In ihr konkretisieren sich Ihre unbewußten Wünsche, sie wird zu einer Emanation der Ihnen angenehmen Inhalte Ihres Unbewußten, mit deren Hilfe Sie dann auch die weniger angenehmen Ihres Unbewußten dialogisch meistern können. Ein ähnliches Verfahren wählte Dante in seiner »Göttlichen Komödie«. Obschon der Führer (oder die Führerin) ganz Ihr Geschöpf ist, sollten Sie während der Übung die Herkunft vergessen. Es ist auch keineswegs zu empfehlen, Menschen aus Ihrer Wachwelt mit dieser phantastischen Führungsaufgabe zu betrauen. Wohl aber werden Sie Ihrem Führer Eigenschaften zuschreiben, die Sie an Personen Ihrer Wachwelt bewundern oder schätzen. Nimmt während des Übungsverlaufs Ihr Führer die Gestalt eines Ihnen aus dem Wachzustand bekannten Menschen an, sollten Sie das akzeptieren und nicht zu verdrängen suchen.
- Geben Sie sich den Befehl, aufwärts zu steigen oder zu schweben. Dabei können Sie durchaus Bilder von steilen Wegen, Treppen, Lichtstrahlen . . . benutzen, auf denen Sie sich vorwärtsbewegen.
- Lassen Sie die Szenen, die sich bei dieser Aufstiegserfahrung bilden,

ruhig auf sich wirken. Wenn es positive Szenen sind, versuchen Sie sic sich in hellem Licht vorzustellen. Bei Szenen, die Sie ängstigen, geben Sie sich magische und auch sehr handfeste Befehle und führen Sie sie im Traum aus. Sollten dann die Szenen noch immer ängstigen, können Sie die Übung abbrechen und ein anderes Mal wiederholen. Werden Sie aber bei drei- oder viermaligen Versuchen nicht mit solchen Bildern oder Szenen fertig, können Sie im Anfangsstadium die Übung nur unter Anleitung eines Therapeuten fortsetzen.

Begegnen Ihnen aber erst ängstigende Szenen oder Bilder, nachdem Sie einige Erfahrung in der Technik des gelenkten Tagtraumes haben, sollten Sie sich Ihnen stellen (und sie nicht zu verdrängen versuchen). Kämpfen Sie, gehen Sie auf das Traumgebilde zu, machen Sie es lächerlich.

Desoille berichtet von einer Patientin, der im Tagtraum stets Dämonen begegneten, die an einem Feuer saßen. Er befahlt ihr, sich eine Zigarette am Feuer anzuzünden.

Einer anderen Patientin begegnete im Tagtraum ein bedrohliches Ungeheuer. Sie sollte es niederschlagen. Und tat es. Seitdem war es verschwunden.

Man kann aber auch, und da ist bei einiger Übungserfahrung zu empfehlen, eine solche Szene ernst nehmen, einem Ungeheuer (oder sonst einer Schreckgestalt) folgen oder es sich folgen lassen. Steigen Sie mit ihm weiter auf, bis es Sie verläßt. Auch beängstigende Szenen sind, nach einiger Fertigkeit, nicht einfach mit Übungsabbruch zu beantworten. Stellen Sie sich mitten in die Szene und versuchen Sie, sie intensiv zu erleben und zu meistern. Lassen Sie sich bei all diesen Aktionen von Ihrem Führer helfen. Er wird damit schon fertig werden, selbst wenn Sie nicht weiterkommen.

- Brechen Sie den Tagtraum niemals abrupt ab. Lassen Sie ihn langsam abklingen. Erst wenn das geschehen ist, lösen Sie den Zustand körperlicher Entspannung (Muskeln kurz anspannen, tief einatmen, Augen plötzlich öffnen).
- Notieren Sie nach der Übung die wesentlichen Inhalte und suggestiven Aktivitäten. Dabei kommt es nicht auf eine ausführliche Darstellung an. Jede zu detaillierte Beschreibung ist tunlichst zu unterlassen, weil sich sonst Rationalisierungen und Ergänzungen aus dem Bewußten einschleichen, die den Traum in einer Weise fixieren, die für das weitere Vorgehen nicht zu wünschen ist.
- Bei einer Wiederholungsübung können Sie mit einer Einstimmung

beginnen, die Ihnen ein vorhergehender Traum schon zugespielt hat. Es sollten das anfangs ausschließlich positive Szenen sein.

Gruppenübung?
Die Übung des gelenkten Tagträumens sollte nicht in Gruppen praktiziert werden. Die Verbalisation der Erlebnisinhalte und der Eigenaktivitäten ist zu vermeiden (außer gegenüber dem Therapeuten; doch auch hier wirken sich allzu genaue Beschreibungen schädlich aus).

Eine analytische Behandlung der erträumten Inhalte ist prinzipiell nicht notwendig, es sei denn, die Übung wäre in einen analytischen Prozeß eingelagert.

3. Übung
Die Tiefenentspannung
Das Verfahren, das *W. Fredeking* vorschlägt*, ist methodisch schlicht, dennoch aber oft recht wirksam. Im Gegensatz zu Happich oder Desoille verzichtet er auf bestimmte Vorlagen. Die Imagination soll sich völlig frei entfalten. Dabei können sich zwei Reihen von Erlebnissen spontan einstellen:

- Leibempfindungen (Veränderung der Größe von Gliedmaßen, Schweben oder Sinken . . .) und/oder
- Bildphantasien (Farben, Formen, Gestalten, Szenen).

Die einzige Suggestion, die Fredeking setzt, besteht in der Aufforderung, auf somatische und optische Phantasien zu achten und sie mitzuteilen. Allein schon das Erleben und Mitteilen der Imaginationen kann therapeutisch wirksam sein. Mitunter ist jedoch eine nachträgliche Besprechung nützlich.

Auch Fredeking stellte fest, was jedem Analytiker auffällt: Die Intensität (und vermutlich auch der Inhalt) der Erlebnisse und analytischen Erfahrungen des Therapeuten spiegeln sich in den Imaginationen des Patienten wider. Es könnte sich dabei um eine unbewußte Induktion von Erwartungen des Analytikers auf den Analysanden handeln.

Um das Verfahren genauer kennenzulernen, wollen wir wieder zwei Fälle aus der Praxis Fredekings vorstellen.

* W. Fredeking, *Über die Tiefenentspannung und das Bildern*, in: Psyche 2 (1948/49), 211 ff.

1. Protokoll

Ein 40jähriger sensibler Kaufmann wurde zunehmend ängstlicher und versuchte sich autosuggestiv zu beeinflussen. Er hatte sich einen kurzen Spruch zurechtgelegt, mit dem er aufkommende Angst verscheuchen wollte. Nach einiger Zeit drängte sich ihm dieser Spruch zwanghaft auf, wenn er nicht gerade intensiv arbeitete. Kopfschmerzen kamen bald hinzu. Nach einigen Sitzungen gelingt es dem Patienten, ruhig zu werden – und seine Ängstlichkeit schwindet. Doch bleiben seine Finger verkrampft.

Das nachfolgende Gespräch ergibt, daß das Klammern der Finger auf das Klammern an den autosuggestiven Spruch verweist.

Bei nachfolgenden Übungen empfindet er seinen Körper wie im Wasser schwimmend. (Das wird gedeutet, als »wieder flott werden«.) Endlich tauchen Angsterinnerungen auf, die zum Teil mit Ipsationsproblemen zusammenhängen. Doch auch diese Ängste werden im Imaginieren und Mitteilen abreagiert.

2. Protokoll

Eine 34jährige jung verheiratete Frau leidet an Vaginismus. Bei ihr stehen optische Erlebnisse im Vordergrund. Es tauchen Motive aus der Kindheit auf: u. a. ihr Elternhaus. Sie will aber nicht ins Haus gehen, sondern wendet sich über eine imaginierte Brücke der freien Landschaft zu, geht einen Bach entlang, spürt den Sonnenschein, hört Kirchenglocken und Grillenzirpen.

Die zweite Sitzung verläuft zunächst ähnlich, doch dann taucht plötzlich in Majuskeln geschrieben das Wort »VERTRAUENERWECKEND« vor ihr auf. Sie schwebt wie an einem Ballon hängend nach oben. Sie überblickt eine weite Fläche, sieht einen Weg, auf dem sie selbst einsam geht. Dann sinkt sie wieder zur Erde zurück.

In der dritten Sitzung lebt sie als ein unförmiges Tier im Wasser oder schwebt mit einem früheren Freund über der Landschaft. Sie sieht ein Paar, das nicht zusammenkommen kann.

In der vierten Sitzung erlebt sie sich als Spinne und dann als eine von dem Tier getrennte Seele, die um die »Burg der Liebe« fliegt, auf der ein Mann und eine Frau ganz nackt sitzen. Nun trifft sie ihren Mann, mit dem sie wandert und sich mit ihm ekstatisch als eins erlebt.

In der fünften Sitzung fühlt die Patientin ein »Wogen in sich von oben nach unten«, sie streckt sich der Länge nach und wird wie ein Nudelteig. Nur der Kopf bleibt eine Kugel. Später ist sie »ein Gefäß, nein, eine Laute, zerbrechlich, zu der jemand kommen müsse, vorsichtig wie ein Dieb in der Nacht. In ihr ist Stille und Kühle, wo der, der in sie eingeht, sich erquicken kann«. Nun wird sie langsam wieder zu einem Menschen und betritt mit ihrem Mann ein Haus.

Nach dieser Sitzung ist die Patientin geheilt und zudem heiter und zuversichtlich gestimmt.

Offensichtlich lassen sich diese Imaginationen auch analytisch deuten, doch war eine solche, die Einsicht des Patienten ansprechende Deutung nicht notwendig, um sie zu heilen.

Zielgruppe
Diese Übung setzt weniger imaginative Erfahrung voraus als die beiden zuvor besprochenen, doch sollte der Übende sich schon an Imaginationen nach Vorlagen trainiert haben.

Auch für diese Übung gilt, daß sie ohne Begleitung durch einen Therapeuten nur von psychisch Gesunden gemacht werden darf. Vorübergehende psychische Störungen sind jedoch kein Hindernis.

Übungsziel
Trainieren der AI ohne Vorlage (eventuell auch als Vorbereitung auf die 2. Übung). Integration unbewußter Inhalte in die bewußte Schicht der Psyche.

Dauer der Übung
Anfangs etwa zehn Minuten, die später langsam auf 30 Minuten geweitet werden dürfen (unter Anleitung sind auch längere Übungszeiten möglich).

Häufigkeit der Übung
Die Übung kann täglich gemacht werden, wenn keine beängstigenden Imaginationen auftauchen.

Verlauf der Übung
Die Übung verläuft in drei Phasen. Dabei können sich die ersten Übungen zunächst auf die erste Phase beschränken, bis sie voll beherrscht wird. Doch auch die folgenden Übungen beginnen zunächst stets mit einer kurzen Rekapitulation der vorhergehenden Phasen.

1. Phase: Entspannen lernen
Beherrscht man die Technik des Autogenen Trainings, wird diese Phase kaum Schwierigkeiten bereiten. Andernfalls sollte man die ersten Übungen des Autogenen Trainings (Schwere und Wärme) zunächst trainieren.

Schweifen die Gedanken ab, achten Sie genau und konzentriert darauf, was sich bei geschlossenen Augen in Ihrem Gesichtsfeld abspielt. Beschreiben Sie, was Sie sehen: Flecken, Punkte, Kreise, Linien in langsamem oder schnellem Wechsel. Sie verschwinden zumeist, wenn Sie sich auf sie konzentrieren und sie zu beschreiben versuchen.

Leichtes Herzklopfen und Lidunruhe sind nicht selten, können aber vernachlässigt werden.

2. Phase: Flüchtige Imaginationen
Oft werden der Körper oder einzelne Glieder des Körpers nach Größe und Form verändert empfunden. Sie können das Gefühl haben, nach oben oder unten zu schweben. Sie bemerken Farben. Aus unklaren Wolken lösen sich einzelne Gegenstände heraus: ein Haus, eine Blume, ein Baum ... Aber diese Vorstellungen verschwinden bald wieder.

3. Phase: Imaginationen werden als bedeutungsvoll empfunden. Die körperlichen oder optischen Vorstellungen dauern länger an. Sie erhalten eine Bedeutung. Es drängt Sie nach Interpretation.

Oft haben die Erlebnisse einen bemerkbaren Bezug auf frühere Ereignisse Ihres Lebens.

Sie sollten sich aber niemals dazu drängen, möglichst intensive oder ergiebige Imaginationen zu produzieren. Überlassen Sie das ganz der Aktivität Ihres Unbewußten. Der Erfolg der Übung ist unabhängig von der Intensität oder Dauer Ihrer Erfahrungen.

Wichtig ist jedoch, daß Sie sie artikulieren. Haben Sie keinen Therapeuten als Zuhörer, können Sie sich damit begnügen, Ihre Vorstellungen halblaut vor sich hinzusagen und auf Tonträger aufzunehmen. Dieses technische Hilfsmittel setzen Sie jedoch nur ein, wenn Sie durch das laufende Band nicht belästigt werden (etwa den Zwang verspüren, irgend etwas sagen zu müssen).

Gruppenübung?
Diese Übung kann nicht in einer Gruppe gemacht werden.

4. Übung
Das katathyme Bilderleben
Hanscarl Leuner versuchte zunächst nachzuweisen, daß die tiefenpsychologische Symbollehre zutreffend sei. Im Laufe der Jahre entwikkelte er aus den Versuchen, die er unternahm, um sein Beweisziel zu erreichen, zunächst ein diagnostisches und endlich ein therapeutisches Verfahren* Er erarbeitete sein Imaginationsverfahren unabhängig von Happich und Desoille (obschon diese ihm bekannt waren). Wie kam er zu seinen zehn Standardmotiven? Er ließ Personen beim »Auftreten etwaiger emotionaler Störimpulse und im Falle schwerlösbarer, akuter emotionaler Konflikte« die Frage beantworten: »Was ist mein Problem?« Beim Versenken in diese Fragestellung tauchten imaginative

* Hanscarl Leuner, *Katathymes Bilderleben*, Unterstufe. Kleine Psychotherapie mit Tagtraumtechnik, Stuttgart 1970.

Inhalte auf, die bei verschiedenen Personen recht ähnlich waren. An ihnen lassen sich »oft eindrucksvoll die latenten Ängste, Fehlerwartungen und Ambivalenzen« veranschaulichen. »Tiefere Emotionen werden angerührt, leichte kathartische Reaktionen gefördert, und mit Hilfe von Assoziationen und Realeinfällen wird die Auseinandersetzung mit zunehmender Einsicht gefördert, und die neurotischen Fixierungen können sich lösen.«

Leuner übernimmt nicht den Jungschen Begriff »Archetypos«, sondern führt die archaischen Erscheinungen auf regressives Material aus der persönlichen Vergangenheit des Imaginierenden zurück. Ähnlich wie Desoille erfuhr er, daß die archaischen Gestalten sich oft in wichtige Bezugspersonen aus der Vergangenheit des Imaginierenden verwandeln.

Der Imaginierende soll sich mit den so herausgefundenen zehn Vorstellungsmotiven konfrontieren, mit ihnen spielen. Bei solchem freien Imaginieren tauchen dann, unter sich häufig wandelnden Symbolen, jene Gestalten oder Ereignisse auf, die den Konflikt des Imaginierenden betreffen. Er erfährt an der Entwicklung des Grundsymbols nicht nur seine innere Problematik, sondern auch deren Auflösung.

Die zehn Grund- oder Ausgangssymbole sind:

1. Das Motiv der Wiese (Symbol des Ursprungs und günstiger Ausgangspunkt für weitere Imaginationen). Sie ist eine Bühne der agierenden Symbolgestalten – auf ihr spiegeln sich akute Stimmungen und Probleme.

2. Das Motiv einer Bergbesteigung mit Rundblick über die Landschaft (Kristallisationskern für die Probleme der aktiven Durchsetzung, der Erwartungen und Rivalitäten). Schwierigkeiten des Aufstiegs, der Berghöhe, der Art der imaginierten Landschaft geben Aufschlüsse über die Probleme der aktiven Durchsetzung des eigenen Anspruchs.

3. Das Motiv des Baches, der durch die Wiese fließt und dessen Verlauf in Richtung auf seine Quelle oder Mündung ins Meer verfolgt werden kann (als Symbol der fließenden seelischen Dynamik, die beim Neurotiker oft »gestaut« oder »verschüttet« ist; so scheint der Bach bei einigen Neurotikern mitunter als gestaut oder er versickert). Die Quelle ist Symbol der Fruchtbarkeit, des Ursprungs und der Wiederherstellung (als oralmütterliches Symbol).

4. Das Motiv des Hauses, das der Imaginierende auf dem Weg durch die Landschaft entdeckt. Er wird aufgefordert, es zu durchsuchen (Symbol der Persönlichkeit). Aus der Art des Hauses (Burg, Schloß, Mietskaserne, Hochhaus, Hütte ...) ergeben sich Rückschlüsse auf die Persönlichkeitsstruktur. Die Art, wie die Küche erlebt wird, verweist auf die orale Sphäre, aus der Art, wie Wohn- und Schlafzimmer gesehen werden, erhält man Verweise auf die anale und sexuelle Sphäre. Gegenstände auf dem Dachboden oder dem Keller repräsentieren Kindheitserinnerungen.

5. Beziehungspersonen läßt man entweder im Bild oder symbolisch verschlüsselt (Vater etwa als Elephant, Mutter als Kuh) auf der Wiese oder anderswo imaginieren. Auch Vorgesetzte, Ehepartner, Kinder, Geschwister können herbeizitiert werden. Die anschließenden Phantasiebilder geben Aufschluß über das Verhältnis zu diesen Personen (das oft dem Imaginierenden zuvor gar nicht recht bewußt war).

6. Motive, die Einstellung zur Sexualität zu überprüfen:

Bei männlichen Personen wird ein Rosenstrauch imaginiert. Die Art, wie der Imaginierende etwa eine Rose zu pflücken versucht oder nicht, kann Aufschlüsse über sexuelle Hemmungen oder Übersteigerungen geben.

Bei weiblichen Personen wird folgende Szene imaginiert: Sie wandert müde durchs Land. Ein Autofahrer hält und will sie mitnehmen. Aus der Reaktion der Frau lassen sich ebenfalls Rückschlüsse auf ihr Verhältnis zur Sexualität ziehen.

7. Das Motiv der Prüfung der eigenen aggressiven Impulse oder der Einstellung gegenüber aggressiven Personen: Ein Löwe im Zirkus oder in der Wildnis wird imaginiert. Aus der Weise, wie der Imaginierende die Szene weiterentwickelt, lassen sich Rückschlüsse auf sein Verhältnis zur Aggressivität ziehen.

8. Das Motiv der Ermittlung des Ich-Ideals: Man läßt den Imaginierenden spontan den Namen einer gleichgeschlechtlichen Person nennen. Darauf folgt die Imagination der dem Namen gehörenden Person. Meist erscheint dabei eine bekannte Person mit Eigenschaften, die der Imaginierende selbst besitzen möchte.

9. Der Blick von der Wiese ins Waldesdunkel oder in eine Höhle. Anschließend werden meist archaische Tier- und Menschengestalten

(passiv) imaginiert. Dabei können oft tief verdrängte Konflikte der Rivalität oder Homophilie widergespiegelt werden.

10. Das Motiv des Sumpfloches, in das der Imaginierende hineinschauen soll. Hierbei tauchen häufig wiederum archaische Tier- und Menschengestalten auf (Frosch, Fisch, Schlange, nackter Mann ...). Dabei handelt es sich zumeist um archaisches Material sexueller und ödipal bedeutungsvoller Inhalte.

Leuner nennt für die therapeutische Anwendung des katathymen Bilderlebnisses drei verschiedene Möglichkeiten, die jedoch nicht immer sauber voneinander zu trennen sind. Sie sollen jedoch hier vorgestellt werden, da nur die ersten beiden zu Meditationszwecken geeignet sind, nicht aber die dritte!

1. Das übende Verfahren
Die Überwindung von Störungen und Schwierigkeiten im Erlebnisverlauf der imaginierten Welt wirkt sich auch als Überwindung von Störungen und Schwierigkeiten im wachen Alltag aus. Leuner meint, daß es oft genügt, den Patienten einfach zur AI mit den ersten vier Motiven als Ausgangspunkt anzuregen, um bereits therapeutische Erfolge zu erreichen. In jedem Fall aber dürften vorübergehende Störungen und Schwierigkeiten von Gesunden leicht behoben werden können.

2. Das assoziative Verfahren
Der Imaginierende geht von irgendeinem der vorgestellten Standardmotive aus und entwickelt dann frei seine Assoziationen und Phantasien. Es kann dabei zur Verarbeitung von traumatischen Kindheitssituationen kommen, es können kathartische Prozesse eingeleitet werden (d. h. ein Sich-Befreien von unterdrückten Emotionen oder Spannungen durch eine Form des »Abreagierens«).

3. Das regieführende Symboldrama
Hierbei greift ein Therapeut in das Imaginationsgeschehen ein. Der Patient wird ermutigt, sich einer freundlichen Symbolgestalt anzuvertrauen. Tauchen feindselige Gestalten oder beängstigende Szenen auf, soll der Patient seine Angst unterdrücken, die Gestalt genau beobachten und sie mit dem Blick zu bannen versuchen. Diese »Symbolkonfrontation« kann aber auch anders geschehen: Der Patient kann aufgefordert werden, eine feindselige Schlange zu füttern oder eine bedrohliche Gestalt bis zur Erschöpfung durch die Gegend zu ja-

gen ... So können Ängste abgebaut werden. Welche Strategie anzuwenden ist, kann allein der Therapeut entscheiden. Vor allem, wenn die bedrohliche Figur umgebracht werden soll, kann sich die freigesetzte Aggressivität gegen den Patienten selbst richten. Ich kann Ihnen daher das Symboldrama nicht als Art der selbstgeleiteten Meditation empfehlen.

Die Hauptindikation des katathymen Bilderlebens liegt nach Leuner auf der Kompensation akuter neurotischer Symptome. Tauchen sie auf, ist stets die Hilfe eines Therapeuten zu empfehlen. Die Technik des Symboldramas kann, da die erlebten Szenen stets analysiert werden sollen, entweder an die Stelle einer klassischen Analyse treten oder aber in eine Analyse episodisch eingelagert werden. Die Therapiezeit kann so mitunter erheblich verkürzt werden.

Die Sitzungen dauern etwa 50 Minuten, eine kurze Besprechung als Einführung und eine kurze Ausklangsphase mit eingerechnet. Sie finden meist zweimal wöchentlich statt (in Kliniken können sie auch vorübergehend täglich gehalten werden). Mitunter sind nach drei bis zwölf Sitzungen die akuten neurotischen Symptome schon verschwunden. Schwierige Behandlungen können bis zu 60 Sitzungen umfassen (die große Heilanalyse rechnet mit etwa 500 Sitzungen).

Viele Patienten fahren nach der Behandlung freiwillig mit der Technik des katathymen Bilderlebens fort. Leuner empfiehlt ihnen, die Inhalte ihrer Imaginationen auf Band zu sprechen, um entweder mit einer Selbstanalyse fortzufahren oder gelegentlich einen Therapeuten um Rat zu fragen.

Leuner selbst hat zur Unterstützung (wie schon vor ihm Desoille) der Imaginationsfähigkeit geringe Dosen von LSD verwandt. Hiervon ist auch in einer gelenkten Therapie im Regelfall, in der meditativen Praxis stets dringend abzuraten.

Zielgruppe
Wird die Technik des katathymen Bilderlebens nicht in therapeutischer, sondern in meditativer Absicht eingesetzt, kommen als Übende nur psychisch gesunde Menschen in Frage.

Übungsziel
»Versöhnung« zwischen Bewußtem und Unbewußtem durch häufige Integration unbewußter Inhalte in bewußte, verbunden mit analytischer Aufarbeitung der Inhalte, Unbewußtes symbolisierenden Imagination. Das aber ist die Grundlage jeder Selbstfindung.

Als Nahziel sollte erreicht werden, der Abbau von nicht neurotischen Ängsten, negativen Stimmungen, Konzentrationsmängeln, ein unverstelltes Verhältnis zur eigenen Antriebsstruktur (auch in ihren unbewußten Anteilen).

Ich habe verschiedentlich Spätadoleszenten, die an neurotischen Symptomen litten, in die Technik des Symboldramas nach Leuner eingeführt. Die ersten Sitzungen geschahen unter Anleitung. Die weiteren wurden mit dem Tonband als Ersatztherapeuten geübt mit gelegentlicher Durchsprache (in analytischer Absicht) der Ergebnisse. Der Erfolg war für mich verblüffend. Bei fixierten neurotischen Symptomen (etwa habituellen und nicht bloß aktuellen Regressionen) möchte ich jedoch dem Rat Leuners unbedingt folgen, nach dem die Verwendung der Technik des Symboldramas unbedingt ständig überwacht werden muß.

Dauer der Übung

Leuner gibt für die Dauer der Gesamtübung (mit einstimmendem Gespräch und nachfolgendem Abklingen) 50 Minuten an. Ich schlage vor, beim Selbsttraining anfangs 15 Minuten nicht zu überschreiten und weitere 15 bis 20 Minuten anzuhängen, um das Erlebte zu verarbeiten (Nachfolge-Assoziationen notieren, eine analytische Erklärung versuchen). Die eigentliche Übungszeit kann dann langsam auf etwa 30 Minuten ausgedehnt werden, doch sollte eine etwa gleich lange Phase der Entwicklung von Nachfolge-Assoziationen bei wachem Bewußtsein und ein Versuch einer analytischen Erschlüsselung unbedingt angehängt werden.

Häufigkeit der Übung

Der allein Übende sollte anfangs etwa zweimal wöchentlich, später zweimal oder einmal alle 14 Tage üben. Die Häufigkeit der Übung hängt davon ab, ob der Imaginierende eher positive Erfahrungen und Erlebnisse hat. Doch auch bei positiven Erfahrungen kann eine häufigere Übung (ohne Anleitung) nicht empfohlen werden.

Hilfsmittel

Der Übende sollte während der Imaginationszeit ein Tonband mitlaufen lassen, um seine Bilder und Aktivitäten, die er *während* der Übung verbalisieren muß, aufzuzeichnen und so eine Grundlage für die nachfolgende Assoziations- und analytische Phase zu schaffen. Lassen Sie sich jedoch unter keinen Umständen durch das mitlaufende Gerät unter Zeitdruck oder Produktionszwang setzen.

Übungsverlauf

- Die Übung beginnt mit einer Entspannungsübung (etwa den ersten Übungen des Autogenen Trainings). In jedem Fall ist darauf zu achten, daß vor dem Eintritt in die Imaginationsphase der Körper völlig ruhig und entspannt ist. Ebenfalls sollten Sie Alltagssorgen zurückstellen. In der Vorbereitungsphase auftauchende Gedanken (Vorstellungen des Denkbewußtseins) sollten Sie einfach vorüberziehen lassen »wie Wolken am Sommerhimmel«. Gelingt das nicht, können Sie sich, wie bei der Übung nach Fredeking angegeben, auch auf Bilder, die sich bei geschlossenen Augen (leuchtende Punkte, Kreise, Linien ...) konzentrieren. Wenn Sie keine Ahnung haben, wie in etwa diese Bilder aussehen, können Sie sie produzieren, indem Sie ins Licht schauen und dann die Augen schließen (notfalls können Sie bei geschlossenen Augen leicht mit den Fingerkuppen gegen beide Augenlider drücken).
- Jetzt beginnen Sie mit der AI. Als Einstiegsmotive wählen Sie der Reihe nach die *ersten vier* der von Leuner angegebenen Bilder. Sie beginnen bei der ersten Übung mit dem ersten. Sie verweilen so lange bei diesem ersten Bild, bis sie seine imaginative Produktion voll und leicht beherrschen und sich verschiedene passive Imaginationen angeschlossen haben. Erst, wenn diese Folgeimaginationen beginnen stereotyp zu werden – und nichts Neues mehr hergeben, gehen Sie zum zweiten Motiv über (das wird zumeist nach dem vierten bis zwanzigsten Üben mit dem ersten Bild der Fall sein). Sie üben nun ebenfalls so lange mit dem zweiten Motiv, bis es beherrscht und unergiebig wird.

  Beherrschen Sie das vierte Bild, können Sie beliebig eines der folgenden wählen. Stellen sich bei der AI anhand der folgenden Motive aber stärkere und andauernde Ängste ein, sollten Sie die Übung abbrechen.
- Nach etwa einem Jahr Pause können Sie den gesamten Übungszyklus, oft mit größerem Erfolg und gutem Ergebnis, wiederholen.
- Nach der eigentlichen Imaginationsübung, bei der Sie die auftauchenden Bilder und Szenen auf Band gesprochen haben (am besten mit halblauter Stimme), hören Sie das Band ab, verweilen bei einzelnen Eindrücken, Bildern, Szenen und notieren sich, was Ihnen bei freier und lockerer Assoziation dazu an Weiterungen, Präzisionen, Bedeutungsgehalten ... einfällt.
- Haben Sie einige Erfahrungen in der analytischen Praxis, sollten Sie versuchen, zu einer Auswertung der Bilder, Szenen ... der Imaginations- und Assoziationsphase zu kommen. Die Ergebnisse dieser

Überlegungen in analytischer Absicht sollen sie notieren. Übrigens ist die Analyse der Imaginationen, die sich bei der Verwendung der Technik der AI einstellen, oft relativ leicht. Die klassische Traumdeutung hat da sehr viel größere Schwierigkeiten.

Die Assoziations- und Analysationsphase dient der bewußten Verarbeitung der vom Unbewußten angeregten Bilder und Szenen. Sie können davon ausgehen, daß die meisten Bilder und Szenen symbolischer Art sind, d. h. auf Inhalte des Unbewußten deutlich verweisen. Mitunter werden jedoch auch »Tagesreste«, d. h. Inhalte der unmittelbar zuvor erfahrenen Wachwelt verarbeitet. Aber auch das ist zu begrüßen, obschon solche Verarbeitungen analytisch nicht ganz leicht auszuwerten sind, weil es sich bei den so produzierten Bildern nicht um eigentliche Symbole handelt, sondern das Symbol meist unter der Erscheinung eines Tagesbilds versteckt liegt.

Exkurs: Bilder aus dem Unbewußten malen

Die Überschrift ist nicht ganz korrekt, denn Sie sollen nicht Bilder des Unbewußten oder gar aus dem Unbewußten malen, sondern die unter der Gestalt von Symbolen sich darstellenden Inhalte des Unbewußten aufzeichnen, indem Sie eben diese Symbolbilder malen.

Das Malen ist oft der verbalen Objektivation vorzuziehen, die mit verschiedener Dringlichkeit bei allen Übungen zur AI gefordert wird. Der Grund: Die Symbolbilder sind oft ursprünglich und nicht durch Inhalte und Möglichkeiten des Begriffsbewußtseins modifiziert.

Jedoch ist das Bildermalen nur dann anzuraten, wenn die Symbolik schon einen relativ hohen Grad der »Abstraktion« erreicht hat. Zwar ist es auch durchaus möglich, Bilder und Szenen, die Ihnen bei der AI begegnen, zu skizzieren, doch sollten Sie dann nicht so sehr auf Vollständigkeit achten, sondern das Wesentliche, das Beeindruckende des Bildes einzufangen versuchen. Da dieses aber schon einige Technik in der Fähigkeit der malerischen Darstellung erfordert oder erfordern kann, sollten sich mit diesen Zeichnungen nur Menschen aufhalten, die einiges Talent zum Zeichnen besitzen. Dagegen sind kurze Begleitskizzen zu einem darstellenden Text (etwa in Ihrem Meditationstagebuch) immer dann zu empfehlen, wenn die verbale Darstellung nicht recht gelingen mag oder zu langwierig zu werden droht. Im Regelfall gilt also die Empfehlung: Schreiben und Zeichnen sollen miteinander verbunden werden. Anders jedoch, wenn Ihre Bilder recht einfach und recht gegenstandslos geworden sind. Dann sollten Sie sie zeichnen (möglichst »originalgetreu«). Es ist auch hier völlig gleichgültig, ob das Bild gut oder schlecht, gekonnt oder ungekonnt gemalt wird, wenn nur einige »Wirklichkeitstreue« erreicht wird.

Das Zeichnen solcher Symbolbilder hat, wie die moderne Psychotherapie erkannte, einen zusätzlichen therapeutischen Wert, der nicht durch die bloße Verbalisierung erreicht werden kann. Das Bild ist sehr viel mehr mittelbares Produkt des Unbewußten als das gesprochene Wort. Es objektiviert also die unbewußten Inhalte meist sehr viel genauer. Andererseits ist zu bedenken, daß das Bildzeichnen nicht ebenso intensiv eine Verbindung zur Begriffs- und damit zur Denkwelt herstellt wie das Bildbeschreiben mit Worten. Diese Verbindung sollte aber stets hergestellt werden, wenn das meditative Übungsziel (Individuation, Selbstfindung) erreicht werden soll (anders kann es in der Therapie sein, hier können Bilder oft sehr viel mehr zur nachfolgenden Analyse beitragen als Worte).

C. G. Jung beobachtete, daß seine Patienten oft zu Bildern kamen, die eine recht ähnliche Struktur aufwiesen: Einem äußeren Kreis wird ein Quadrat einbeschrieben. In der Mitte steht irgendein, meist ein lebendes Wesen darstellendes, Symbolzeichen, von dem vier Wege (oder Linien) zur Peripherie weisen. Jung nannte solche Bilder »Mandala« (ein indisch-tibetanisches Wort, das ursprünglich »Zauberkreis« bedeutet). Von diesem Mandala gehen fast magische Kräfte aus (meint Jung): Der Mensch fühlt sich bei der Betrachtung geborgen, aufgenommen in den schützenden Kreis. In tibetanischen Klöstern werden solche Mandalas als »Instrumente« der Meditation verwendet. Bei ihrer Betrachtung soll der Imaginierende sich seiner selbst innewerden.

Die eigentliche Heimat des Mandala ist die Yogameditation, doch finden wir auch Mandalas als Sandzeichnungen bei den Puebloindianern, im christlichen Denkraum (so zeichnete Jakob Böhme ein berühmtes Mandala, das die Verbindung der Gegensätze Feuer und Wasser und in der Mitte in einer Rose den »gekreuzten« vollkommenen Menschen darstellt), im alten Ägypten wurde Horus mit seinen Söhnen als Mandala dargestellt ...

Um in etwa die Gestalt eines Mandala zu vermitteln, sei hier das »Shri-Xantra« vorgestellt.

Wir wollen bewußt darauf verzichten, Mandalas als Ausgangsmotiv zur AI (oder auch nur zur Bildbetrachtung) zu wählen. Sie *können* sich als Ergebnisse der AI einstellen. C. G. Jung meint, in der psychotherapeutischen Praxis sei das Mandala »eine fast tägliche Angelegenheit« (11, 116). Doch gibt es erfolgreiche Therapeuten, die mit der Technik

der AI arbeiten, aber niemals bei ihren Patienten Mandalas angetroffen haben. Vermutlich handelt es sich bei der Produktion von Mandalas durch den Imaginierenden um eine Erwartungsübertragung vom Therapeuten zum Patient. Sicherlich aber dürfte Jung die Rolle der Mandalas überschätzt haben (vermutlich auch die der Archetypen, vorausgesetzt, es gibt so etwas).

Nicht jedoch soll die Bedeutung des meditativen Zeichnens (vor allem für die Therapie) geleugnet werden.

2. Mantra-Meditation

Der Leser, der übend unserem Meditationslehrgang bis hierher gefolgt ist, wird in der Lage sein, falls er genug Zeit und Geduld aufbringt (beides zu haben, sollte er inzwischen gelernt haben), sich die östlichen Meditationserfahrungen zu nutzen. Es ist ein verbreitetes Vorurteil, diese seien insgesamt für Europäer nicht geeignet. Ungeeignet sind sie meist nur für den Ungeübten, den Anfänger. Fast ebenso verbreitet ist das Vorurteil, daß mit diesen Meditationstechniken notwendig weltanschauliche Inhalte verbunden seien, die nur für den Asiaten akzeptabel seien. Auch das ist ist falsch. Zwar sind alle diese Meditationstechniken auf religiöse Ziele ausgerichtet, aber solche Religiosität (das gilt vor allem für die der Veden), ist völlig undogmatisch und hat nur das Ziel, ein menschliches Menschsein zu ermöglichen. Sicherlich ist das Menschenbild der Asiaten oft anders als unser europäisches. Doch auch hier gibt es Mißverständnisse. Yoga hat nichts mit Passivität, erkenntnistheoretischem Idealismus, Fatalismus zu tun, sondern ist, wenn man von volksreligiösen Entartungen absieht (die es ja bekanntlich auch im Christentum gibt), eine Anleitung zu geordneter Aktivität und Lebens- und Weltbeherrschung.

Mantra-Yoga

Ehe wir mit der Darstellung der zahlreichen Übungen des Mantra-Yoga beginnen und seine Theorie vorstellen, sei in einem Exkurs einiges über Yoga allgemein gesagt.

Exkurs: Yoga

Die Geschichte

Seit etwa 5000 Jahren gibt es in verschiedenen Kulturkreisen Übungen, die durch Askese und Meditation außerwache Bewußtseinszustände erzeugen. In Indien wurden solche Übungen zu einem System ausgestaltet, das »Yoga« heißt.

Das Wort taucht schon in den altindischen Veden auf. Es stammt von der Sanskritwurzel »Yui«, das dem lateinischen »iugum», dem deutschen »Joch« entspricht. Es soll angeben, daß Handlungen (Askese, Meditation) an Gott »angejocht« werden. Das »Züngeln« der

Gedanken, wie der religiöse Bezug, ist also für den Yoga unaufgebbar. Da jedoch sein religiöser Hintergrund völlig undogmatisch ist (wenn man einmal vom »Dogma« der Wiedergeburt absieht), *kann* er auch für Menschen anderer religiöser Herkunft durchaus geeignet sein. Daran ändern auch nichts die Verwendung von »Zaubersprüchen«, etwa des »OM«.

Das offene »O« in OM und der nachfolgende Lippenlauf »M« werden so gesprochen, daß dabei der ganze Körper mitschwingt. Diese Übung ist auch für den nützlich, der im OM nicht das Wort schlechthin, den lógos, begreifen kann. Gemeint aber ist im Buddhismus das ursprüngliche, den ganzen Menschen greifende göttliche Wort.

Außer der mystischen Silbe OM dienen Kultlieder des Atharvaveda und des Rigveda, die litaneiähnlich ständig wiederholt werden, als Konzentrations- und Meditationhilfen. Sie seien hier nicht vorgestellt.

So wird der ursprüngliche »Yoga« (= »Joch«) in einem zweifachen Sinn erweitert: Konzentration und Vereinigung (mit der Gottheit). In den Upanischaden finden wir schon eine ausgearbeitete Theorie des Yoga. Als Folgen der Übung werden genannt: Freiheit von Krankheit, Begehrlichkeit, Alter und Tod.

Die Maihtri-Upanischaden nennen fünf Stufen des Yoga:

- Atemregulierung,
- Zurückziehen der Sinnesorgane von den Objekten,
- Kontemplation,
- Festlegung der Psyche auf ein Objekt,
- Versenkung.

Die Wege des Yoga

1. Weg: der *Karma-Yoga*

Er ist der Weg zu Gott durch Arbeit und Dienst (Nächstenliebe, Krankenpflege, Geldopfer für die Armen ...).

2. Weg: der *Bhakti-Yoga*

Gemeint ist der Weg der Frömmigkeit. Es kommt vor allem auf das Sehnen nach Erlösung an. Je stärker die Sehnsucht, um so eher kann Gott sie erfüllen.

3. Weg: der *Raja-Yoga*

Er ist der Weg der Askese und Entsagung, der »königliche Weg«. Selbstbeherrschung und freiwilliger Verzicht bestimmen diesen Weg. Dieser Weg ist begleitet von Meditationen, von denen ich Ihnen zwei vorstellen will.

• 4. Weg: der *Hatha-Yoga*

Er impliziert vor allem die Praxis der Körperbeherrschung. Diese geschieht in acht Stufen:

• *Yama*: Die Beachtung von zehn Verboten (die wir hier als Gebote formulieren wollen):

Du sollst niemanden verletzen.
Du sollst die Wahrheit sagen.
Du sollst nicht stehlen.
Du sollst sexuell enthaltsam leben.
Du sollst gütig sein.
Du sollst redlich sein.
Du sollst anderen verzeihen.
Du sollst geduldig sein.
Du sollst Maß halten beim Essen und Trinken.
Du sollst dich körperlich und geistig rein halten.

• *Niyama*: Die Beachtung von zehn Geboten:

Übe dich im Verzichten.
Sei genügsam.
Vertraue den Veden.
Übe Nächstenliebe.
Sei Gott ergeben.
Höre (und lese nicht nur) die göttliche Lehre.
Bereue deine Fehler.
Habe Vertrauen und Glauben.
Rufe den Namen Gottes an.
Besuche regelmäßig Kultübungen.

• *Asana*: Das Streben nach einem gesunden Körper. Insgesamt werden 84 Übungen angeboten, die z. T. im Westen als das Wesentliche des ganzen Yoga mißverstanden werden. Wichtig sind zu Anfang vor allem Übungen, bei denen das Rückgrat nach hinten (und vorn) gebogen wird: In Bauchlage Kopf haben, sich auf einem Fuß stehend mit nach hinten gewinkelten Armen und zurückgenommenem Kopf möglichst weit nach hinten durchbiegen. Auch ist eine Bauchübung zu trainieren: Der Bauch wird kräftig eingezogen und schnellt dann nach vorn*.

• *Pranayama*: Atmen lernen. Auch hier gibt es zahlreiche Übungen. Die wichtigsten sind:

* Literaturhinweis: G. S. Mukerji und W. Spiegelhoff, *Yoga und unsere Medizin*, Stuttgart o. J.; S. Vishnudevananda, *The Complete Illustrated Book of Yoga*, New York 1972.

Die Übung der kühlenden Atmung: Mit hörbarem Luftröhrengeräusch wird sechs Sekunden eingeatmet, dann sechs Sekunden ausgeatmet. Die Luft wird nicht angehalten. Mit dem Einatmen soll die Vorstellung verbunden werden, kalte Luft steige in der Gegend des Rückgrates von unten nach oben hinauf. Beim Ausatmen stelle man sich vor, die Luft, jetzt heiß, durchströme seitlich zu beiden Seiten der Wirbelsäule von unten nach oben den Körper. Diese Übung wird sechsmal wiederholt. Nach einigen Monaten kann man sie bis zu zehn Sekunden je für Ein- und Ausatmung dehnen. Sie sollte nur unter Anleitung geübt werden.

Die Blasebalg-Atemübung: Bei ausschließlicher Bauchatmung wird fünf- bis sechsmal schnell hintereinander tief aus- und eingeatmet.

- *Prahtyahara*: Völliger Rückzug von der Welt und ihren Reichtümern. Diese Übung wird nur von solchen verlangt, die schon weit durch Askese und Meditation im Yoga fortgeschritten sind. Die Freiheit von Stolz, Haß und dem Habenwollen kann völlig nur in einem Leben in der Einsamkeit realisiert werden.
- *Dharama*: Der Geist konzentriert sich auf einen einzigen Punkt. Diese Übung ist eine Konzentrationsübung.
- *Dhyana*: Üben der Wortmeditation (zur Konzentration). Dem Lernenden wird ein Wort (ein Mantra) gegeben. Der Lehrer findet dieses Wort entweder durchs Studium des Horoskops des Übenden, oder er sieht ihm am Gesicht an, welches Wort er braucht. Dieses Wort muß der Schüler nun konzentriert betrachten.

Hierher gehört auch der Kundalini-Yoga, der im Westen durch Bücher und Ausstellungen bekannt geworden ist. Die Chakra-Meditation hat hier ihren genuinen Platz. Wir werden die Chakra-Meditation nicht als Kundalini-Yoga, sondern in ihrer Ausprägung im Mantra-Yoga vorstellen. Dabei sind die Chakras etwas verändert.

- Das Ziel des *Hatha-Yoga* ist *Samadhi*, die in der höchsten Konzentration erlebte Vereinigung mit Gott.

5. Weg: der *Inana-Yoga*
Der Yogi ist nun völlig abgeklärt. Sein Leben wird nur noch von dem Wunsch und der Sehnsucht beherrscht, Gott zu schauen.

Die beiden letzten Wege des Yoga sind sehr stark von östlicher Weisheit und Religiosität geprägt. Obschon die vier ersten Schritte des Hatha-Yoga prinzipiell von allen Menschen gegangen sein möchten, sind sie jedoch nicht abgelöst von den folgenden zu gehen. Der Übende ist hingeordnet auf die letzte Stufe des Yoga.

Es wäre übrigens falsch, die beiden Gebote-Reihen des Hatha-Yoga primär ethisch zu interpretieren. Sie sind zunächst und zuerst Techniken, um höhere Bewußtseinszustände und endlich die Einigung mit Gott zu erreichen.

Der Mantra-Yoga

Das Wort »Mantra« kommt aus dem Sanskrit und bezeichnet »Spruch«. Ursprünglich waren Opfersprüche der Veden damit bezeichnet worden. Im Tantrismus werden Sprüche mit magischer Bedeutung als »Mantras« bezeichnet. Oft bestehen sie aus einer Vermischung von Wörtern mit sinnlosen Silben.

Mantra-Yoga hat es mit dem »Wort« im weitesten Sinne zu tun, d. h. mit jeder Lautfolge, die in uns bestimmte Vorstellungen auslöst. Das »Lautwort« oder »Bildwort« soll das Zentrum des geistigen Vermögens treffen und dort eine zentrierende Wirkung hervorrufen. Prinzipiell aber kann ein Mantra den Menschen sowohl entfalten wie zerstören. Die Stufen des Mantra-Yoga sind:

Andacht (d. h. ein Sich-Öffnen vor Gott),
Reinheit (des Leibes, des Geistes, der Umgebung),
Haltung (die rechte Haltung des Körpers beim Sitzen und Meditieren),
Lesen (der Heiligen Schriften),
Sprechen (des Gottesnamens),
Bildung (des Verstandes und Herzens),
Gesang (der heiligen Hymnen),
Lebenswandel (vergleichbar den in den Geboten des Hatha-Yoga geforderten Verhaltensweisen),
Gottesdienst (Opfer . . . Almosen),
Atmen (als Einsaugen der universellen Lebenskraft),
Meditation und Versenkung.

Der Mantra-Yoga versteht sich als Zwischenform. Der eher passive Yogi wird zum Bhakti-Yoga, der eher aktive zum Kundalini-Yoga gelangen.

Die Mantra-Meditation

1. Vorstufen

Im folgenden will ich in die Technik der Mantra-Meditation einführen. Sie ist von allen östlichen Meditationsformen, die der Osten entwickelte, für Menschen der europäischen Kulturkreise besonders geeignet. Ihr

Ziel ist es,

- zu einer entwickelten Selbstfindung und -bildung zu gelangen,
- die Fähigkeit zur aktiven Passivität (Zuhören, Zuschauen, Abwarten, Geduld, Toleranz) zu entfalten und
- eine andauernde Harmonisierung des vegetativen Nervensystems (vor allem bei Antriebsüberhang) zu erreichen.

Zunächst seien einige Vorstufen vorgestellt, die von den östlichen Meditationslehrern entwickelt worden sind. Wenn Sie im Verlauf Ihrer Meditationsentwicklung die eine oder andere Stufe erklimmen, kann das sehr hilfreich sein. Um aber fruchtbar meditieren zu lernen, ist das nicht unbedingt notwendig.

Manche Begriffe (»Bewußtsein«, »Ich«) haben eine andere Bedeutung als in unserem europäischen Sprachgebrauch. Diese Begriffe können nur aus der Praxis heraus gefüllt werden. Urbegriffe lernt man nicht durch Definition, sondern nur durch den Vollzug des vom Begriff Begriffenen.

Zum anderen ist diese Reihenfolge aber auch Programm: Man sollte sich erst dann mit der Theorie mühen, wenn man die Praxis zureichend beherrscht. Alles andere Nachdenken über Praxis führt zum Theoretisieren, was die Praxis keineswegs erleichtert, sondern erschwert.

1. Stufe: Die Realisation des »Ich«

Die hier vorgestellten Übungen sollen zum rechten Verhältnis zum »Ich« führen als Voraussetzung des rechten Verhältnisses zu allen anderen Dingen. Sie sollen erfassen (wenn auch nicht begreifen), daß Sie eins sind mit dem universellen Leben. Das Absolute, das das ganze Universum durchwaltet, manifestiert sich in jedem Menschen, auch in Ihnen. Dieses gilt es zu erfahren. Das aber ist nicht ohne Übung möglich.

Alles Wahrnehmbare (Knochen, Blut, Verstand, Sinne, Wille ...) gehört zum Menschen, ist aber nicht der Mensch. Es gilt also, unterscheiden zu lernen zwischen Ich und Nicht-Ich. Das Ich ist unsterblich, unzerstörbar, nicht zu bezwingen. In ihm sammeln sich Weisheit, Kraft und Realität. Das Ich steht über den Grenzen des Denkbewußtseins (des Bewußtseins des begrifflichen, diskursiven Denkens, das nur immer von Realität abstrahiert, sie unwirklich macht, sich ständig im eigenen Gefängnis der Begriffe im Kreise dreht).

Auf einer ersten Stufe meint der Mensch, das Ich sei sein Leib.

Auf einer zweiten begreift er, daß das Ich geistig ist. Doch auf dieser Stufe stößt er ständig an Probleme, die nicht zu lösen sind. Es ist das die Stufe des Pessimismus.

Auf der dritten Stufe erfährt der Mensch sein Ich als jenseits aller Leiblichkeit und geistigen Aktivität (Denken, Wollen). Er erfährt in sich den Schlüssel zu allem Wissen und Können. Es erwacht das Bewußtsein von den Ursprüngen auch der geistigen Tätigkeit (etwa des Denkens). Diese Stufe ist nicht durch überlegendes Denken zu erreichen, obschon dieses mitunter hilfreich sein kann. Es beginnt jetzt die »Ausdehnung des Ich«.

Die folgenden Übungen dürfen nur von psychisch völlig Gesunden gemacht werden. Besonders ist darauf zu achten, daß sie wieder richtig zurückgenommen werden.

Alle Übungen dieses ersten Schrittes müssen in körperlich und geistig total entspanntem Zustand gemacht werden (etwa durch Autogenes Training zu erreichen). Sie können sitzen oder liegen. Achten Sie jedoch darauf, daß Sie den Zustand der Außerwachheit – wie bei allen Meditationen – durchhalten und nicht ins Unterwache (Schlafen) abgleiten.

1. Übung: Das Ich als Zentrum

Konzentrieren Sie sich vollständig auf das Wort »Ich«. Denken Sie nicht an die materielle oder soziale Außenwelt. Erfahren Sie das Ich als reales, aktuelles, individuelles Ding.

Nun fühlen (nicht: erkennen) Sie sich als Mittelpunkt der Welt um sich herum. »Ich bin das Zentrum von allem.« Lassen Sie die ganze Welt um sich kreisen. Ihr Geist ist als Ausdruck des Absoluten wirklich die Mitte. Sie brauchen sich nicht etwas vorzustellen, was falsch wäre. Alle Welt ist nur Welt für Sie, ist Ihre Welt. Eine andere gibt es nicht. Lassen Sie also die Welt (Ihre Welt) um sich herum kreisen, wie die Planeten die Sonne umkreisen.

Ich bin das Zentrum der Allbewußtheit.

Das ist nichts anderes als die Imagination eines tatsächlich in Ihnen verborgenen Glaubens, der nur durch Erziehung geschwächt wurde.

2. Übung: Die Unabhängigkeit des Ich vom Körper

Lassen Sie das Ich Ihren Körper verlassen. Es steht neben ihm, schaut auf ihn herab. Er ist ein reales Du. Zugleich ist er die Wohnung des Ich.

Sie will gepflegt werden – muß gesund sein.

Kehren Sie dann wieder in Ihren Körper zurück.

3. Übung: Die Unsterblichkeit des Ich

Verlassen Sie wieder Ihren Leib. Sehen Sie ihn still und leblos (tot) daliegen. Das Ich begreift sich nicht als tot – kann es nicht, wieviel Mühe Sie sich auch geben.

Kehren Sie dann wieder in Ihren Leib zurück und geben Sie ihm wieder Leben und Kraft.

Auch das ist nichts anderes als die Imagination eines in Ihnen verborgenen Glaubens, des Glaubens an die eigene Unsterblichkeit. Die Sterblichkeit des Ich können Sie sich nicht vorstellen. Es gilt diesen verschütteten Glauben zu reaktivieren.

4. Übung: Die Unbesiegbarkeit des Ich

Verlassen Sie wieder Ihren Körper. Lassen Sie Ihr Ich durch die Luft schweben, durch Feuer gehen, in die Tiefen des Wassers tauchen.

Das Ich steht über allen Elementen. Weil es nicht ausgedehnt, nichts Körperhaftes ist, kann es auch nicht zerstört werden. Es ist unbesiegbar.

Kehren Sie dann wieder in den Körper wie in Ihre Wohnung zurück. Auch er kann lernen, vom Ich mitgenommen zu werden. Dann wird ihm Luft, Feuer, Wasser weniger anhaben können.

Diese Übungen dauern etwa je 15 Minuten. Jede einzelne muß beherrscht werden, ehe Sie zur nächsten übergehen.

2. Stufe: Die Entwicklung der geistigen Werkzeuge des Ich

Neben dem Körper gehören auch Bewußtseinsinhalte zum Nicht-Ich. Hier ist zu beachten, daß die Yogaphilosophie und -praxis »Bewußtsein« anders definiert als die heutige Psychologie. Der Begriff wird ganz unproblematisch gebraucht und weicht auch etwas von unserem umgangssprachlichen ab. Zu unterscheiden sind drei Bewußtseinsebenen:

Die untere (das »animalische Bewußtsein«) enthält Inhalte, die uns Menschen im Verlauf der Evolution durch das Tierreich zugekommen sind. Die Evolution hinterließ ihre Spuren. Hierher gehören:

- Hunger, Durst, sexuelle und soziale Bedürfnisse,
- Leidenschaften, Begierden, Gefühle niederer Ordnung (Zorn, Neid, Haß, Furcht, Angst . . .),
- Suchen nach Anerkennung, Lob, Vermeiden von Tadel, Kränkung . . .

Die zweite Stufe enthält die Inhalte des begrifflichen Bewußtseins und des Wollens.

Die dritte (das »geistige Bewußtsein«) ist besetzt mit Inhalten wie Religion, Treue, selbstlose Liebe, Dankbarkeit, Sympathie, Kreativität, Inspirativität . . . Die Inhalte der dritten Stufe dürfen nicht durch die der beiden ersten Stufen gebrochen werden. Es gilt sie unverfälscht zu entwickeln.

Die folgenden Übungen sind wieder im Zustand innerer und äußerer Ruhe durchzuführen. Sie setzen voraus, daß die ersten vier Übungen mit Erfolg absolviert wurden.

5. Übung: Beiseitelegen der Inhalte des »animalischen Bewußtseins«
Stellen Sie sich ein körperliches Gefühl intensiv vor (Hunger, Durst, Sexualität, Frieren ...). Erzeugen Sie in sich dieses Gefühl und das Bedürfnis, es zu befriedigen.

Stellen Sie nun das Bedürfnis beiseite, indem Sie es objektivieren. Dabei schauen Sie sich es mit sachlichem Interesse an (wie ein Biologe, der einem Kaninchen eine Injektion gemacht hat und zuschaut, was dabei herauskommt). Imaginieren Sie also das Bedürfnis. Und vernichten Sie dann die Imagination bzw. das imaginierte Bedürfnis.

Dabei werden Sie feststellen, daß es nicht zum Ich gehört. Denken Sie: »Das Nicht-Ich will ...«

So verfahren Sie nacheinander in folgenden Übungen mit allen »animalischen Bedürfnissen«. Werten Sie sie dabei nicht als schlecht oder minderwertig ab, doch stellen Sie fest, daß es Bedürfnisse Ihres Körpers und nicht Ihres Ich sind.

6. Übung: Beiseitelegen von negativen Emotionen
Erzeugen Sie in sich eine Negativemotion (Ärger, Ehrgeiz, Neid ...). Treten Sie dann wiederum aus der Emotion heraus und betrachten Sie sie ganz objektiv. Es ist eine Emotion Ihres Körpers, nicht Ihres Ich. Vernichten Sie dann das imaginierte Gefühl.

Wieder sollten Sie solche Gefühle nicht verachten lernen, sondern sie objektivieren und ablegen, wenn Sie sich zureichend damit beschäftigt haben.

Seien Sie sich bewußt, daß das Ich prüft. Was es aber prüft, gehört nicht zu ihm, sondern ist ihm unterworfen.

Gehen Sie so auch verschiedene Negativemotionen durch. Legen Sie sie dann in einen Pool und lassen Sie sie darin.

So sollen Sie lernen, auch in konkreten Situationen, in denen Sie eine Negativemotion zu beherrschen droht, die Herrschaft des Ich über die Emotion durchzusetzen.

7. Übung: Vergegenständlichung des begrifflichen Bewußtseins
Denken Sie an etwas, das Sie gerade intellektuell beschäftigt (Yoga, Meditationstechnik und -theorie, Psychologie ...).

Treten Sie wieder hinter Ihr intellektuelles Bemühen zurück und betrachten Sie es wie eine Sache, die nicht zu Ihnen gehört. Verleihen Sie so auch Ihr diskursives rationales Denken dem Pool Ihrer Nicht-Ich-Inhalte ein.

8. Übung: Vergegenständlichung der Inhalte des »geistigen Bewußtseins«
Imaginieren Sie einen Inhalt geistigen Bewußtseins (Dankbarkeit, Liebe, Religiosität . . .) und treten Sie dann davon zurück. Imaginieren Sie nun einen lichtdurchlässigen Kristall und identifizieren Sie ihn mit dem zuerst vorgestellten Inhalt.

Lassen Sie nun das Ich »hindurchstrahlen«. Das Ich beseelt und belebt die Inhalte des geistigen Bewußtseins. Es macht sie wirklich und wirksam. Von sich aus sind sie alle nichts, erst, wenn das Ich sie belebt, werden sie etwas.

Sie gehören also ebenfalls zum Nicht-Ich.

Diese Übung brauchen Sie nicht zurückzunehmen.

9. Übung: »Ich bin«
Suchen Sie nun das körper- und bewußtseinslose Ich zu imaginieren.

Es bleibt immer bei sich.

Es ist immer sich selbst.

Es begleitet alles andere (Leib und Bewußtsein).

Es kann nicht sterben und nicht beiseite gestellt werden.

In ihm kristallisieren sich alle meine Tätigkeiten.

Es beherrscht alles.

Ich beherrsche mich und alle meine Leiblichkeit, alle meine Gefühle, all mein Denken und Wollen. Das Ich ist niemandem unterworfen. Es gehört nur sich selbst.

3. Stufe: Ausdehnung des Ich
Diese Stufe ist, wie schon die letzte Übung der vorhergehenden, stark vom Geist des Hinduismus gefärbt. Überzeugte Christen sollten diesen Schritt nicht unbedacht gehen.

Auf dieser Stufe schreiten Sie vom Begrenzten zum Unbegrenzten, vom einzelnen zum All. Das Individuum wird aufgehoben im Absoluten.

Der spätere (buddhistische) Yoga ging so weit, zu sagen: »Ich bin Gott«, und führte in der einen oder anderen Form zu dieser vermeintlichen Einsicht. Das aber ist eine Perversion des ursprünglichen Yoga. Die Folge dieses (entarteten) Maja-Yoga ist die Annahme, die Welt sei nichts als Illusion, das Universum existiere nicht wirklich. Das führt zu einer passiven Lebensauffassung, zum Fatalismus. Yoga will aber gerade das Gegenteil: Es will Kräfte freisetzen, diese Welt sinnvoll zu verändern und zu gestalten. Unser Leben ist also kein Traum, kein Nachtmahr. Es ist eine Reise hin zum Absoluten. Wir sind Hervorgänge (Emanationen) aus Gott, Geschöpfe Gottes, nicht aber Gott. Wir sind eine Aussage Gottes, die Gott auf sich zurücknimmt. Wir sind Kinder des Absoluten – und noch ist die Nabelschnur nicht abgerissen. Durch sie strömt die Kraft des Absoluten, die Energie, das Leben Gottes in uns ein.

Ziel dieser Stufe ist es also, die Gegenwart des Absoluten zu erfahren, die eigene Position zum Absoluten recht zu sehen, das Sein (das All) zu berühren.

Das Ich wurzelt im Absoluten. Aus ihm ging es hervor. Mit ihm ist es verbunden. Es gilt also, die Wurzel, den Ursprung des Ich zu entdekken: das Absolute. Das Absolute ist aber zugleich die universelle Energie (Prana), das universelle Leben. Wir leben aus dem Prana – und es verwendet uns und wird damit unser. Aber wir sind es nicht (allenfalls könnte man sagen: »Wir werden in es hinein.«).

Das Ich hat Teil am universellen Bewußtsein, das alles durchwaltet. Es ist die höchste und vollkommenste Emanation des Absoluten. So ist denn nicht nur das Absolute in allem, sondern auch ich, weil im Absoluten, bin in allem. Denn alles ist erfüllt von dem einen Prana, es verbindet alles, also auch das Ich mit dem All.

Das Absolute ist der große Ozean, der das Ich umgibt. Wir sind also keine Atome im Meer des Todes, sondern Individuen im Ozean des Lebens, der zugleich der Ursprung allen Lebens, aller Energie und selbst alles Leben und alle Energie ist. Er pulsiert, bewegt sich, denkt, lebt ...

Und das Absolute ist zugleich ein wirkliches Du.

Die Übungen zu dieser Stufe setzen voraus, daß die vorhergehenden mit Erfolg abgeschlossen wurden. Sie sollten wenigstens 30 Minuten währen. Für diese Übungen empfiehlt sich ein Meditationssitz (es ist also darauf zu achten, daß der Oberkörper bei senkrecht aufgerichteter Wirbelsäule in sich ruht).

10. Übung: Die Verbundenheit aller Dinge

Stellen Sie sich Ihr Ich vor.

Lassen Sie es tief eintauchen in einen riesigen Ozean, bis das Wasser Sie von allen Seiten, ohne daß Sie irgendeine Grenze sähen, umgibt.

Erfahren Sie den Ozean als Bild von Grund und Ursprung.

Sie sind ganz in ihm. Tauchen immer tiefer. Und kommen zu einer unendlichen Ruhe. Alles, was in Ihnen Unruhe ist, geben Sie an den Ozean ab.

Er absorbiert alles, Außer Ihrem Ich.

Tauchen Sie dann wieder aus dem Ozean empor. Gehen an Land – nach Hause.

11. Übung: Alle Dinge wirken auf Sie

Tauchen Sie wieder tief in den Ozean. Tief, tiefer.

Der Ozean ist nun Bild der Energie und des Lebens.

Vom Wasser, das Ihr Ich umgibt, dringt Energie und Leben in Ihr Ich ein.

Energie und Leben führen zu Bewegung.

Alles ist durch das Urleben und die Urenergie bewegt. Auch das Ich.

Geben Sie sich ganz dem umhüllenden Leben hin: dem Ozean.

Sie werden ab jetzt teilhaben an der ewigen, unüberwindlichen Energie des Absoluten.

Nun tauchen Sie wieder auf . . .

12. Übung: Eingebettet in den Strom der Entwicklung

Die Energie des Absoluten hält alles in Bewegung. Sterne, Planeten, Monde . . . Verlassen Sie nun in der Imagination Ihren Leib. Das Ich ist nicht gebunden an Raum und Zeit. Betrachten Sie die Jahrmilliarden vor uns: Milchstraßen entstehen, Sonnensysteme aus diffusem Nebel, die Erde entsteht, sie kühlt ab, Ozeane entstehen, das erste Leben entsteht. Pflanzen entstehen, Tiere entstehen, Menschen entstehen.

Verfolgen Sie jetzt die Tausende von Generationen von Menschen, die hinführen zu Ihnen.

Erleben Sie sich in der Einheit mit dem werdenden Kosmos.

Seine Quelle, der Ursprung seiner Energie und seines Lebens, ist das Absolute. Kehren Sie wieder zurück in Ihren Leib.

13. Übung: Eingebettet in das Leben

Im All des Lebens bilden Sie einen Teil.

Realisieren Sie die Beziehung zum All des Lebens, indem Sie sich zahlreiche Pflanzen und Tiere vorstellen, die ganz das gleiche Urleben durchströmt, wie es Ihr Ich durchströmt.

Verstehen Sie sich als Teil des All-Lebens, das vom Absoluten Leben und Energie enthält.

14. Übung: Das Absolute im Ich

Unendliche Energie durchströmt Sie.

Damit wird dem Ich unendliche Energie bereitgestellt.

Alle Gedanken sind Folgen dieser Energie.
Der Ozean des Bewußtseins steht dem Ich zur Verfügung.

15. Übung: Loslassen
Treten Sie nun aus sich heraus. Lassen Sie sich fallen ins Absolute, wie ein Regentropfen in den Ozean fallen.
Das Ich geht unter im Absoluten.
Es kehrt heim zu seinem Ursprung.
Doch der Ursprung des Ich erscheint als Du. Er ist meinem Ich ein Gegenüber. Doch irgendwie verschwinden die Grenzen zwischen Ich und Du im Wir.
Tauchen Sie nun wieder auf aus dem Absoluten.
Sie tragen es in sich von nun an. Es wirkt in Ihnen, wie es will. Sie sind nichts als ein Werkzeug.

Diese Meditation liegt ganz außerhalb des denkenden Bewußtseins, wenn sie Erfolg haben soll. Sie läßt sich auch nur völlig unzureichend verbalisieren. Dennoch mögen die vorgestellten Suggestionen, die Sie real imaginieren sollen, in etwa den Weg weisen.

Beherrschen Sie diese Meditation, beherrscht sie Sie. Das Leben wird zur aktiven Seite der Meditation.

Die vorhergehenden Stufen brachten Sie zu der Einsicht, daß Sie (im Ich) der Herr von Bewußtsein, Energie und Materie sind und nur unterworfen dem Absoluten, das das Zentrum des Seins ist, von dem seiend Sie sind. Die folgenden Stufen wollen Ihnen helfen, diese dreifache Herrschaft zu realisieren.

4. Stufe: Das Erlernen der geistigen Kontrolle
Mit dieser Stufe beginnen wir das Einüben von Mantra-Yoga. Die vorhergehenden Übungen sind mehr oder weniger allen Yoga-Formen gemeinsam, haben sie zur Basis.

Nach der Theorie des Mantra-Yoga gibt es drei Manifestationen des Absoluten, die jedoch für sich relativ sind:
- *Chitta*, die Bewußtseins-Substanz. Wird Chitta aktualisiert (energetisiert), spricht man von Vritta (= Gedanke), das ist das Bewußtsein in Aktion.
- *Prana*, die Kraft, die Energie.
- *Akasa*, das Prinzip der Materie.

(Die Worte entstammen dem Sanskrit und haben ihre Bedeutung kaum gewandelt.) Das Ich steht über allen dreien, denn es ist nicht mit dem

Leib oder einem psychischen Zustand identisch. Das Ich sollte alle drei beherrschen. Es steht allein unter dem Absoluten, dem Zentrum alles Seienden.

Das Ich (als Zentrum des Bewußtseins in einem »geistigen Körper«, den es stets mit sich nimmt) wird von allen dreien umgeben wie von einem Ozean.

Der Körper ist die physische Form, durch den ein Strom von Materie fließt. Er steht mit der materiellen Umwelt in einem Fließgleichgewicht, bleibt derselbe, auch wenn alle Atome ausgetauscht sind im Prozeß des Stoffwechsels.

Das Ich steht also auch über dem Bewußtsein (als der höchsten Stufe der Dreiheit Akasa – Prana – Chitta). Es gilt, es zu kontrollieren, dann sind auch die beiden niederen Formen: das Prinzip der Materie, das Prinzip der Energie (oder Kraft), kontrolliert.

So lautet denn die wesentliche Mantra-Regel: *»Realisation bringt Kontrolle, Kontrolle bringt Herrschaft.«*

Das Bewußtsein ist etwas, durch das (oder: vermittels dessen) das Ich denkt. Der Gedanke (Vritta) ist etwas durchaus Reales. Das Bewußtsein hat, wie wir sahen, drei Stufen (die animalische, die begriffliche, die geistige).

Das Ich manifestiert sich im Willen. Aber der Wille wird oft manipuliert, beherrscht, geleitet durch das Bewußtsein. Meist behandelt das Bewußtsein das Wollen als seinen Sklaven. Hier gilt es Ordnung zu schaffen.

Es soll eine Harmonie von Wille und Bewußtsein erreicht werden. Dazu dienen Konzentrationsfähigkeit und Willensstärke als Instrumente. Konzentration zentriert und diszipliniert das Bewußtsein und sichert so die Herrschaft des Willens. Das Bewußtsein läßt sich beherrschen, wenn es vom Willen auf ein Objekt hin zentriert wird. Da der Wille im Zentrum des Ich wurzelt, das Bewußtsein aber zum Nicht-Ich gehört (in seinen Inhalten, Funktionen . . .), ist die Herrschaft des Ich nur über eine Herrschaft des Willens zu erreichen.

Unser Bewußtsein ist wie ein verspieltes Kind, ein schlecht dressiertes Haustier, eine Manege wilder Tiere (Tiger, Affe, Pfau, Esel, Gans, Schakal, Hyäne . . .). Da gilt es Ordnung zu schaffen. Dazu dienen zwei Reihen von Übungen:

- *Pratyahara* (mit dem Ziel, das Bewußtsein von außen nach innen zu zentrieren) trainiert in den folgenden vier Übungen und
- *Dharana* (mit dem Ziel, die Konzentrationsfähigkeit zu steigern) dargestellt in den darauffolgenden sechs Übungen.

16. Übung: Erfahrung des Bewußtseins
Sie sitzen (oder liegen) bequem und stimmen sich auf innere Ruhe.

Sie vermeiden jede Konzentration, Anstrengung oder Kontrolle.

Sie lassen Ihr Bewußtsein denken, vorstellen, bildern, was es will, bis es sich ausgetobt hat wie ein »wilder Affe«.

Wenn die Bewußtseinsproduktionen nachlassen, betrachten Sie sie (die eine oder andere) objektiv und neutral mit großer innerer Distanz.

17. Übung: Bedenken des Ich
Wieder sitzen (oder liegen) Sie ruhig und entspannt in innerer Ruhe.

Jetzt denken Sie »Ich« (wie Sie es in den Übungen der ersten beiden Stufen geübt haben). Denken Sie daran, daß es unsterblich, unbesiegbar, real ist.

Denken Sie so lange daran, bis Ihr Bewußtsein zur Ruhe kommt und nichts mehr produziert.

18. Übung: Bedenken der Einheit
Wiederholen Sie die Übungen der dritten Stufe. Imaginieren Sie die Einheit von Leben, Intelligenz, Sein und Ich.

Kommen Sie dabei zur Ruhe, zur begrifflichen Leere.

19. Übung: Bedenken des Ich-bin
Konzentrieren Sie sich auf das »Ich-bin« als Wort und Begriff. Dabei beginnen Sie mit »Ich«, identifizieren das Ich mit dem Selbst und kommen dann zum Ich-bin (mit Akzentuierung des »bin«).

Vermeiden Sie es, zu denken oder sich vorzustellen: »Ich bin dieser«, »Ich bin jener«, »Ich tue das«, »Ich denke das« . . . Es geht um nichts als um das Ich-*bin*.

Verweilen Sie so lange bei der Übung, bis sich ein Gefühl von Frieden, Stärke, Ruhe einstellt.

20. Übung: Konzentration auf einen alltäglichen Gegenstand
Bei diesen Übungen zum Dharana ist darauf zu achten, daß Sie lernen sollen, sich zu konzentrieren, nicht aber von der Konzentration beherrscht werden. Bei aller Konzentration darf der Übende das Ich nicht »vergessen«, sondern muß die Konzentration als Leistung aus dem Ich verstehen lernen. Die übliche Konzentration des Westens hat kaum etwas mit Dharana zu tun. Der sich falsch Konzentrierende verliert sich an den Gegenstand, wirkt nach außen zerstreut, überläßt sich einer Fülle von Gewohnheiten und Zwängen. Er ist gefangen in seinen Problemen, Fragen, Vorstellungen, Ideen. Das Ziel unserer Konzentra-

tionsübungen ist die *Beherrschung* der Konzentration. »Konzentration« meint also vom Willen gelenkte Zentrierung der Aufmerksamkeit auf bloß einen Gegenstand oder Sachverhalt für eine genau kontrollierte Dauer. *Dieses* Konzentrationstraining fällt uns Europäern sehr schwer, ist aber eine notwendige Voraussetzung, um Ordnung im eigenen Hause (des Bewußtseins) schaffen zu können.

Sie entspannen sich und kommen innerlich zur Ruhe.

Nun konzentrieren Sie sich auf einen alltäglichen Gegenstand (etwa einen Bleistift).

Halten Sie das Bewußtsein genau bei diesem Gegenstand und »vergessen« sie alles außer dem Bleistift und dem Ich.

Beobachten Sie seine Farbe, seine Gestalt, seine Länge, seine Spitze ...

Bedenken Sie seinen materialen Aufbau (Holz, Graphit).

Bedenken Sie seinen Gebrauch, seinen Zweck, seine Herstellungsweise.

Bedenken Sie seine »Geschichte«, seinen Anfang, sein vermutliches Ende und alles, was dazwischen liegt.

Wiederholen Sie diese Übung mit anderen Gegenständen und betrachten Sie:

- den Gegenstand,
- seine Herkunft,
- seinen Zweck,
- seine Geschichte (mit seinem wahrscheinlichen Ende).

21. Übung: Konzentration auf Szenen

Imaginieren Sie eine erlebte Szene (ein Geschehen oder einen Raum, ein Haus, einen Menschen, eine Gruppe von interagierenden Menschen ...).

Verfahren Sie wie bei der vorhergehenden Übung.

22. Übung: Konzentration auf eine Melodie

Imaginieren Sie eine Melodie (Lied, eine Passage aus einem Musikstück ...).

Verfahren Sie wie bei der 20. Übung.

23. Übung: Konzentration auf einen Körperteil

Konzentrieren Sie sich so lange auf einen Körperteil (etwa Ihre rechte Hand), bis Sie nichts anderes wahrnehmen als Ihre Hand.

Verfahren Sie so mit allen anderen Teilen Ihres Körpers (zunächst mit den sichtbaren, dann auch mit inneren Organen).

Der Übungsverlauf ähnelt dem der 20. Übung.

24. Übung: Konzentration auf einen abstrakten Inhalt
Konzentrieren Sie sich auf einen Bewußtseinsinhalt.

Gehen Sie auf andere über.

Verfahren Sie wie bei der 20. Übung.

25. Übung: Das Ich und die Dinge
Imaginieren Sie sich einen beliebigen Gegenstand (konkret oder abstrakt) aus einer der vorhergehenden Übungen.

Erkennen Sie, daß nicht das Ding an sich bedeutsam ist, sondern das, was das Ich daraus macht, wie es gebraucht.

Denken Sie daran, wie Sie es gebrauchen, was Sie daraus gemacht haben.

Es muß lernen, Ihrem Willen zu gehorchen.

Es ist Ihnen untertan – Sie müssen das aber realisieren.

Bedenken Sie, was Sie in Zukunft mit diesem Gegenstand ... anfangen wollen und was Sie mit ihm tun werden.

Auch diese Übung ist unter äußerster Konzentration durchzuführen.

5. Stufe: Die Pflege der Aufmerksamkeit
Die Sinnesorgane nehmen nicht wahr. Sie sind nur die Einfallstore der Außenwelt. Ihre Meldungen müssen verarbeitet werden. Sie sind also nur unsere Diener, niemals aber unsere Herrn.

Oft genug täuschen wir uns. Die Sinne geben die Welt nicht so wieder, wie sie ist, sondern so, daß wir uns ungefährdet in ihr einrichten können. Die sekundären Sinnesqualitäten (Farben, Geschmack, Töne ...) d. h. die Qualitäten, die wir nur mit *einem* Sinnesorgan wahrnehmen, haben keine unmittelbare Entsprechung in der Außenwelt. Die Außendinge haben keine Farbe, keinen Geschmack, sie klingen und tönen nicht. Aber auch die primären Sinnesqualitäten (Ausdehnung, Dauer, Anzahlen), die wir in Verbindung mit mehreren Sinnen wahrnehmen (können), entsprechen nicht der Wirklichkeit.

Es gilt also:

- die Sinne unter die Herrschaft des Ich zu stellen und
- die Sinne zu schärfen, damit wir das wahrnehmen, was ist.

Die Tore zur Außenwelt sind nur halb geöffnet. Wir nehmen von den Sinneseindrücken nur einen kleinen Ausschnitt wahr. Interesse, Erwartung, Stimmung schränken unsere Welt ein, machen sie klein.

Das, was wir wahrnehmen, ist zudem nur Material für das Bewußtsein. Es muß das Wahrgenommene verarbeiten, damit wir etwas mit ihm anfangen können. Ein geweitetes Bewußtsein wird mit sehr viel mehr wahrgenommenen Dingen etwas anzufangen wissen als ein beschränktes. Deshalb ist das Training des Bewußtseins Voraussetzung für das der Sinne. Ein bloßes Wahrnehmungstraining hilft uns nicht viel weiter.

Die bewußt verarbeiteten Sinneseindrücke sind die Grundlage für unser Bild vom Kosmos, unser Weltbild. Unser Weltbild kann entstellt sein, durch falsches (falsch gebildetes) Bewußtsein. So werden die Sinne zu »Organen des Bewußtseins«. Das Bewußtsein aber ist ein Instrument des Ich.

Die Entwicklung der Sinneserkenntnis ist die Voraussetzung für die Entwicklung der »höheren Sinne«, deren Tätigkeit wir angedeutet finden im »Ahnen«, im Erkennen und Deuten von Symbolen ...

Rechte Sinneserkenntnis ist also die Grundlage für rechte Verstanderkenntnis, denn unser Verstand kann nur das verarbeiten, was ihm die Sinne liefern.

Beim Menschen ist – verglichen mit vielen Tieren – der Tastsinn besonders ausgeprägt. Aber auch er ist oft völlig untrainiert, wie wir aus der Entwicklung des Tastsinnes von Blinden oder gar Blind-Tauben wissen. Aber er ist kein sonderlich hoher Sinn, denn er muß seine Gegenstände unmittelbar berühren. Der höchste Sinn ist der Gesichtssinn. Er differenziert die Eindrücke besonders gut.

26. Übung: Training des Tastsinns

Sie gehen aufmerksam. Ihre ganze Konzentration gehört dem Tastsinn Ihrer Fußsohlen. Sie spüren, wie sich der Fuß langsam abhebt, wie der Druck schwindet, wie die Ferse wieder den Boden berührt, wie endlich große Teile der Fußsohle wieder Kontakt haben mit dem Boden.

Diese Übung können Sie überall machen. Besonders günstig ist es aber, wenn Sie barfuß über die Erde gehen. Stellen Sie sich vor, wie bei jeder Berührung mit der Erde Kraft aus der Erde – über die Fußsohlen bis hin zum Kopf – in Sie einströmt.

Sie können auch langsam in einen kleinen See hineinsteigen. Fühlen Sie das Wasser! Zunächst bemerken Sie es an Ihren Fußsohlen, dann an Ihren Unterschenkeln ... Stellen Sie sich vor, wie sich alle Ihre Spannungen, Ängste, Sorgen ins Wasser fließend von Ihnen lösen. Lassen Sie dann über den Tastsinn die Kräfte des Wassers in sich einströmen: die heilenden, die gewaltigen, die unbeherrschten von menschlicher Technik.

27. Übung: Training des Gesichtssinns

Sehen Sie einen Gegenstand (etwa ein Haus). Beschreiben Sie, was Sie gesehen haben, mit geschlossenen Augen. Alle Einzelheiten. Möglichst genau. Beschreiben Sie die Türen, Fenster, das Dach, den Kamin, Formen und Farbe ... Fertigen Sie nun aus dem Gedächtnis eine Skizze an. Überprüfen Sie die Skizze mit dem realen Gegenstand.

Beherrschen Sie das Sehen einfacher Gegenstände, gehen Sie zum Sehen von Szenen mit Handlung über:

28. Übung: Noch einmal: Training des Tastsinns
Versuchen Sie, Ihre Augen zu »tasten«, zu fühlen, dann Ihre Nase, Ihren Mund, Ihr Kinn, Ihr Haar, Ihre Stirn ... Bis Sie Ihr ganzes Gesicht fühlen.

29. Übung: Erwägung über die Sinne
Versenken Sie sich wieder in das »Ich-bin«. Erfühlen Sie Ihre Kontaktstellen zur Außenwelt, die Kanäle, durch die die Außenwelt mit der Innenwelt in Verbindung steht.

Ich will sie gebrauchen.
Ich bin ihr Herr.
Das All ist meine Heimat, ich will es entdecken.

6. Stufe: Das Entfalten des Bewußtseins
Im Prozeß der Entfaltung des Bewußtseins, das sich von der Materie durch Pflanzen, Tiere hin zum Menschen entwickelte,* kam im Menschen das Bewußtsein zu sich selbst (wir können hier also von »Selbstbewußtsein« sprechen). Aber das Leid war der Preis dieses neuen Bewußtseins. Wünsche entstanden, und damit kamen neue Leiden. Die Zivilisation wurde komplexer, und sie brachte neue Leiden (und Freuden). Künstliche Wünsche entstanden, und der Mensch begann zu arbeiten, um sie zu erfüllen. Der Intellekt führte nicht mehr nach oben, sondern in die Breite, ins Viele, in die Fremde.

- Es wurden Religionen der Belohnung und Strafe (von außen) erdacht. Die Menschen wurden wie dressierte Tiere kraft ihres Intellekts.
- Viele wurden eingebildet, aufgeblasen und eitel. Sie begründeten ein »falsches Ich«.
- Manche gaben sich morbider Introspektion hin, indem sie begannen, ihre Gefühle und Motive zu analysieren.
- Andere verausgabten ihre Kräfte für Vergnügen und ein scheinbares

* Diese These ist von P. Teilhard de Chardin aufgegriffen worden. Vgl. R. Lay, *Der Neue Glaube an die Schöpfung*, Olten (Walter-Verlag) 1971.

Glück. Das wahre Glück ist nur im Innen, nicht im Außen zu finden. Ideologien des äußeren Glücks wurden erdacht. Liberalismus und Marxismus gehören hierher.

- Nicht wenige wurden ihrer selbst überdrüssig. Sie verstehen sich selbst nicht mehr. Sie stellen Fragen nach dem Sinn, nach dem Wohin und Woher, nach dem Zweck des Lebens, nach dem »Wesen des Menschen«. Und da stößt der Intellekt an eine unüberwindbare Grenze. Alle Antworten *müssen* unbefriedigend sein. Die Folge ist Verzweiflung, Angst und Resignation. Hierher zählen alle philosophischen Systeme des Westens des 19. und 20. Jahrhunderts, die sich um die unbeantwortbare Frage bemühen: Wohin gehe ich, woher komme ich, wer bin ich?

Diese Probleme lassen sich nur auf einer höheren Ebene des Bewußtseins lösen. Yoga nennt zwei höhere Stufen des Bewußtseins:

Das Ich-Bewußtsein
Es beginnt mit dem Aufmerken auf die Realität des Ich. Das Ich ist von seinen Fähigkeiten, seinen Wünschen und Strebungen verschieden. Es ist »geistig«. Es ist unsterblich und unüberwindbar. Es ist Abbild des Absoluten und hat in manchem teil an ihm.

Jetzt verschwinden alle Zweifel, Ängste, alles Ungenügen und aller Mangel. Hier ist Friede, Verstehen und Kraft.

Das Ich untersteht nicht mehr den Rätseln und Fragen des Universums. Die Frage nach dem Sinn, dem Wohin und Woher wird unerheblich.

Der Mensch ist ein anderer geworden.

Die Inhalte dieses Bewußtseins sind nicht kommunikabel, weil es sich nicht auf Begriffe bringen läßt, nicht umgeben wird vom Begriffsbewußtsein. Dieses ist doch nur ein Werkzeug des Ich.

Dennoch besteht für den, der sein Ich erfahren hat, keinerlei Zweifel mehr, daß er eine neue Bewußtseinsstufe erreicht. Eine Verifikation aus der Lebenspraxis ist durchaus möglich. Das Leben wird menschlicher, wenn es frei ist von Angst, Ungewißheit, unbeantworteten Fragen …

Das kosmische Bewußtsein
Das kosmische Bewußtsein ist die höchste Entwicklungsstufe allen Bewußtseins. In ihm *weiß* (nicht »fühlt«) sich der Mensch eins mit dem All, seinem Leben, seiner Energie, seiner Fülle. Dieses Wissen ist nicht zu verwechseln mit dem »kosmischen Gefühl« mancher Neurotiker. Solches »Gefühl« ist Widerspiegelung eines Selbstverlustes, während

das kosmische Bewußtsein das Wissen (und zwar das höchste) des Selbstbesitzes ist. Auf der Stufe des kosmischen Bewußtseins erfährt der Mensch, daß sich das Bewußtsein des Universums in ihm sammelt.

Anfangs wird das erlebt als »Erleuchtung«, die nichts anderes ist als die Erfahrung des Sachverhalts der Einswerdung. Unzulänglich kann das vielleicht beschrieben werden als »Sein in der Gegenwart des Absoluten«. Das Ich erfährt sich in der geistigen Gegenwart von etwas, das größer ist als das Ich, ohne aber das Absolute verstehen zu können (oft wird die Nähe zum Absoluten nicht einmal als solche erfahren, sondern »nur« als Erfahrung der Nähe zu einem unendlichen Du).

Es kann sich diese Erfahrung artikulieren in den Worten: »Das muß Gott sein.« (»Gott« ist hier nichts anderes als ein Name für das personale Absolute, der von Religion zu Religion, von Sprache zu Sprache wechseln wird.)

Zu dieser Stufe können wir keine konkreten Übungen angeben. Die folgende Imaginationsmeditation (vgl. S. 247 f.) mag für viele eine hilfreiche Übung sein, diese Bewußtseinsstufe zu erreichen.

Zuerst aber muß das Gottesbild geläutert werden. Wir können hier nicht auf die verschiedensten Formen abartiger und infantiler Gottesbilder eingehen. Der interessierte Leser sei auf eine Darstellung verwiesen, die ich an anderer Stelle gegeben habe.* Auch muß zuerst die Stufe des Ichbewußtseins zureichend eingeübt sein. Werden die Übungen der ersten beiden Stufen des Mantra-Yoga beherrscht und längere Zeit geübt, wird sich das »kosmische Bewußtsein« einstellen können.

7. Stufe: Die Erfahrung der Höhen- und Tiefendimensionen des Bewußtseins

Das Bewußtsein ist als Ausdrucksvehikel des Ich sehr beengt. Das Dehnen des Bewußtseins geht im Yoga in zwei Richtungen – in Richtung auf das Überbewußtsein und in Richtung auf das Unterbewußtsein (beide zusammengefaßt als Unbewußtes oder wohl richtiger als »Außerbewußtsein«). Diese alte Yoga-Lehre (die schon fast 3000 Jahre alt ist) ist zunächst von der abendländischen Philosophie, dann auch von der Psychologie aufgenommen worden. Vermutlich erkannte als erster G. W. Leibniz (1646–1716) die entscheidende Rolle nicht bewußter psychischer Inhalte. J. G. Fichte (1762–1814) spricht von einer unbewußten Urtätigkeit des Ich, von einer bewußtseinslosen Anschauung des Dings. F. W. J. Schelling (1775–1854) behauptete »das ewige Unbewußte« als den absoluten Grund des Bewußtseins.

* R. Lay, *Zukunft ohne Religion?*, Olten (Walter-Verlag) [2]1974.

Heute wird auch von der Psychologie zumeist anerkannt, was alte Yoga-Weisheit schon immer wußte: Wenigstens 90 % unserer psychischen Tätigkeit gründen außerhalb des Bewußtseins. Das Bewußtsein schwimmt wie eine kleine Scheibe auf dem Ozean des Unbewußten, von ihm getrieben, geleitet und mitunter überschwemmt, ohne daß das Bewußte auch nur wüßte, wie ihm geschieht. Auch die berühmte Zensurinstanz, die den Inhalten des Unbewußten das Eindringen ins Bewußtsein verbietet, ist dem Yoga bekannt. Manches, was S. Freud darstellte und C. G. Jung ausführte, gilt als selbstverständliches Wissen.

Die heutige Metapsychologie beschäftigt sich jedoch hauptsächlich mit dem unterbewußten Aspekt des Unbewußten, während das Interesse des Yoga vor allem den überbewußten (rein geistigen) Inhalten gilt.

Es ist nicht notwendig, die Yoga-Lehre im einzelnen darzustellen. Sie ist in ihren wesentlichen Inhalten identisch mit der Lehre vom Unbewußten bei C. G. Jung. Auch für den Yogi ist es primäres Ziel der Meditation (und Askese), die unbewußten Inhalte (unter- und überbewußt) in Harmonie mit den bewußten zu bringen. Die von uns im vorhergehenden Kapitel vorgestellten Übungen der Aktiven Imagination können durchaus als Übungen des Mantra-Yoga verstanden werden.

8. Stufe: Erreichen der Sphäre des geistigen Überbewußten

Der Zustand des Überbewußtseins wird voll erreicht, wenn der Mensch sich eins weiß mit dem Einen, dem All, dem Leben schlechthin. Es ist das der Zustand des »kosmischen Bewußtseins«. Überbewußt ist aber auch schon das reine Ich-Bewußtsein. In diesen Bewußtseinszuständen erfährt das Individuum, wie und daß sich in ihm alle Erfahrungen (die eigenen, die der Menschheit, die des Lebens) wie in einem Brennpunkt sammeln.

Wie wird dieser Bewußtseinszustand erreicht? Yoga beschreibt dieses in der Theorie der »geistigen Schichten«.

1. Schicht: Das Leben der anorganischen Körper

Jedes Elementarteilchen ist belebt. Diese Behauptung ist nun nicht vordergründig panpsychistisch zu verstehen. Gemeint ist vielmehr, daß auch schon ein Elementarteilchen eine Emanation des Absoluten, des Lebens schlechthin ist, daß das Absolute in ihm wirkt (und es so belebt). Man kann also von einer Form des Enpantheismus (Lehre, nach der in allem Gott ist) sprechen. Das Prana als Ausdruck und Aussage des Absoluten wird wirksam. Aus Elementarteilchen werden Atome, aus diesen Moleküle. Die physikalischen und chemischen Bindungs- und Bildungsenergien sind nichts als Ausdruck des Prana.

2. Schicht: Das Vegetative
Der Einfluß des Prana führt notwendig zu Ausdrücken, die denen des Lebens zunehmend ähnlicher werden. Es entstehen Zellen mit ihren z. T. komplizierten Stoffwechsel- und Reproduktionssystemen. Es werden vegetative Systeme. Hierher gehört auch das vegetative Nervensystem des Menschen, das autonom gegenüber den eigentlichen Bewußtseinssteuerungen funktioniert. Es regelt Stoffwechsel, Blutdruck, Drüsentätigkeit, es steuert sensorische und motorische Funktionen des Körpers, es koordiniert die Organfunktionen. Alles das geschieht – wie auch die Prozesse der ersten Stufe in unserem Körper – unterbewußt (d. h., die Bewußtseinsschwelle wird nicht erreicht). Da aber auch die bewußten Prozesse an physiko-chemische Abläufe gebunden sind, ist auch die materielle Grundlage unseres Bewußtseins uns selbst nicht bewußt, bleibt unterbewußt.

Vielleicht kann man versuchen, die Ursache, die zum Aufbau und Bestand von Strukturen (Molekülen, Zellen, Organen, Organismen) führt, als *Strukturursache* von den eigentlichen Wirkursachen abzuheben. In der Strukturursache sammelt sich »Prana«, es manifestiert sich in ihr. Prana als Wirkursache mißzuverstehen, wäre ein naturwissenschaftliches Mißverständnis einer philosophischen Theorie. Prana ist zwar der energetische Grund des Wirkens, manifestiert sich aber vor allem in Strukturwerdung und -erhaltung.

3. Schicht: Das animalische Bewußtsein
Hier spielen die Ursachen von Emotionen (Liebe, Haß, Neid ...), Stimmungen (Optimismus, Pessimismus), Reflexen und Instinkthandlungen. Diese Ursachen sind zumeist unterbewußt, wie auch ihre Abläufe nur selten die Schwelle zum Begriffsbewußtsein erreichen. Sie sind weder ethisch »gut« noch »schlecht«, das werden Sie erst, wenn sie in einigen Aspekten das Filter, das Unterbewußtes von Begriffsbewußtem trennt, durchlaufen.

4. Schicht: Das Begriffsbewußtsein
Die Inhalte des Begriffsbewußtseins sind uns »bewußt«, wenn auch zumeist nicht klar. Die Produktionen des Bewußten sind uns aber zumeist in ihren Ursprüngen unbewußt (unter- oder überbewußt). So setzen wir verbale Strategien zumeist unbewußt ein. Nur die wenigsten Menschen wissen, wenn sie einen Satz sprechen, warum sie diese und keine anderen Worte wählten, warum sie die Worte nach welcher Syntax miteinander verbinden. So schwimmt denn auch unser Begriffsbewußtsein auf dem Ozean des Unbewußten.

5. Schicht: Das intuitive Bewußtsein
»Intuitiv« meint »unmittelbare Wahrnehmung oder Erkenntnis«. Intuitive Inhalte werden erfaßt, nicht aber als Ergebnis diskursiven Denkens gedacht (produziert). Die Intuition meldet sich meist nur in einem entspannten Feld zu Wort, indem alle Gefühle und alles rationale Denken zurücktreten. Die künstlerischen Ausdrucksweisen des Menschen, aber auch seine Religiosität, wurzeln im Intuitiven.

Schon für Sokrates war das Intuitive ein »göttliches Etwas«, das er daimonion nannte.

6. Schicht: Das kosmische Bewußtsein
Der Zustand des kosmischen Bewußtseins ist überbewußt und kann daher nicht adäquat auf der Ebene des Begriffsbewußtseins abgebildet werden. Ihn zu erreichen, ist Ziel aller Meditation. In ihm harmonisieren alle unbewußten und bewußten Inhalte miteinander. Diese Harmonie ist Abbild der Harmonie des Einen, des Alls, des Lebens, des Absoluten. Diese Harmonie wird – wie schon gesagt – als eine Form von »Berührung mit dem Absoluten« erfahren werden können.

Wir haben die Psychologie des Yoga nicht dargestellt in der Absicht, die akademische Psychologie zu bereichern. Doch auch sie sollte einsehen, daß viele Inhalte, die ihr erst in den letzten Jahrzehnten deutlich geworden sind, dem Osten schon seit vielen Jahrhunderten in Theorie und Praxis geläufig waren. Auch sollte man sich an der mitunter unbeholfenen Terminologie der Yoga-Psychologie stören. Sie will keine »wissenschaftliche Psychologie« (im westlichen Sinne) sein, sondern ist bare Gebrauchspsychologie für den Meditierenden.

9. Stufe: Die Erschließung des Unbewußten
Mantra-Yoga versteht sich selbst als eine Praxis und Theorie zur Bildung des Unbewußten (und Bewußten) vor dem Anspruch des Überbewußten. Es unterscheidet sich in wenigstens zwei wichtigen Thesen von den Inhalten westlicher Schulpsychologie:

- Der Intellekt (im Gegensatz zum Verstand) ist nicht beschränkt auf die bewußte Stufe mentaler Abläufe und Inhalte.
- Unbewußte Aktivitäten können durch den (trainierten) Willen beeinflußt werden.

Ausgangspunkt der Erschließung des Unbewußten ist im Yoga die Konzentration auf einen sinnlichen Gegenstand. Diese Konzentration geschieht in einem Zustand völliger körperlicher Entspannung. Nun beginnt das Unbewußte mit der Produktion von Bildern und Szenen, die nach einiger Übung als real erfahren werden. Nun sind die unbewußten Inhalte wenigstens ebenso real wie die bewußten, d. h., ihnen entspricht, oft symbolisch verschlüsselt, eine »eigentliche« Realität.

Hindernisse auf diesem Weg, zu brauchbaren Produktionen des Unbewußten zu kommen, sind

- willentlich ein Bild oder eine Szene gestalten oder deuten wollen,
- ungeduldiges Warten auf die Bilder und Szenen, die das Unbewußte produziert (anfangs werden sie nur sehr kurzlebig sein und gar nicht als Symbole von Realitäten erkannt werden),
- verwechseln von unterbewußten und überbewußten (intuitiven) Inhalten,
- konzentrieren auf imaginierte Bilder oder Szenen (die Konzentration gilt ganz einem »bewußten« Gegenstand).

2. Die Mantra-Meditation

a) Die Auswahl des Mantra

Suchen Sie ein wohklingendes zweisilbiges Wort, das in keiner Ihnen bekannten Sprache eine Bedeutung hat. Im Regelfall wird es sich um offene (mit einem Vokal endende) Silben handeln, damit das Wort, wiederholt gesprochen, einen harmonischen Silbenfluß erlaubt. Als Mantra könnten also Worte infrage kommen wie »kama«, »kila«, »muna«, »lumi«, »tamo«, »indri« . . . Legen Sie sich eine Liste von etwa fünf solcher Worte an, und wählen Sie das aus, das Ihnen das »beste Gefühl« vermittelt.

Üben Sie nun Ihr Mantra ein (und prüfen es zugleich auf seine Brauchbarkeit): Wiederholen Sie das Wort, es langsam (etwa alle 3 oder 4 Sekunden einmal) halblaut vor sich hinsprechend, und überzeugen Sie sich von seinem Wohlklang und seiner Fähigkeit zur harmonischen Kettung.

Sprechen Sie bitte nicht mit anderen über Ihr Mantra. Es besteht sonst die Gefahr, daß Sie das Mantra mit bestimmten Situationen (oft über unbewußte Mechanismen) assoziieren, die beim Aufsagen des Mantra immer wieder in Ihrer Erinnerung auftauchen oder Sie doch beeinflussen. Das wäre der Meditation schädlich. Wechseln Sie auch bitte nicht Ihr Mantra, es sei denn, es stellt sich heraus, daß es sich an eine feste semantische Bedeutung gebunden hat (wenn Sie etwa entdecken, daß es in einer Sprache, die Ihnen bekannt ist, doch eine Bedeutung hat), oder Sie entwickeln eine heftige Abneigung gegen das

Wort. Die Meditation sollte zu einer frohen Begegnung mit dem Mantra werden können.

b) Was ist die Aufgabe des Mantra?

Während der Meditation werden Sie Ihr Mantra innerlich aufsagen. Das »Aufsagetempo« sollte nicht zu schnell werden (niemals schneller als der Herzschlag). Normal ist etwa eine Folge von 3 bis 4 Sekunden. Das Mantra wird sich jedoch selbst eine Geschwindigkeit suchen. Sie kann bis zu einer Frequenz von 4 oder 5 in der Minute absinken.

Das Mantra-Aufsagen hat die Funktion, Sie in einem »außerwachen Bewußtseinszustand« zu halten. Dieser Bewußtseinszustand ist Ihnen wahrscheinlich bekannt (Sauna, Badewanne, vor dem Einschlafen, während des Autogenen Trainings, nach dem Beischlaf . . .). Meditieren ist nichts anderes als die »Technik«, diesen außerwachen Bewußtseinszustand herzustellen, für eine vorgegebene Zeit darin zu verweilen und dabei möglichst interessiert »zuzuschauen«, was sich an Erfahrungen, Erinnerungen, Bedürfnissen, Phantasien, Gedanken, Emotionen, Bildern und Farben einstellt. Nach einigem Üben werden Sie die drei Bewußtseinszustände deutlich unterscheiden können.

Bemerken Sie, daß Sie in den normal-wachen Bewußtseinszustand »aufgetaucht« sind und begonnen haben, nachzudenken, zu reflektieren, von Emotionen beherrscht zu werden . . . und dabei Ihr »Mantra« verloren haben, kehren Sie bitte wieder ruhig, gelassen und ohne sich zu ärgern zu Ihrem Mantra zurück.

Bemerken Sie, daß Sie in einen unter-bewußten Bewußtseinszustand »abgetaucht« sind (Dösen, Schlafen) und dabei Ihr Mantra »verloren« haben, kehren Sie bitte wieder ruhig und gelassen zu Ihrem Mantra zurück.

Schlafen Sie, obschon Sie keine »Meditationsfehler« (schlechte Meditationsvorbereitung, suboptimale Vorsatzbildung, ungeeignetes Mantra) gemacht haben, dennoch während der Meditation ein, ist auch das in Ordnung. Es zeigt, daß Sie ein Schlafdefizit haben.

c) Meditationshaltung, Meditationsdauer, Meditationshäufigkeit

Wählen Sie zur Meditation eine Haltung, die Sie 20 Minuten beibehalten können, ohne sich körperlich zu bewegen. Das ist für die meisten Europäer das Liegen auf dem Rücken. Beherrschen Sie eine andere Haltung (etwa einen Meditationssitz), sollten Sie diese wählen.

Meditationen sollten stets genau gleich lang sein. Es empfiehlt sich eine Dauer von (genau!) 20 Minuten (Mindestdauer 15 – Höchstdauer 30 Minuten) zu wählen. Um sie genau einzuhalten, wird man anfangs einen Wecker benötigen. Nach einiger Zeit werden Sie den Wecker nicht mehr brauchen, es sei denn, Sie wechseln Ihre Meditationszeit oder den Meditationsort (etwa in den Ferien oder wenn Sie aus den Ferien zurückkommen).

Während der Lernphase empfehlen sich drei Meditationen täglich, die stets an das gleiche Tagesereignis, nicht aber unmittelbar vor oder nach der Hauptschlafzeit gelegen, gebunden sein sollen. Möglich wäre etwa folgende Regelung. Nach dem Aufstehen Toilette machen und dann meditieren. 20 Minuten nach dem Mittagessen meditieren. Vor dem abendlichen Zähneputzen . . . meditieren.

Nach der Lernphase (außerhalb eines Meditationskurses meist wenigstens 14 Tage) sollten Sie wenigstens zweimal täglich zur gleichen Tageszeit (etwa morgens und abends) meditieren, da anders der Meditationserfolg nicht erreicht wird. Die Annahme, man habe zum Meditieren keine Zeit, ist insoweit unrichtig, als – zumindest nach der Einübungsphase – die Meditation in aller Regel eine solch intensive vegetative und psychische Regeneration mit sich bringt, daß sie zumindest gleichlange Schlafzeiten ersetzt.

d) Vorbereitung auf die Meditation

Sorgen Sie dafür, daß Sie nicht durch Ihnen geltende Geräusche (Anklopfen, Telefon, Hausklingel . . .) gestört werden können.

Stellen Sie sich vor Ihren Meditationsplatz, nehmen Sie bitte Haltung an und sprechen halblaut vor sich hin: »Ich will jetzt meditieren. Die Meditation dauert 20 Minuten (das ist die Regelzeit für eine Meditation). Mein Mantra heißt: › . . .‹«

e) Meditationsbeginn

Begeben Sie sich nun ruhig (in langsamer Bewegung) in Ihre Meditationshaltung. Liegen Sie beim Meditieren, achten Sie bitte auf folgendes:

- Lockern Sie Ihre Kleidung (Kragen, Gürtel). Ziehen Sie Ihre Schuhe aus. Bedecken Sie sich soweit, daß Sie nicht frieren. Die Unterlage kann ruhig hart sein (Teppichboden mit Decke), wenn Sie sie 20 Minuten liegend ertragen, ohne sich zu bewegen.
- Die Arme liegen leicht gespreizt vom Körper ab, so daß die Daumen nicht die Oberschenkel berühren. Die Handflächen liegen mit leicht gespreizten Fingern locker nach unten.
- Die Oberschenkel sind leicht gespreizt. Die Füße fallen locker nach außen.
- Der Kopf liegt flach auf (bitte, wenn möglich, kein Kopfkissen oder keine Nackenrolle verwenden). Er ist also leicht überdehnt.
- Die Augen sind geschlossen.

Nun entspannen Sie bewußt Ihren Körper (vor allem die Gesichts- und Nacken-Schulter-Muskeln). Beherrschen Sie das Autogene Training, können Sie mit der Schwere- und Wärmeübung beginnen (aber niemals weiter fortfahren!). Andernfalls versuchen Sie Ihren Körper möglichst entspannt wahrzunehmen, wie er auf der Liegefläche aufliegt: die Fersen, Waden, das Gesäß, der Rücken, die Arme und Hände, der Kopf. Da alle diese Körperteile den Boden mit einigem Druck berühren, ist diese Berührung auch wahrnehmbar. Konzentrieren Sie sich auf Ihr Atmen. Versuchen Sie, die Innenseite der Nasenlöcher wahrzunehmen, wie die Luft beim Atmen vorbeiströmt. Versuchen Sie sich – ohne Krampf – vorzustellen, daß nicht Sie atmen, sondern daß »es« atmet. Atmen geschieht.

Nach der Einübephase setzt mit Beginn der Meditation und der entsprechenden Vorsatzbildung die Entspannung oft »automatisch« ein. Dennoch besteht die Gefahr, nach einiger Zeit nicht mehr auf die Entspannung zu achten und unentspannt zu meditieren. Das ist zu vermeiden.

Jetzt beginnt die eigentliche Meditation mit dem Aufsagen des Mantra.

f) Meditationsende

Beenden Sie bitte die Meditation nach der vorgegebenen Zeit (nicht früher, aber auch nicht später). Bei »schön« verlaufenden Meditationen besteht die Versuchung, sie weiter fortzusetzen, bei »schwer« verlaufenden Meditationen, sie vorher abzubrechen. Beides ist sehr ungut.

Ist die vorgegebene Zeit verflossen, setzen Sie sich bitte langsam auf, bleiben Sie einige Zeit (etwa ein bis zwei Minuten) ruhig sitzen, gehen ebenfalls kurze Zeit langsam auf und ab und beginnen dann die geplanten Verrichtungen des Tages.

Müssen Sie nach der Meditation arbeiten, schwierige Verhandlungen führen oder gar eine komplizierte Maschine (Auto) bedienen, müssen Sie die Meditation ausdrücklich zurücknehmen. Das geschieht so:

- Nach Zeitablauf strecken Sie einige Sekunden lang den Körper, spannen alle Muskeln an, atmen tief ein und reißen die Augen auf.
- Stehen Sie ruhig auf, stellen sich gerade vor Ihren Meditationsplatz hin und sagen halblaut: »Ich habe meditiert. Die Meditation war gut. Sie ist jetzt beendet.« Wenn Sie religiös sind, können Sie ein kurzes Gebet anfügen.

g) Meditationsverlauf.

- Konzentrieren Sie sich bitte auf Ihr Mantra – und auf sonst nichts anderes. Vielen ist es anfangs hilfreich, sich das Mantra, in großen Druckbuchstaben geschrieben, optisch vorzustellen. Haben Sie das Mantra – aus welchen Gründen auch immer – verlassen, kehren Sie bitte wieder ruhig zu ihm zurück.

• Die Qualität der Meditation hängt nicht davon ab, ob und wie oft sie auf- oder abgetaucht sind und Ihr Mantra »verloren« haben.

Eine Meditation ist gut, wenn Sie a) die Vorbereitung sorgfältig ausgeführt, b) die vorgenommene Zeit durchgehalten haben und c) nach möglichem Verlust des Mantra wieder zu ihm zurückkehrten.

• Tauchen während der Meditation Erinnerungen, Phantasiebilder oder -szenen, Emotionen oder Bedürfnisse, Farbvorstellungen, Gedanken oder Wünsche auf, *beobachten* Sie sie bitte. *Es kommt darauf an, sie zu haben, ohne von ihnen gehabt zu werden.* Das ist anfangs vor allem schwierig etwa bei starken aggressiven Emotionen (Wut, Ärger, Zorn, Niedergeschlagenheit) oder bei Ängsten, die Sie entweder schon in die Meditation einbrachten oder die während ihr auftauchten. Sicher werden Sie anfangs noch von solchen Emotionen gelegentlich beherrscht werden. Brechen Sie bitte dennoch die Meditation nicht ab, sondern kehren – sobald als möglich – wieder zu Ihrem Mantra zurück. Das Ziel soll aber nicht aus dem Blick geraten: Früher oder später werden Sie alle Ihre Emotionen und Bedürfnisse beobachten (d. h. sie besitzen, ohne von ihnen besessen zu werden).

Gelegentlich können – auch in der Lernphase schon – »leere Meditationen« vorkommen, das sind Meditationen, bei denen sich keine Phantasien, Emotionen, Gedanken, Farben ... einstellen. Solche Meditationen sind zwar nicht schlecht, sollten aber nicht die Regel sein.

• Bitte versuchen Sie *niemals* irgendwelche Erfahrungen aus vergangenen Meditationen zu wiederholen oder auf eine solche Wiederholung zu warten. Man sollte während der Meditation nichts wollen, hoffen, ersehnen ... außer, daß die Meditation »gelingt«. Was damit gemeint ist, wurde schon ausgeführt.

• Vor allem zu Anfang werden Sie möglicherweise Störungen irritieren. Es ist aber normal, daß in der Umschaltphase von sympatikotonen zu vagotonen Zuständen des autonomen Nervensystems wie sie zu Beginn der Meditation eintreten, bestimmte vegetative Reaktionen auftauchen (Schluckreiz, Gliederzucken, einzelne Tiefatmung, Harndrang).

• Ebenso sind keineswegs ungewöhnliche Körperwahrnehmungen

selten (etwa das Gefühl, der Daumen berühre den Oberschenkel, ein Teil des Körpers oder der ganze schwebe).

• Störungen, die vom eigenen Körper ausgehen (Juckreiz, Hustenreiz, Gähnreiz) sollte man beobachten. Sie verschwinden meist bald wieder.

• Von außen kommende Störungen (Fliege auf Nase oder lärmender Nachbar) sind für Anfänger meist nur schwer zu beherrschen. Ehe Sie lernen, auch hier zuzuschauen und zuzuhören (also geschehen zu lassen), werden Sie zunächst möglicherweise erst Ihren Ärger geschehen und beobachten lernen müssen. Wenn auch das nicht möglich ist, verjagen Sie die Fliege.

• Bemerken Sie während der Meditation, daß sich Ihr Körper verspannt, entspannen Sie bitte nicht wieder bewußt, sondern »schauen« Sie der Verspannung, der Anspannung zu – beobachten Sie sie mit sachlichem Interesse.

• Vor allem während der Einübungsphase kann ein Meditationswiderstand auftreten, der sich als »Unlust« am Meditieren vorstellt und sehr verschieden rational (rationalisiert) begründet wird. Dieser Widerstand ist begründet in der »psychischen Trägheit«. Die Psyche versucht, den augenblicklichen (eventuell auch einen pathologischen) Zustand beizubehalten. Insofern die regelmäßige Meditation die psychische Struktur ändert, ist mit solchen Widerständen zu rechnen. Es kommt darauf an, diesen Mechanismus zu durchschauen und sich ihm nicht zu unterwerfen.

h) Nebenwirkungen

Vor allem zu Beginn der regelmäßigen Meditationspraxis ist mit folgenden Nebenwirkungen zu rechnen:

• Es kann eine Überempfindlichkeit gegenüber lauten Geräuschen ausgebildet werden.

• Die Sensibilität gegenüber Genußgiften (Alkohol, Nikotin, Koffein) steigt. Infolgedessen wird der Genuß solcher Drogen nach längerer Meditation nicht selten aufgegeben.

• Es kann, vor allem wenn die Meditation nicht regelgerecht »zurückgenommen« wurde, zu Zuständen »psychischer Umnebelung« und sekundenlanger Absenzen kommen. Da sich diese Zustände in der Regel nach wenigen Wochen legen, sollte das Meditieren nur dann aufgegeben werden, wenn sie auch nach etwa vier Wochen noch vorkommen. Jedoch ist bei der Bedienung komplizierter Maschinen auf diesen möglichen, wenn auch seltenen Effekt besonders zu achten.

• Pathologische Dispositionen können aktiviert werden. Aus diesem Grund ist das regelmäßige Meditieren auch bei nur geringem Verdacht auf eine latente psychische Störung *streng kontraindiziert*.

> Bitte beachten Sie unbedingt: Meditation ist ein erheblicher Eingriff in Ihre Psyche. Sie verändern damit deren Strukturen. Das ist bei einer gesunden Psyche ungefährlich, wenn Sie die erwähnten Regeln befolgen. Sollte Sie aber an einer der auf den Seiten 65–69 genannten Störungen leiden, dürfen Sie nur mit ausdrücklicher Zustimmung Ihres Arztes meditieren. Um alle Risiken zu vermeiden, sollten Sie an einem wenigstens 14 Tage dauernden Kurs bei einem ausgebildeten Meditationslehrer teilnehmen.

3. Zen-Meditation

Zen ist heute Mode geworden. Und das ist schlecht, denn kaum etwas paßt so wenig zum Zen wie Mode. Es gibt eine Fülle deutschsprachiger Literatur zum Zen – aber nur zwei Titel verdienen es, gelesen zu werden.*

Zen ist eine Sonderentwicklung buddhistischer Meditation, angepaßt an japanische Mentalität. Wenn man über die Übung des Zen zur Erleuchtung (satori), zu dem also kommen möchte, was im Yoga »kosmisches Bewußtsein« heißt, bedarf es zumeist vieler Jahre mühseliger, aber regelmäßiger Übung.

Zwar gibt es Autoren, die Zen als eine »psychische Übung ohne religiöse Wurzel« verstehen (dazu gehören berühmte japanische Zen-Meister), doch sollte man Zen religiös interpretieren: Es ist eine (für einen Christen kaum akzeptable) Lehre von der Selbsterlösung des Menschen. Zwar scheint Mantra-Yoga auf den ersten Blick etwas Ähnliches zu sein – doch nur auf den ersten Blick. Yoga ist völlig undogmatisch, kann also jedem dogmatisch sich artikulierenden »religiösen System« angepaßt werden, während die absolute Leere des Zen viel weniger anpassungsfähig ist und nicht – wie auch immer – dogmatisch gefüllt werden darf. Zen ist Einübung des Nirwana, der Erlösung von allen Leiden.

Die Religiosität der Veden, der das Yoga entstammt, war kaum dogmatisch fixiert, durch die Entwicklung zum Hinduismus und erst recht durch die Reform des Gautama Buddha wurde sie dogmatisch gefüllt. Und der Buddhismus fand, vermischt mit manchen mongolischen Geisteshaltungen und Lebenserwartungen, seinen Niederschlag im Zen (vgl. Seite 21). *Ruth Suzuku* schreibt:

> Vor allen Dingen ist Zen eine Religion. Seit Zen im Westen bekannt wurde, hat man die verschiedenartigsten Aspekte hervorgehoben: Zen sei eine Art von natürlicher Mystik, eine Art von Existentialismus oder Psychotherapie, eine Lehrart, in der Stockhiebe und Rätselfragen als Lehrmittel benutzt werden, Zen befürworte ein Leben in Bescheidenheit und Zurückgezogenheit, dessen Haupttätigkeit die Meditationsübung sei ... Aber seinem Wesen nach ist Zen eine Religion. Alle übrigen Eigenschaften oder Aspekte, die es daneben haben mag, haben alle ihren Ursprung in der besonderen Art von Religion, die Zen darstellt.

* H. M. Enomiya, *Zen-Buddhismus*.Köln (Bachem) 1966. Ph. Kapleau, *Die drei Pfeiler des Zen*, Zürich und Stuttgart (Rascher) 1969.

Ein Christ kann nicht unbesehen Zen übernehmen und praktizieren, ohne auf die Dauer »buddhistisch« *gestimmt* zu werden. Wenn schon nicht die Theologie, so übernimmt er doch implizit die Philosophie und Anthropologie des Buddhismus.

Zen wird nicht gemacht, sondern macht. Zen ist ein Lebensvollzug. So ist er weniger eine Meditationsform als ein religiöser Vollzug (Ph. Kapleau). Andererseits hat sich im Zen auch eine Form der Tiefenmeditation entwickelt, von der wir technisch einiges lernen können.

Zen ist nicht leicht zu leben, Zen-Meditation nicht leicht zu lernen. Um nach der Zen-Methode fruchtbar meditieren zu können, muß man aber Zen leben.

Die Zen-Meditationen zeichnen sich dadurch aus, daß kein Thema oder Stoff zur Meditation vorgelegt wird. Es gibt also auch keinen Imaginationsweg wie beim Yoga. Das bringt eine erhebliche Schwierigkeit mit sich:

Der Meditierende muß lernen, einerseits einen außerwachen Zustand zu erreichen und beizubehalten, ohne daß ihm andererseits ein Meditationsthema gegeben wäre.

Der Übende wird sich – vor allem anfangs – immer wieder dabei entdecken, daß er den außerwachen mit einem unterwachen Zustand (Dösen, Tagträumen . . .) vertauscht. Da sich diese Änderung meist an einem Zusammensinken des Oberkörpers bemerkbar macht, ist sie zu erkennen. Ein Stockschlag soll den Übenden darauf aufmerksam machen, daß er den Zustand der Außerwachheit wiederherstellen soll.

Eine zusätzliche Schwierigkeit ist für den Anfänger gegeben: Er soll ohne Vorgaben (außer Konzentration auf ein Kôan, das Atmen, das Sitzen) den außerwachen Zustand erreichen. Ich kenne Übende, die täglich eine Stunde übten und doch nach einem Jahr noch nicht in der Lage waren, einen außerwachen Meditationszustand für einige Zeit durchzuhalten.

Das macht auch deutlich, daß es im Zen nichts zu »verstehen« gibt. Wenn wir von Zen als einer Religion sprachen, wurde schon deutlich, daß Zen keine »Religion« im europäischen Sinn ist. Es ist vielmehr ein intensives Suchen nach Wahrheit, die letztlich nur über Za-Zen (Za = Sitzen), d. h. über Zen-Meditation erfaßt werden kann. Das theologische Zentrum des Zen läßt sich mit wenigen Sätzen vielleicht so formulieren: »Alles, was ist, ist heilig. Die Heimat ist die Leere.« Sicherlich können diese Sätze nicht als Kernsätze einer christlichen Theologie gelten, doch können sie als »auch« wahre Sätze theologisch interpretiert werden.

Das Ziel des Zen (und vor allem seiner Meditationsmethode, dem »Sitzen«) ist die Schau des eigenen Selbst, die nicht mehr verbal zu definieren ist und auch nicht im Begriffsbewußtsein repräsentiert werden kann. So bemerken manche Menschen, daß sie zum satori (zur Erkenntnis des eigenen Selbst als einer absoluten Wirklichkeit oder einer Wirklichkeit des Absoluten) gekommen sind, wenn sie plötzlich die Farben schöner und kräftiger sehen, die Vögel herrlich singen hören . . . Dennoch ist satori eine eigentliche »Erleuchtung«. Mitunter ist es von starken vegetativ gesteuerten Prozessen (Lachanfälle, heftige Schweißausbrüche) begleitet.

Dann aber wird satori zu einer Lebenshaltung. Es wird sehr verschieden theoretisch gedeutet: D. T. Suzuki spricht von einer »Einsicht in das Unbewußte«, C. G. Jung spricht von einer »Erlösung des Unbewußten«, H. v. Bennoit behauptet in ihm die »Integration oder Realisation des Menschen in seiner psychischen Ganzheit«, D. Langen meint, daß die »Umschaltung« auf Tiefenerfahrung zu einem »Erreichen eines neuen Blickpunktes für die Einsicht in das Wesen der Welt« mit sich bringt . . .

Das Ziel (satori) kann schon nach wenigen Jahren täglicher Meditation erreicht werden, es ist aber auch möglich, daß es Jahrzehnte dauert oder gar nicht erreicht wird. Mitunter ist ein satori auch recht schwach, so daß es seine lebensumgestaltende Funktion nicht entwickeln kann.

Nehmen wir alles zusammen: Es läßt sich behaupten, daß Zen der schwierigste Weg ist, das Meditationsziel zu erreichen.

Da die Japaner ein Volk von größtem ästhetischem Ausdrucksvermögen sind, entwickelten sie aus der »Weltanschauung« des Zen – oft auch als Folge längerer meditativer Mühen – eine Reihe eher »handwerklicher« Praktiken, die ebenfalls legitimer Ausdruck des Zen sind:

- Das Bogenschießen aus der Mitte gelenkt (dabei kommt es nicht auf genaues Hinsehen, nicht auf kräftige Armmuskeln an; der Pfeil erreicht sicher sein Ziel auf Grund einer inneren Stimmung und Konzentration).
- Das Blumenstecken (Ikebana) (es entstehen so aus der Haltung des Zen Arrangements von großer Schönheit und symbolischer Tiefe).
- Die Tuschmalerei (es entstehen meditative Bilder, die als einfarbige Kompositionen mit wenigen Pinselschwüngen auf Seide oder Papier gebracht werden; sie sind reine Übertragung geistiger Zustände in materielle Formen).

- Die Teezeremonie (in ihrer strengen Einfachheit ist sie ebenfalls Ausdruck des Zen).

Da auch viele Europäer von diesen »Kunstfertigkeiten« angesprochen werden, steht zu vermuten, daß Zen nicht nur die asiatische Mentalität wiedergibt, sondern auch etwas einfaßt, das allen Menschen gemein ist.

Einige Merkmale des Zen

Zen ist eine »schweigende« Meditation. Sitzen, Schweigen (äußeres und inneres), Atemregulierung und -konzentration und eine von Europäern nur selten aufzubringende Geduld gehören zum Zen ebenso dazu wie der feste Wille, zum satori zu gelangen.

Die Stimmung in Einheit
Unser europäisches Denken vollzieht sich zumeist binär, d. h. wir wollen auf jede Frage eine Ja- oder Nein-Antwort geben. Eine solche »dualistische Spaltung« des Denkens will Zen überwinden (ja hat diese Überwindung zur Voraussetzung). Die Einstimmung auf das »Nicht-Zwei«, das Eine, das Übergegensätzliche, das als Sein oder als Nichts, als Fülle oder Leere erfahren werden kann, ist dem Zen wesentlich. Der »Sutra Vimalakriti« nennt u. a. Werden und Vergehen, Reinheit und Unreinheit, Sünde und Tugend, Weltlichkeit und Transzendenz, Wissen und Nichtwissen, Verweilen und Aufbruch, Haben und Nichthaben, Wirklichkeit und Nichtwirklichkeit als Beispiele solcher Gegensätze, die im Zen zur Einheit verbunden werden. Gegensätzliches Denken spaltet den Menschen, während es Zen vor allem auf die Behebung solcher Spaltung ankommt. Das logische, spaltende Denken muß also aufgehoben werden.

Daß die Aufgabe des logischen Denkens grundsätzlich möglich ist, zeigen Drogenexperimente (Meskalin, Psilocybin, LSD ...). Das Ich wird dabei aufgelöst, die rationale Kontrolle entfällt ebenso wie das Bewußtsein vom rationalen Selbstbesitz. Ebenso will Zen solche außerlogischen Bewußtseinszustände vermitteln – und das nicht als Ziel, sondern als Voraussetzung, das Ziel zu erreichen. Damit verbunden ist als weiteres Merkmal:

Das Lösen aus allen Bindungen
Der Mensch geht zahllose Bindungen ein, Bindungen an Vorstellungen, Glaubensüberzeugungen (seien sie nun religiös oder nicht), Bindungen an Werte und Normen, Bindungen an andere Menschen (so-

ziale Bindungen), Bindungen an Verpflichtungen, Hoffnungen, Streben, Gewohnheiten ... Wir alle sind in nahezu allen unseren Dimensionen unserer Leiblichkeit, unseres Verstandes und Wollens, unseres Fühlen und Ahnens fixiert und unfrei geworden. Das schein-aktive Leben ist ein Leben aus solchen Zwängen und Nötigungen. Auf dem Wege zum satori müssen alle diese Bindungen relativiert werden, müssen in Frage gestellt, gelockert – und zum guten Teil aufgegeben werden. Die Spannung des Lebens zwischen Vergangenheit und Zukunft muß aufgehoben werden durch das Leben in reiner Gegenwärtigkeit. Dies aber kennt keine Unfreiheiten, keine Zwänge, keine Bindungen.

Die Einigung mit dem überindividuellen Sein
Löst sich der Mensch aus allen Bindungen, überhebt er sich des Denkens und Mutens in Gegensätzen, verliert er zugleich auch seine individuelle Sonderung, die letztlich nichts anderes ist als das Bündel von Erfahrungen ... Denknötigungen ... Er ist nicht mehr denkendes, fühlendes, handelndes Einzelwesen, sondern wird aufgehoben in die Einheit, die alles ist. Das ewige, aber sich stets wandelnde Sein wird zu einer unbeschreibbaren, ja unfaßbaren, keinesfalls einer individuellen Erfahrung.

Das Sitzen (Za) als Weg zur Erfahrung
Da Buddha durch das bloße Sitzen, unter Ausschaltung aller Gedanken und Gefühle, zur »Erleuchtung« kam, gilt das Meditieren im Sitzen als »heiliges Tor des satori«.

Das richtige Sitzen heißt parynka. Die Wirbelsäule (und damit der Oberkörper) ruht in sich. Der Schwerpunkt soll möglichst niedrig liegen (also Sitzen auf dem Boden), die Gliedmaßen sollen nicht nach außen weisen (also Zusammenlegen der Hände und Kreuzen der Beine). Nur in dieser Haltung läßt sich lange unbewegt (im Zen oft über mehrere Stunden) sitzen.

Das richtige Atmen ist ebenso wichtig, weil der Anthropologie des Zen die Atmung als Vermittlungsinstanz zwischen Körper und Psyche gilt.

Reine Zwerchfellatmung ist notwendige Voraussetzung. Ohne daß es intendiert würde, wird während der Meditation die Atmung tiefer und regelmäßiger. Wie auf das Sitzen kann man sich (vor allem anfangs) einfach auf das Atmen konzentrieren (vgl. Seite 115f.).

Die richtige geistige Haltung ist die der völligen Leere von Denken und Gefühl. Zen wird nicht durch Zuhören, nicht durch Sehen vermittelt, seine Meditation ist reines, konzentriertes Sitzen in völligem inneren und äußeren Schweigen.

Die Erfahrung als Weg zur Einsicht
Wir Europäer sind zumeist der Meinung, daß Verstandestätigkeit Einsichten vermittle. Solche Einsichten werden vom Zen als unwesentlich zurückgestellt. Theorien, Lehren, Doktrinen gelten im Zen als wesenlos und unbedeutend, da man sie bestreiten kann, weil sie der Ort nicht nur der Vielheit, sondern auch der Entzweiung sind. Eigentliche Erfahrungen aber sind über jeden Zweifel erhaben. Da sie sich nicht verbalisieren lassen, kann man sie auch nicht zur Grundlage eines philosophischen oder theologischen Systems machen.

Dennoch geht dieser Erfahrung eine rationale Disposition voraus. Man kann sie vielleicht in drei Thesen zu fassen versuchen:
- Es gibt eine transrationale Erfahrung, in der der Mensch in seinem Wesen aufgeht.
- Es gibt Zwänge und Nötigungen (des Denkens und Fühlens ...), die den Menschen von seinem Wesen trennen.
- Es gibt einen Weg, der aus der Verstelltheit zur Erfahrung des Wesens führt, und der heißt Zen.

Das Ichhaben aber muß zuerst zerstört werden (ähnlich wie in der »Gehirnwäsche«), ehe der Weg zum Wesen beschritten werden kann. Alles, worauf der Übende bislang seine Sicherheiten, sein geistiges Besitzen, sein Vermögen, sich sozial zu orientieren, stützt, muß aufgegeben, ausgelöscht werden. Sicheres Wissen gibt es im Zen nicht. Fragen, die aus der Überzeugung sicheren Wissens gestellt werden, werden mit sinnlosen Antworten bedacht.

Innere Spannung und Bewußtseinsleere als Mittel zur Konzentration
Unsere Techniken der »konzentrierten Selbstentspannung« (etwa im Autogenen Training) entsprechen nicht dem Zen. Zen sucht Konzentration und Meditation anders: Das Sitzen (Za) ist nicht entspannt, sondern höchste Anspannung. Es wird auch nicht aktiv imaginiert, sondern allenfalls rein passiv. Das Interesse wird auf das Leere gerichtet.

Richtungen in Zen

Zen umgreift drei verschiedene Schulen, kommt in ihnen zur Praxis:
- Sôto (Konzentration aufs Sitzen),

- Rinzai (arbeitet stets mit Kôans) und
- Obuku.

In Japan sind vor allem die ersten beiden verbreitet. Sôto ist im Westen noch recht unbekannt, da es vor allem Rinzai-Lehrer waren (Buddhisten, Christen), die Zen im Westen lehrten. Sie unterscheiden sich – für uns nicht sonderlich erheblich – in den verschiedenen Lehren von der Bedeutung der »Kôans« und der Konzentration auf das Sitzen. Wir werden in einem Exkurs zu diesem Kapitel solche Kôans vorstellen.

Physiologische Wirkungen des Za-Zen

Za-Zen, die Meditation im »Sitzen«, hat u. a. folgende physiologische Wirkungen:
- Die Atemfrequenz sinkt, das Atemvolumen steigt, der Grundumsatz sinkt.
- Das EEG zeigt diese Veränderungen:

Zu Beginn der Meditation dominieren Aktivitätswellen. Nach wenigen Minuten treten Alphawellen verstärkt auf, nach zehn Minuten zeigen sich Alphawellen mit vergrößerter Amplitude, nach etwa 30 Minuten erscheinen in regelmäßigen Abständen rhythmische Wellen von 7 bis 8 Hz. Dieser Befund zeigt, daß Za-Zen einen nicht unerheblichen Eingriff in den Energie- und Hirnstoffwechsel besorgt. Es ist also in *jedem Fall* anzuraten, ehe man sich ernstlich mit Zen-Meditation beschäftigt, einen Arzt zu konsultieren.

Die Zen-Meditation

Da Zen nicht an Inhalten orientiert meditiert, können (und müssen) wir uns hier auf die Darstellung der technischen Außenseite beschränken.

Subjektive Dispositionen

a) Für den Za-Zen ist nicht jedermann geeignet. Vor allem ist eine psychische Robustheit gefordert, die über die psychische Gesundheit hinausgeht, die für alle Meditationsübungen zu fordern ist, Neurotiker (mit Neurosen verschiedenster Genese und Symptomen), Psychotiker, vegetativ gestörte Menschen, sind von der Zen-Meditation auszuschließen.

a) Es muß eine religiöse Haltung gegeben sein, die die Realität eines Absoluten akzeptiert, das keinerlei Vergänglichkeit unterworfen ist. Christen sind nicht grundsätzlich von Za-Zen auszuschließen, da sie diese Disposition allgemein mitbringen. Doch wird das Verlassen von bisher übernommenen religiösen Vorstellungen gefordert. *Meist* wird jedoch bei weiterem Übungsverlauf die Kindheitsreligiosität, wenn auch geläutert und gefüllter, wieder realisiert.

c) Man muß sehr viel Mut, Energie und Geduld mitbringen, die notwendig sind, etwas durchzuhalten, Tag um Tag, das erst – vielleicht – nach Jahren Erfolg haben wird. Das kensho, das Sehen des eigenen Wesens, die Selbsterkenntnis, stellen sich meist zureichend deutlich nach vielen Jahren Übens ein (da sind andere Techniken leichter und schneller erfolgreich). Einige nützliche Ergebnisse, wie gesteigerte Konzentrationsfähigkeit, größere Gelassenheit, gerechtere Aktivität ... können schon nach einigen Wochen oder Monaten erreichbar sein, wenn man wirklich täglich angestrengt übt.

d) Da Zen nicht nur eine Meditationsweise (oder gar Meditationstechnik) ist, sondern vielmehr eine Lebenshaltung, in die Meditationen eingebettet sind, die sich in Meditationen sammelt und kristallisiert, muß man auch alles, was man außerhalb der Meditationszeiten tut, mit möglichst wachem Bewußtsein und ungeteilter Aufmerksamkeit tun. Die Forderung ist eine elementare Voraussetzung allen Meditierens (vor allem aber des östlicher Herkunft).

Wer nicht einmal weiß, wie er geht, wer niemals alle Fasern seiner Hand gespürt hat, wer sich keiner Sache mit *ganzer* Aufmerksamkeit hingeben kann, sollte erst gar nicht mit Za-Zen beginnen. Sicher wächst mit der Übung des Za-Zen die Fähigkeit, auch scheinbar unwichtige Dinge zu sehen, zu bemerken, zu beachten, doch sollte die Fähigkeit schon vor dem Eintritt in die eigentliche Übungsphase wenigstens ansatzhaft entwickelt sein.

e) Der Übende muß bereit sein, sich von sich selbst abzulösen, nicht an sich zu denken, nicht in Gedanken um sich zu kreisen. Er muß also alle Formen von Egozentrik, wie sie sich etwa im Geist des Habens (von materiellen oder ideellen Gütern oder Werten) ausdrückt, ablegen. Auch hierzu muß am Anfang zumindest die ernsthafte Bereitschaft mitgebracht werden.

f) Der Übende muß unbedingt ein Leben führen, wie es etwa von den zehn mosaischen Geboten eingefordert wird. Wer nicht bereit ist, ein Leben strengster äußerer Disziplin zu führen, wird beim Za-Zen (ja auch beim Zen überhaupt) niemals über Scheinerfolge hinauskommen. Hierher gehören auf jeden Fall Beherrschung des Geschlechtstriebes, des Nahrungstriebes, des Ehrtriebes, doch auch die Fähigkeit, nicht auf Lob und Anerkennung verwiesen zu sein.

Objektive Dispositionen
Za-Zen schreibt eine Reihe von äußeren Bedingungen vor, die erfüllt sein müssen, damit eine Meditation sinnvoll wird.

a) *Ort.* Der Meditationsort muß ruhig gelegen sein. Vor allem abrupte Geräusche und menschliche Stimmen stören die Konzentration so erheblich, daß eine Zen-Meditation für den Anfänger unmöglich ist.

Der Ort sei nicht zu stark geheizt. Im Winter sind leicht unterheizte Räume vorzuziehen.

Man setze sich etwa 60 bis 90 cm von einer bloßen Wand nieder. Im Rinzai ist es jedoch üblich, da mehrere Menschen an einer Meditation teilnehmen, die einander gegenüber sitzen, vor sich »nichts« zu imaginieren. Das ist zu Anfang meist eher störend.

Der Raum sollte leicht abgedunkelt sein, aber nicht ganz finster.

b) *Kleidung.* Die Kleidung sei leicht und locker. Ein Trainings- oder Schlafanzug hat sich bewährt. Auf keinen Fall darf eine Hose im Schritt oder an den Knien spannen. Auch darf der Hosenbund nicht zu eng sein (entweder tiefbündige Jeans oder Hosenträger tragen), damit die Zwerchfellatmung nicht behindert wird. Wenn es warm genug ist, sollte man sich der Schuhe und Strümpfe entledigen. Brillenträger sollten ihre Brille absetzen, denn es gibt ja nichts zu sehen.

c) *Ernährung.* Die Mahlzeiten sollten einfach und nicht reichlich sein. Doch kann auch ein ausgesprochenes Gefühl des Hungers stören. Alkohol ist zu meiden.

d) *Zeitpunkt.* Es ist wichtig, die Meditation regelmäßig zu möglichst genau derselben Tageszeit zu machen. Günstig sind die Morgenstunden oder Abendstunden, falls man sich noch zureichend konzentrieren kann.

Häufiger Wechsel der Meditationszeiten führt dazu, daß eine Meditationsstimmung erst gar nicht aufkommt, man somit das Meditieren bald nur noch sporadisch übt und endlich ganz aufgibt.

Die Einstimmungsphasen und Zeiten des Ausklingens dauern bei der Zen-Meditation etwa je zehn Minuten. Sie sind peinlich genau einzuhalten. Die Meditation muß in einem entspannten äußeren Rahmen stattfinden: ganz ohne Zeitdruck und ohne innere emotionale Stimmungen (wie Sorge, Empörung, Unrast ...).

e) *Sitzen.* Für die Zen-Meditation ist eine Sitzhaltung *vorgeschrieben*, bei der der Oberkörper in sich selbst ruht (vgl. Seite 93 f.). Sie sollten also das Sitzen beherrschen, ehe Sie mit der eigentlichen Zen-Meditation beginnen.

f) *Blick.* Die Augen sind halb geöffnet. Sie schauen auf einen Punkt, der etwa ein Meter vor den Knien liegt (d. h. die Blickrichtung weist etwa in einem Winkel von 45° nach unten). Sorglichst ist darauf zu achten, daß der Kopf genau über dem somatischen Schwerpunkt bleibt und nicht gesenkt wird. Der Punkt wird nicht – wie bei einigen Yoga-Übungen – fixiert, sondern nur ruhig angeschaut. Die Konzentration wird also nicht über optische Fixierung erreicht.

g) *Konzentration.* Die Sitzhaltung ist nicht Selbstzweck, sondern stützt u. a. die Konzentration, die es vor allem zunächst zu lernen gilt. Anfangs wird die Konzentration scheinbar gestört durch aufkommende Gedanken oder Bilder (als Symbole unbewußter Produktionen). Lassen Sie sie vorüberziehen. Und sollten Sie »Gott sehen«, beachten Sie ihn nicht. Nichts, was so passiv imaginiert wird, ist wichtig.

Beunruhigt Sie ein Gedanke, ein Bild, eine Vorstellung, sollten Sie ihn notieren – meist wird man ihn dann schnell wieder los. Deshalb sollte auch ein Schreibgerät (Zettel und Schreiber) griffbereit parat liegen und benutzt werden können, ohne daß die Sitzhaltung aufgegeben wird. Za-Zen stellt verschiedene »Mittel« bereit, um die Konzentrationsfähigkeit, besonders die Fähigkeit, sich auf nichts zu konzentrieren, zu steigern:

- Das Atemzählen. Sie konzentrieren sich ganz auf das Atmen (nicht auf die Atemtiefe, sondern auf den Atemrhythmus) und beginnen jedes Aus- und Einatmen zu zählen (bis zehn, dann wieder von vorn mit eins). Später zählen Sie nur noch beim Ausatmen, dann nur noch beim Einatmen.
- Das innere Verfolgen des Atmens. Sie konzentrieren sich ganz auf das Einströmen und Ausströmen der Atemluft und geben sich völlig dem Atemrhythmus hin. Dabei sollen Sie soweit kommen, daß Sie das Gefühl haben, »es atmet« (und nicht »ich atme«).
- Das Kôan. Ein Kôan ist eine antinomische Aussage oder Frage, die rational nicht bewältigt werden kann. Wir werden im Anhang zu diesem Kapitel einige klassische Kôans vorstellen. Die japanischen Zen-Meister besitzen ein Repertoir von etwa 500 Kôans. Das Kôan wird dem Übenden vom Meister gegeben, es soll der individuellen Disposition entsprechen. Im Sôto wird meist auf die Verwendung von Kôans verzichtet.

Das Kôan begleitet nun das Denken nicht nur während der Meditation, sondern den Übenden bei Tag und Nacht. Mit allen Kräften soll er versuchen, das Unlösbare zu lösen, das Unverständliche zu verstehen, damit das Denken darüber zur Ruhe und endlich zur Aufgabe kommt.

Man versuche, das Kôan geistig zu durchdringen. Da es keine rationale Auflösung hat, werden diskursive und kausale Denkoperationen verdrängt und aufgehoben, um endlich ganz zu verschwinden. Die Konzentration auf das Rätsel im Kôan kann wachsen bis zur völligen geistigen Klarheit jenseits aller Rationalität.

- Shikantaza. Gemeint ist die Konzentration allein auf das Sitzen. Alle gedanklichen Hilfsmittel (Zählen, Kôans) fehlen. Shikantaza ist recht anstrengend und will lange geübt werden. Diese vierte Konzentrationsweise wird durch die vorhergehenden vorbereitet. Vor allem im Sôto ist Shinkantaza das Ziel aller vorhergehenden Konzentrationsübungen.
  Macht man Shikantaza richtig, ist man anfangs nach einer halben Stunde völlig erschöpft. Viele Übende geraten dabei ins Schwitzen. Ist der Zustand der Erschöpfung erreicht, sollte man die Meditationsübung abbrechen.

Zen-Meditation ist also die Realisierung von bestimmten subjektiven und objektiven Dispositionen.

Exkurs: Kôan – Schranke ohne Tor

Wir wollen aus der Sammlung des Meisters Wu-men* einige Kôans vorstellen. Schon der Titel seiner Sammlung »Mumonkan« (Schranke ohne Tor) enthält ein Kôan:

1. Kôan

Nicht-Tor bedeutet, daß alle Menschen eintreten können. Wenn aber Nicht-Tor, wie kann man dann hindurchgehen?

Das Kôan läßt sich nur begreifen, wenn man die Schranke ohne Tor überschreitet. Das kann man aber nur, wenn alles bewußte Denken ausgeschaltet wird. Dem Kôan fällt die Aufgabe zu, den Geist für den Durchbruch durch die rationalen und emotionalen Schichten vorzubereiten. Es bricht die Grenzen der im rationalen Denken eingefangenen Psyche auf.

2. Kôan

Ein Mönch fragt Chao-chou: »Hat auch ein Hund die Buddha-Natur?«

Chao-chou antwortete: »Mu.«

»Mu« bedeutet im Zen das über Bejahung und Verneinung hinausliegende Absolute (wörtlich: »Nichts«). »Versenke dich in das Wort ›Mu‹! Trage es bei dir

* Mumonkan. *Die Schranke ohne Tor*. Meister Wu-men's Sammlung der achtundvierzig Kôan. Mainz 1975.

Tag und Nacht! Verstehe es nicht als leeres Nichts oder als Nichts in bezug auf das, was ist. Wirf alles bisherige Wissen und alles Erlernte hinweg. So kommt es nach geraumer Zeit von selbst zum Zustand innerer und äußerer Einheit. Es ist wie der Traum eines Stummen. Er kann es nur selbst wissen.«

Für einen Monotheisten kann das Kôan so abgewandelt werden: »Ist Gott auch in dem Hunde? – Nichts!«

3. Kôan

Ein Mann ist auf einen Baum gestiegen. Mit dem Mund hält er sich an einem Ast fest. Seine Hände können keinen Zweig greifen, seine Füße können nichts berühren. Da fragt ihn jemand nach dem Kommen Gottes. Wenn er nicht antwortet, wird er der Frage nicht gerecht. Antwortet er, stürzt er ab und stirbt. Wie kann er die Frage beantworten?

Das Kôan macht die psychologische Situation des Menschen deutlich: Die Ausweglosigkeit in verzweifelter Lage. Alle Worterklärungen sind der Nutzlosigkeit überführt. Die Antwort führt zur höchsten Freiheit jenseits von Leben und Tod. Mag deine Beredsamkeit einem Fluß gleich dahinfließen, es nutzt nichts.

4. Kôan

Einst bat ein Mönch den Meister: »Ich bin gerade erst ins Kloster gekommen. Zeige mir den Weg!« Der Meister sprach: »Hast du schon deine Reissuppe gegessen?« Der Mönch erwiderte: »Ich habe meine Reissuppe gegessen.« Der Meister sprach: »Geh und wasche deine Eßschale.«

Die Erleuchtung wird in allen Dingen des Lebens gefunden. Das Kôan scheint einfach, wird aber nur selten gemeistert. Es geht um das Paradox des Alltäglichen, das am allerungewöhnlichsten ist, wenn man es nur einmal mit wachen Augen sieht. Gerade das Gewöhnliche, Selbstverständliche ist oft nur schwer zu begreifen.

5. Kôan

Der Meister fragt einen Mönch: »Ein Mann hat wohl hundert Wagen verfertigt. Nimmt man die beiden Räder weg und entfernt die Achse, was wird dann offenbar?«

Solange der Verstand in Teile zerlegt und Stück um Stück zusammensetzt, geht er in die Irre. Der Wagen steht für das Ganze, die Räder stellen den Dualismus der Erscheinungswelt vor, die Achse bedeutet den Kern, das Prinzip der Einheit. Es genügt nicht, die Räder zu entfernen (d. h. alle gegensätzlichen Begriffsstimmungen auszuräumen), sondern es muß auch der Einheitsbegriff (und damit jeder Begriff) aufgegeben werden. Solange der Einheitsbegriff besteht, wird das begriffliche Denken immer wieder Räder an die Achse setzen. Was aber ist der Wagen, wenn Räder und Achse fehlen?

6. Kôan

Einst bat ein Mönch den Meister: »Ich bin einsam, arm und durstig, hilf mir.« Der Meister antwortete: »Einer hat drei Glas Wein getrunken, sagt aber, er habe seine Lippen nicht angefeuchtet.«

Gemeint ist hier die Begegnung zweier Meister. Der Fragende will den Befragten prüfen und stellt eine »Räuberfrage«. Seine Armut ist die derer, die sich von allem befreit haben und nichts und damit alles besitzen. Das Zwiegespräch endet unentschieden.

7. Kôan

Der Schüler fragt den Meister: »Was ist der Weg?« – Der Meister antwortet: »Der alltägliche Geist ist der Weg.« – Der Schüler fragt weiter: »Muß man sich hinwenden oder nicht?« – Der Meister entgegnet: »Wer sich zu ihm hinwendet, wendet sich von ihm ab.« – Der Schüler insistiert: »Wie kann man, wenn man sich nicht zu ihm hinwendet, wissen, ob es der Weg ist?« – Der Meister erwidert: »Der Weg gehört nicht zum Wissen und Nichtwissen. Wissen ist Täuschung. Nichtwissen ist richtig. Wenn jemand den richtigen Weg erkennt, so ist dieser weit und offen wie die große Leere.«

»Weg« ist eines der großen Menschheitssymbole. Der Weg soll absichtslos gegangen werden. Im Christentum wurde das Motiv aufgegriffen in der Jesusantwort: »Ich bin der Weg, die Wahrheit und das Leben.« (J 14,6)

8. Kôan

Einst fragte ein Mönch den Meister: »Gibt es eine Wahrheit, die für die Menschen noch nicht erklärt ist?« – Der Meister sprach: »Ja, es gibt eine.« – Der Mönch fragte weiter: »Welches ist die Wahrheit, die den Menschen noch unbekannt ist?« – Der Meister entgegnete: »Dies ist nicht der Geist, nicht Buddha, nicht ein Ding.«

»Dies« ist nicht, was dieses ist, sondern was dieses nicht ist. Das ist die Wahrheit, die noch nicht erklärt wurde, die unbekannt ist. Das Kôan lehnt sich an das Mu-Kôan an.

9. Kôan

Die Tempelfahne weht. Zwei Mönche streiten. Der eine sprach: »Die Fahne bewegt sich.« Der andere meinte: »Der Wind bewegt sich.« Der

Meister aber schlichtete: »Es ist nicht der Wind, der sich bewegt, es ist nicht die Fahne, die sich bewegt, euer Geist bewegt sich.«

Die beiden Mönche bleiben auf der Ebene des sinnlich Wahrnehmbaren. Der Meister fordert sie auf, sich dem eigenen Innen zuzuwenden. Seine Antwort verweist darauf, daß die Wahrheit über Bejahung und Verneinung hinausliegt. Man kann sagen, Fahne, Wind, Geist bewegen sich, oder sie bewegen sich nicht. Alle unterscheidenden Worte sind falsch. Im Kommentar heißt es: »Der Meister konnte sein Mitleid nicht zurückhalten und hat sich lächerlich gemacht.«

10. Kôan

Wenn du auf dem Weg einem Meister des Weges begegnest, darfst du ihm nicht mit Worten und nicht mit Schweigen erwidern. Was also willst du ihm erwidern?

Der Übende soll antworten, ohne zu sprechen und ohne zu schweigen. Solange Worte und Schweigen, Bewegung und Ruhe als Gegensätze verstanden werden, ist das Kôan nicht zu lösen. Das Kôan fordert die Haltung der Leere jenseits von Schweigen und Sprechen ein. Aus dieser Leere wird jede Antwort richtig sein, Schweigen wie Sprechen. Diese Leere kommt aus der vollkommenen Begegnung mit den Dingen der Wirklichkeit.

11. Kôan

Wu-Tsu sprach: »Geht da zum Beispiel ein Wasserbüffel vorbei am Fenstergitter. Kopf, Hörner und die vier Füße, alles geht vorbei. Warum kann nicht auch der Schwanz vorbeigehen?«

Der Meister fordert den Schüler auf, nur auf den Schwanz zu achten, bis alles andere verschwindet, selbst das eigene Ich, bis alles leer wird. Der Büffel steht wohl symbolisch für das Selbst (so im Nirwâna-Sutra). Der Schwanz des Tieres steht für »rechte Aufmerksamkeit« oder die Begierde. Doch sollte das Kôan nicht symbolisch zerredet werden. Yamanda Munon meint: »Dieses Menschenleben, dieses lautere Menschsein ist wohl mit dem Schwanz verglichen. Was ist dies überhaupt? Gott? Buddha? Wer diese Frage nicht beantworten kann, begreift nicht die Wirklichkeit des Menschenlebens.«

12. Kôan

Der Schüler sprach: »Der Geist des Jüngers ist noch unruhig, ich bitte dich, Meister, mache ihn ruhig.« – Der Meister forderte ihn auf: »Bringe deinen Geist her, und ich werde ihn ruhig machen.« Der Schüler entgegnete: »Ich habe nach dem Geist gesucht, kann ihn aber nicht finden.«

»Geist« steht hier für absolute Wirklichkeit. Der Schüler kann den Geist nicht finden, weil er nicht rational oder empirisch faßbar ist. Er kann nur erfaßt werden, wenn man ihn als unfaßbaren ewigen Geist erfaßt.

Wir haben diese 12 Kôans ausgewählt, weil sie – mit Modifikationen – noch am leichtesten in die Sprache der westlichen Welt zu übertragen sind. Sie zeigen aber auch zugleich an, wie schwierig es ist, das östliche Zen unverändert auf das westliche meditative Können zu übertragen. Unsere Sammlung geht auf das Jahr 1229 zurück. Das »Torlose Tor« ist im Osten (und nicht nur in China, wo es entstand) auch heute noch in Gebrauch, obwohl es eine Kulturstufe artikuliert, die heute selbst in China allgemein überholt ist.

Anhang

Meditationsprogramme

Zweifellos wäre es falsch, die vorgestellten Meditationstechniken alle »durchzuprobieren«. Wir wollen im folgenden einige Meditationsprogramme vorstellen, die exemplarischen Charakter haben mögen – d. h. durchaus abgewandelt werden können. Allgemein gilt: Man sollte mit der folgenden Übung nur dann beginnen, wenn die vorhergehende

- auch nach einigem Training nichts hergibt oder
- nach längerem Üben vollständig beherrscht wird.

1. Tafel der genannten Übungen

2. Trainingsprogramme

Die Trainingsprogramme setzen tägliches Üben voraus. Wird seltener geübt, sind die angegebenen Dauern zu verlängern. Allgemein gilt: Man sollte erst zur nächsten Übung gehen, wenn man die vorhergehende zureichend beherrscht. Die angegebenen Dauern sind also nur ungefähre Leitwerte der Praxis.
Die Ziffern in Klammern bezeichnen die Seiten, auf denen Sie die ausführliche Darstellung der Übungen finden. In keinem Fall sollten Sie darauf verzichten, die Darstellungen des ersten Teils gründlich zu lesen.

1. Programm

Zielgruppe: Vor allem Personen, die unter Erfolgsnötigungen leiden.
Dauer des gesamten Programms: etwa zwei Jahre.
Verlauf:
1.–2. Woche: (82)
2.–3. Woche: (83)
4.–10. Woche: (84) und gelegentlich (101, 104)
11.–20. Woche: (98) und gelegentlich (101, 104)
21.–30. Woche: (110) und gelegentlich (101, 104)
31.–51. Woche: (144) und gelegentlich (115, 138)
52.–100. Woche: (197) und gelegentlich (144) wiederholen

2. Programm

Zielgruppe: Vor allem Personen, die unsicher sind.
Dauer des gesamten Programms: etwa 120 Wochen.
Verlauf:
1.–2. Woche: (82)
2.–6. Woche: (84) und gelegentlich (83, 86, 93)
7.–8. Woche: (104) und gelegentlich (84) wiederholen
9.–20. Woche: (133, 135) oder (138, 144)
21.–31. Woche: (156) und gelegentlich (84, 83) wiederholen
32.–50. Woche: (197) und gelegentlich (174, 179)
51.–100. Woche: (237) bis (239) Reihenfolge beliebig
101.–120. Woche: (229 . . . 230)

3. Programm.

Zielgruppe: Streßlabile
Dauer des Programms: ca. 50 Wochen
Verlauf:
1.–2. Woche: (82)
3.–4. Woche: (83)
5.–7. Woche: (86) gelegentlich eventuell (84)
8.–12. Woche: (101) und gelegentlich (93) oder (84)
13.–20. Woche: (115) und gelegentlich (84, 93, 101) wiederholen
21.–31. Woche: (133) und (138) und gelegentlich (101) wiederholen
32.–40. Woche: (133) und (138) und (174, 179)
41.–51. Woche: (229)

Literaturhinweise

Die Meditationsliteratur ist kaum zu übersehen. Wir geben in folgendem einige Titel an, deren Lektüre empfohlen werden kann.

R. Bleistein u. a. (Hrsg.), *Türen nach Innen*, Gelnhausen (Burckhardthaus-Verlag) 1974.

G. Eberlein, *Gesund durch Autogenes Training*, Düsseldorf und Wien (Econ-Verlag) 1973.

H. M. Enomiya, *Zen-Buddhismus*, Köln (Bachem) 1966.

Ph. Kapleau, *Die drei Pfeiler des Zen*, Zürich und Stuttgart (Rascher-Verlag) 1969.

J. B. Lotz, *Meditation im Alltag*, Frankfurt (Knecht) 1959.

J. O. Stevens, *Die Kunst der Wahrnehmung*, München (Chr. Kaiser Verlag) 1975.

Kl. Thomas, *Meditation in Forschung und Erfahrung*, Stuttgart (Thieme-Verlag) 1973.

Kl. Tilman, *Die Führung zur Meditation*, Zürich, Einsiedeln, Köln (Benziger) [5]1973.

Bitte beachten Sie
die folgenden Seiten:

Joseph Chilton Pearce

Die Heilende Kraft

Östliche Meditation in westlicher Deutung

Ullstein Buch 34280

Ullstein Sachbuch

Umfangreiche psychologische, philosophische, kulturanthropologische und naturwissenschaftliche Studien sowie persönliche Erfahrungen des Autors mit dem »Siddha-Yoga« sind in diesem Buch zu einem brillanten Plädoyer für die »heilende Kraft« des meditativen Lebensweges verarbeitet. Pearce geht davon aus, daß jeder Mensch von Natur aus die Fähigkeit zu vollkommener Selbstverwirklichung in sich trägt.

B. Grom
N. Brieskorn
G. Haeffner

Glück

Auf der Suche nach dem »guten Leben«

Ullstein Buch 34370

Ullstein Sachbuch

Wie kann ein »gutes Leben« gelingen? Diese Frage wurde zwar seit Aristoteles immer wieder gestellt, von den modernen Humanwissenschaften jedoch erst in neuerer Zeit ernsthaft aufgegriffen. Was »Glück«, »Lebenszufriedenheit« und »Sinnerfüllung« ausmacht und ermöglicht, wurde in den letzten Jahren zum Inhalt der Lebensqualitätsforschung. Welche sozialen Bedingungen und welche persönlichen Voraussetzungen haben die Sozial- und die Persönlichkeitspsychologie ermittelt? Was ist aus der Sicht der Politischen Theorie, der Philosophie, einer reflektierten Religiosität und auch lebenspraktisch zu diesem vielschichtigen, urmenschlichen Thema zu sagen?